张传玺 著
张怡青 编

大家说历史

封建王朝的兴起

张传玺说秦汉

生活·讀書·新知 三联书店

Copyright © 2018 by SDX Joint Publishing Company
All Rights Reserved.
本作品版权由生活·读书·新知三联书店所有。
未经许可,不得翻印。

图书在版编目(CIP)数据

封建王朝的兴起:张传玺说秦汉 / 张传玺著;张怡青编. —北京:生活·读书·新知三联书店,2018.9
(大家说历史)
ISBN 978 - 7 - 108 - 06235 - 2

Ⅰ.①封… Ⅱ.①张… ②张… Ⅲ.①中国历史 – 秦汉时代 – 通俗读物 Ⅳ.①K232.09

中国版本图书馆 CIP 数据核字(2018)第 022236 号

责任编辑	韩瑞华
封面设计	陈乃馨
责任印制	黄雪明
出版发行	生活·讀書·新知 三联书店
	(北京市东城区美术馆东街 22 号)
邮 编	100010
印 刷	常熟文化印刷有限公司
版 次	2018 年 9 月第 1 版
	2018 年 9 月第 1 次印刷
开 本	650 毫米×900 毫米 1/16 印张 19
字 数	209 千字
定 价	45.00 元

编辑说明

本书是在张传玺教授指导下编成的。张教授认为,秦汉四百年间,是我国古代文明高度发展的时期。作为文明的主要标志:在政治方面,建立了统一的、多民族的、中央集权的国家制度;在经济方面,形成了以土地私有制为基础,以铁器、牛耕为生产手段的发达的农业经济;在文化方面,确立了以汉字为载体、以儒家学说为主导,兼容并包、百花齐放的思想文化传统。所有这些,作为良好基础而为此后两千年间的历代王朝所继承并发扬光大。中国的历史文化在相当长的时间内,像一座巨大而璀璨的灯塔照亮了古代世界的东方。

本书共选张教授的重要论文十五篇,根据内容分为五组:

第一组,一篇,讲述研究秦汉史的方法,题作《怎样研究秦汉史》,冠于首篇,为代序。

第二组,六篇,讲述政治,有人物、事件、制度等,体现了秦汉政治文明是中国古代政治文明的典范,也是世界古代政治文明的典范。第六篇讲"汉改邮为置"。因为在当时,这是政治、军事行为,所以选入本组中。

第三组,六篇,讲述经济,有土地制度、盐铁政策、国营手工业的弊端、铁器牛耕等。秦汉经济为中国此后两千余年间的社会经济奠定了基础。

第四组,一篇,讲有关王昭君的问题,实际是讲汉与匈奴的关系问题。王昭君是中国古代民族和平友好的象征。

第五组,一篇,讲张衡,他是秦汉时期的一位重要科学家和文学家,代表了当时中国的科技和文学艺术的最高水平。

张怡青

代序 怎样研究秦汉史

秦汉史包括秦、西汉和东汉的历史,时间共有四百多年(公元前221—公元189年)①。这段历史在我国古代史上,是一个很重要的阶段。可是近年来,有不少青年同志不愿研究这段历史。主要原因有三个:一是秦汉史的有关文献的文字太深,阅读不易;二是有关秦汉史的史料太少,深入困难;三是秦汉史"人人通",难成专家。这些看法虽不能说完全没有道理,但总的说来,是很不正确的。所以如此,是由于对秦汉史的研究不甚了解。应当说:秦汉的文献史料是比较完善的;文字也比较简明易懂,至少并不比清朝的王船山、黄梨洲和民国时期的章炳麟等人的著作难读,可能还要好读一些;秦汉史料在文献之外,还有极其丰富的考古资料;秦汉史上有待研究的问题很多,但研究者并不多,人力很不足。因此,我认为有志于秦汉史的青年同志完全应当抛弃顾虑,大胆地参加到秦汉史研究者的行列中来。只要肯下苦功,就能够深入下去,大有作为。

应当怎样研究秦汉史呢?关于这个问题,可以说仁者见仁,智者见智,学者们有各自的经验或体会。但总的说来,大家的认识是不会相差很大的。我谨谈一下自己的点滴体会。

---

① 东汉在名义上存在到220年(献帝延康元年);可是至189年灵帝死后,已名存实亡。汉献帝起初是董卓手中的傀儡,后来是曹操手中的傀儡。此后的历史,归入三国时期。

应当了解研究意义,明确研究目的

研究任何一段历史,都应当了解研究这段历史的重要意义,明确研究的目的。研究秦汉史也是这样。

1. 要了解研究秦汉史的意义,也就是要了解研究秦汉史的重要性,首先要了解秦汉史在中国古代史上的地位。秦汉时期是我国古代史上的一个大转变的时期,许多问题在学术上都是重要的课题。例如关于这一时期的社会性质问题就很重要。近来五十余年,在我国长期进行的关于中国社会性质和社会历史问题的论战及中国古代史分期问题的讨论中,无论哪一派或哪一家,几乎没有不把这一问题作为重点进行探讨的。仅就此事,已足以说明秦汉史的重要了。这一时期的政治,是我国由春秋、战国时期的封建诸侯割据混战走向统一,并建立起了多民族的、大一统的中央集权的封建国家的时期;这一时期的经济和文化,也是一个飞跃发展的时期,土地国有制瓦解,私有制确立,农业、手工业和商业发展,文学、艺术日益兴盛。这一时期产生的许多重要制度和政策,发生的许多重大事件或出现的重要人物,对当时和后代都有或都曾发生过或大或小的影响。可以这样说,秦汉时期是春秋、战国以来的历史文化的总结和升华时期,又为此后两千年的历史文化的进一步发展奠定了基础。正因为这样,所以不少研究中国古代史的人,不论其为研究先秦史、魏晋、隋唐史,研究明清乃至近现代史,甚至研究中国的少数民族史、中华民族形成史等,都必要也应当对秦汉史有一定的了解,否则,研究将难深入,或会遇到不少困难。这就是为什么秦汉史会成为所谓"人人通"的主要原因。可是,所谓"人人通"并不是说人人都是"秦汉史专家",只是说不少人对秦汉史有些了解,实际是以这段历史为主要研究对象的人为数并不多。至于堪称"秦汉史专家"的人,那就更少了。正是因为这样,直到目前为止,秦汉史的研究水平并不很高,许多重要问题并未深入研究,还有不少重要问题长期无人问津。

2. 明确研究秦汉史的目的,就是要明确研究秦汉史是为了什么？作为社会主义国家的学术工作者,研究任何问题,都应当有一个明确的目的,就是不要为学术而学术,为研究而研究,更不应为了谋取个人的名利而研究;而应当是为了祖国的社会主义建设,为了繁荣、发展祖国的学术而研究。研究秦汉史也应是这样,应当是为了建设祖国的物质文明和精神文明服务。例如研究这一时期的历史发展规律,可以为丰富发展马克思主义理论服务;研究这一时期的制度、政策、人物等等,总结其经验教训,可以为今天的建设提供借鉴;研究这一时期的文化、艺术,剔除其糟粕,吸取其精华,可以丰富发展今天的物质生活和精神生活。

我这样说,并不是说有些人的研究是专门为了自己的名利,而是说研究者应当明确研究目的。因为学术研究的课题很多,有大有小,有难有易,有的有价值,有的无甚价值,或很没有价值。在研究上采取避难就易、避重就轻的态度是存在的。要真正解决点儿问题,尤其是要研究一些有重要价值的问题,要做出点儿开创性的贡献来,不付出相当的代价,不做出必要的牺牲,是不行的。因此,这就要在学术研究的态度上,提倡事业心,提倡共产主义的献身精神。

研究意义了解了,研究目的明确了,研究的动力也就产生了。只要精力集中,方法对头,就可以做出成绩来。

应当了解史料范围

"秦汉的史料太少"之说,不符合事实。我国古代的史料"浩如烟海",这是尽人皆知的。但不能因此而要求每一具体朝代的史料都"浩如烟海"。印刷术发明以后,如宋、元、明、清,文献史料是很多的。要求在隋唐以前各代的文献史料都是这样多,就不切实际。但也不能因此就认为隋唐以前的史料太少,甚至认为少到无法进行史学研究,这种观点就很不正确。应当这样说,各个朝代有各个朝代的史料。就秦汉来说,文献资料固然比后代少一些,但有关的考古资料之多,其史料价值之高,又是后来的任何朝代所不能相比的。这里将秦汉的主要史料的情况简要介绍如下:

《史记》书影

1. 文献资料

文献资料以"四史"为主,此外还有其他史书、《汉魏丛书》以及诸子、文集等。

(1) 四史——指《史记》《汉书》《后汉书》《三国志》,是研究秦汉史的基本资料。《史记》是西汉中期的伟大的史学家司马迁撰写的,是我国古代第一部纪传体通史,也是第一部体例完善、内容丰富的史学著作。记事上起黄帝,下迄汉武帝时,长约三千多年。全书分为十二本纪、十表、八书、三十世家、七十列传,共一百三十篇,五十二万六千五百字。书中除记述历代王朝的兴亡、帝王将相的成败之外,又为不少学者、医生、商贾以及其他各行各业各阶层的代表性人物立传,还为天文、历法、礼乐、水利、工商、少数民族及外国等,各做了专篇论述。文章质朴,文字生动。全书略于春秋以前,详于战国以后,简明扼要地论述了我国上古时期历史发展的基本情况,又比较具体全面地反映了我国封建社会前期正在形成中的多民族国家的社会、政治面貌。《汉书》是东汉前期班固撰写的,是我国第一部纪传体断代史。全书分为十二纪、八表、十志、七十列传,共一百篇,分为一百二十卷。《汉书》仿《史记》,体例完整,内容丰富,全面具体地记述了西汉二百三十年间的主要政治、经济、文化、事件、人物、民族、地理等等,资料翔实,撰述严谨。书中又收录了许多有关的重要诏诰和疏、议、文章等,史料价值都很高。《汉书》有西汉"实录"之喻。《后汉书》是南朝宋时,范晔撰写的一部纪传体断代史。所记为东汉二百年间的重要史事和人物等。原书只有纪、传,无表、志。南朝梁时,刘昭把西晋司马彪撰写的《续汉书》中的"八志"收入本书,并为之作注。北宋时,合刊为一书,共为一百三十卷(一百二十篇),是研究东汉史的基本资料。《三国志》是西晋陈寿撰写的一部纪传体断代史。所记为三国时期近百年间的重要史事和人物。全书分为魏、蜀、吴三部,共六十五卷,无表、志。南朝宋时,裴松之作注,博引群书,注文多出本文数倍,保存了大量的史料。《三国志》和裴注是研究三国时期近百年历史的基本资料,对研究东汉亦有重要的史料价值。

(2) 其他文献资料——其他文献资料很多,可以说在经、史、子、集中都有不少。堪称为第一手资料的有《东观汉记》《汉纪》《后汉纪》《七家后汉书》《汉官七种》《说文解字》以及《汉魏丛书》《全秦文》《全汉文》等。有些著作的史料价值很高。如《盐铁论》一书,详细具体生动地记述了西汉昭帝时召开的有关盐铁政策的会议的辩论情况,与《史记·平准书》《史记·货殖列传》和《汉书·食货志》等篇对照研究,可以对西汉前中期的政治、经济情况,尤其是对当时的盐铁政策,有一个深入的了解。此外,《华阳国志》《水经注》《资治通鉴》和《通鉴纪事本末》中的有关部分,以及《全汉诗》《秦会要》《西汉会要》《东汉会要》《二十五史补编》中的有关部分,都有很高的史料价值或参考价值。

2. 考古资料

考古资料应包括以下三个方面:

(1) 一般考古资料——指考古发掘的遗址、墓葬、出土器物及有关遗迹等,这对研究历史是非常重要的。自清末以来到现在的八十年间,已发表于报刊的有关秦汉的文物与考古的文章或资料大约有四千篇之多,分量较大的发掘、研究报告或专著尚不在内。主要内容有城市、宫殿、住宅、坞壁、冶炼场等的遗址、帝王、贵族、官僚、地主和农民、刑徒、奴婢的墓葬,出土的铜器、铁器、金银器、漆器、兵器、礼器、各种手工工具和农具、车马具、生活用具、丝织品、衣物、工艺美术品等。这些遗址、墓葬和器物不同于一般文献记载,只给人以抽象的概念;这些资料是具体、形象、生动地再现了有关历史的实际,其史料价值是极高的。如陕西西安的秦陵兵马俑、湖南长沙马王堆汉墓及其出土文物,都惊动了全世界。若干年来,《文物》(原名《文物参考资料》)、《考古》(原名《考古通讯》)两杂志和《中国文物报》比较及时地为考古和史学研究者提供一定数量的新的考古发掘资料或研究成果。此外,陕西、河南、湖北等不少省份也创办了这类刊物,按期发表有关本省的考古发掘和研究情况。《考古学报》则是一份研究性杂志,更专门一些。这些杂志经常刊载的有关秦汉文物、考古方面的文章或资料,对秦汉史研究都有很重要的史料或参考价值。

(2) 秦简与汉简——它们的大量出土,在某种意义上说,扩大了或说是增加了秦汉史料的"文献资料"。已汇辑成册而史料价值较高的,有五部:(一)《睡虎地秦墓竹简》(文物出版社1978年出版,包括释文和注释)。这批秦简是1975年在湖北省云梦县发现的,共有一千一百五十五支,另有残片八十片。内容以法律为主,涉及当时的政治、经济、文化、军事等各个方面,是研究战国末年和秦朝前期历史的宝贵资料。近年在湖南龙山县里耶出土的秦简以万支计,史料价值更高,为世界学术界所瞩目。(二)劳干撰《居延汉简考释》。(三)中国社会科学院考古研究所编《居延汉简》(甲乙编)。此两书的汉简来源,是1930年西北科学考察团在今内蒙古额济纳河流域的汉代烽燧遗址中发现的,共收得汉简一万余支。劳干在抗日战争时期,对这些汉

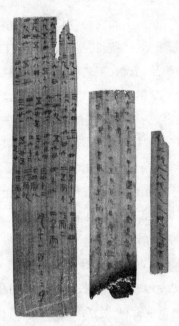

里耶古城一号井出土的简牍(一号井藏有战国时期至秦代的大量木质墨书的简牍,有些简牍还有燃烧过的痕迹)

简进行了分类研究,撰有释文与考证,连同图版,共为三个部分,于1943年在四川南溪石印出版。1949年,又由商务印书馆在上海铅印再版。此后,又经劳干整理,在台湾重印出版。"甲乙编"是1980年由中华书局出版的。该书将1930年出土的"居延汉简",包括图版与释文,在经过长期检查、研究之后,全部刊录。内容分为图版、释文、附录、附表四个部分。图版共四七五版,释文一律按原简号顺序排列,纠正了过去出版物中的一些错误。所附《额济纳河流域汉代亭障分布图》等,为研究使用这批汉简提供了方便。"居延汉简"是两汉时期张掖郡居延、肩水两都尉辖区内的官方文书,大部分属于西汉中期至东汉初年的遗物,内容涉及这两个地区的政治、经济、军事等各个方面的情况,为研究两汉历史的宝贵资料。(四)罗振玉与王国维合作编撰的《流沙坠简》,共三册,1914年出版,1934年校正重印。此书系据法国人沙畹书中选录英国人斯坦因在我国敦煌等地盗掘的简牍、纸片、帛书等的照片编撰成,共收有五百八十八支(张),另有释文和考释,其中大多系汉简。书中对汉代的屯戍、烽燧等制度的考释较详,史料价值很高。(五)张凤撰《汉晋西陲木简汇编》,主要据法国人马伯乐寄给张凤的有关斯坦因第三次所得的木简的照片(为沙畹书所未收)编辑而成,未加考释,亦有史料价值。

此外,考古工作者还于1949年以后在居延陆续发现汉简约二三万支,在甘肃武威县城南磨咀子发现完整的汉简二百八十五支。在敦煌悬泉置发现的汉简以万支计。在湖南长沙马王堆汉墓中,湖北江陵、张家山、凤凰山汉墓中,及山东临沂银雀山、江苏东海尹湾等处汉墓中,都有大量的汉简(牍)出土。这些汉简中有不少关于赋税、徭役、商业、医药、地理等资料,还抄有不少为今天已失传的古书。这些资料对研究秦汉的政治、经济、文化、军事等都有很高的史料价值。

(3)金石文字资料——两汉的金石文字资料中,最有史料价值的是碑刻(包括摩崖)。著录两汉碑刻的主要著作有宋洪适的《隶释》二十七卷,收入汉魏隶书石刻文字一百八十三种。后又辑《隶续》二十一卷。这是我国现存最早的集录汉魏碑刻文字的专书。清人马邦玉辑《汉碑录文》四卷,著录汉碑八十四篇,附魏碑三篇。此外,在清人孙星衍、邢澍合作编撰的《寰宇访碑录》、王昶编撰的《金石萃编》、冯云鹏、冯云鹓合作编撰的《金石索》等著作中,都收录了不少属于秦汉时期的碑刻或其他金石文字资料。

其他文字资料比较有史料价值的是封泥,就是用于公文或书信上的印模,其作用与后代的火漆封记相同,这是研究汉代职官制度的宝贵资料。清人吴式芬、陈介祺合辑的《封泥考略》一书,共收录汉代官私封泥八百四十九枚,并加考释。今人周明泰辑有《续封泥考略》六卷、《再续封泥考略》四卷,都有重要的史料价值。

此外,为数巨大的汉画像石和画像砖,大量地刻绘了汉代的农业、手工业、狩猎和官僚、地主宴饮、出行及战争等场面,都是研究两汉历史的宝贵资料。

应当了解已有的研究状况

作为一个秦汉史的研究者,应当经常关心和了解学术界当前和过去对于秦汉史已有的研究状况。例如近数十年来,学术界对秦汉史已经做了哪些工作,做到了什么程度,还应怎样做,应当心中有数。

我国对于秦汉史的研究,在清末民初已经开始了。自马克思主义传入我国以后,更推动了这一研究。从那时到现在,中国大陆及香港和台湾地区在内,已发表于中文报刊的有关秦汉的论文和资料约有一万余篇,内容涉及政治、经济、文化、思想、军事、民族、中外关系、历史地理等各个领域。其中的绝大部分是有学术价值或重要参考价值的。当然,这些文章不仅数量大,而且历时很长,又极分散。1949年后出的报刊印数既少,又屡经毁损,很难寻求。今日之台湾地区,如天地悬隔,香港的地位也属特殊,两地的报刊一般人都不易查到。今天大陆的报刊,可以说到处可见；可是要集中有关秦汉史的文章，也非易事。因此，要了解若干年来人们对于秦汉史的研究状况，必须借助工具书。现已出版的由中国社会科学院历史研究所与北京大学历史系合编的《中国史学论文索引》（上、下编）和第二编（上、下册），复旦大学历史系等单位编的《中国古代史论文资料索引》（上、中、下册）等，其中都收有属于秦汉的大量的文章。我与胡志宏、陈柯云、刘华祝三同志合编的《战国秦汉史论文索引》（北京大学出版社出版）一书，共收文章一万二千余篇，其中大部分是属于秦汉的。内容涉及政治、经济、文化、军事、民族、中外关系、历史地理，以及考古、文物等各个领域。文章收自国内（包括台湾地区和香港特区）的一千二百四十多种中文报刊，时间约起自1900年，止于1980年。该书为从事本段历史的教学和研究的同志检阅前人的成果提供了很大的方便。

我们不仅要了解国内（包括台湾地区和香港、澳门特别行政区）同行的研究状况，还要了解外国同行的研究状况，尤其是日本学者的研究状况。外国同行的研究，对我们也会有重要的启发或参考价值。

应当认真学习马克思主义

历史学是一门理论性很强的学问。因此，研究历史就有一个立场、观点和方法的问题。不能认为，研究历史只要有了资料，就一切具备、万事大吉。实际情况并不是如此简单。资料是重要的，但资料是有阶级性的。在阶级社会中留下来的历史资料，绝大部分是奴隶主、封建地主、资产阶级及其知识分子留下来的，都带有他们固有的阶级偏见，或是说打上了阶级的烙印。此外，由于各种原因，即使同属于一个阶级的史学家或知识分子，他们所留下来的资料，或对同一问题所表示的观点，有的也有很大的差别，甚至有正确与谬误之分。例如人们很熟悉的两汉大史学家所谓"班、马"，即班固和司马迁，其思想、观点就有很大的差别。宋人倪思撰《班马异同》三十五卷，多从辞句方面考其异同；而其思想、观点的异同更是一个大问题，值得研究。因此，要能正确地驾驭、处理、使用资料，没有正确的立场、观点和方法是不行的。这就需要有马克思列宁主义，尤其是马克思主义中国化的最新理论成果做指导。只有这样，才能做出正确的、创造性的成就来。

学习马克思主义，首先，要努力改造旧思想旧观点；其次，要认真阅读马克思主义著作，要学习基本原理，如历史唯物主义、社会发展史、政治经济学等。进而选读专著，包括基本理论和史学名著。读了这些著作，不仅可使我们提高理论修养，获得丰富的历史知识，更重要的是从中学习马克思主义经典作家如何运用正确的立场、观点和方法，对社会历史、有关事件和人物，做出正确的论述或评价。

按照计划进行学习研究

读书要有一个比较科学的计划，按照计划进行学习研究。书要分出主要和次要，所谓主要和次要，对史料来说，是以史料价值的高低为标准。主要的书应当先读。读书不要单打一，要"精读"与"浏览"相结合。如"四史"，必须精读，而且要"熟读"，通过这一方法掌握有关秦汉史的基本史料。翦伯赞同志"八读《汉书》"一事，在燕园（北京大学校园）传为佳话。容易阅读或史料价值不很高但必须要读的著作,可以"浏览",以求在较短的时间内,或用一些零散的时间,涉猎较多的书籍。这样做,可以了解有关问题的研究情况,扩大知识范围,或为进一步精读做准备。如清人钱大昕的《廿二史考异》、王鸣盛的《十七史商榷》、赵翼的《廿二史劄记》等,都可浏览。学习理论也可采用这样的方法。

进行科学研究也要有计划,选题就要慎重,题目要有意义、有价值,大小得宜。对秦汉史来说,研究任何具体问题,都要最大限度地占有资料,甚至应当穷尽已有的资料,包括文献和考古资料;还要尽可能多地查阅一下前人已发表的有关文章或专著,要尊重前人的劳动,虚心接受前人已有的成果,在前人已取得的成就的基础上再提高一步。

目录

商鞅的历史功绩与个人悲剧　1
秦始皇嬴政　19
古代政治文明的历史典范　35
　　——秦汉时期中央集权制度的创建与推行
汉高祖刘邦　66
汉武帝刘彻　83
应劭"汉改邮为置"说辨证　101

论中国古代土地私有制形成的三个阶段　116
战国、秦汉、三国时期的国有土地问题　142
从"授民授疆土"到"衣食租税"　167
论秦汉时期三种盐铁政策的递变　178
两汉国营手工业中的弊端与救弊措施　212
两汉大铁犁研究　234

关于王昭君的几个问题　263
　　——读翦老《王昭君家世、年谱及有关书信》

旷古奇才、文理兼备的张衡　275

附录　张传玺教授履历及治学方法　283

商鞅的历史功绩与个人悲剧[*]

商鞅(约前390—前338年),卫国的疏远贵族,原姓姬氏,名鞅,亦称卫鞅、公孙鞅。后在秦国以功封于商[①],史称商鞅。文献记载,他少好刑名之学,曾任魏国名相公叔座的中庶子,很得公叔座的赏识。虽是这样,文献并未记载他在魏国有什么建树;而他的建树是在后来的秦国。他在秦国发动并实行的变法,包括对政治、经济、文化等方面的全面改革,时长达十九年,成效巨大,可称之为历史性功绩。他的变法不仅使秦国由弱变强,而且还为秦日后连败关东六国,并最后消灭六国、统一中国奠定了基础。商鞅的这项功绩,在中国四千余年的古代史上,能与之相比的实在不多。可悲的是,商鞅虽有巨大功勋于秦国,却被后来秦国的国君杀掉了,而且还杀掉他的全家,这真是历史上少有的悲剧。

以往对"商鞅变法"的研究,就事论事者居多。对变法的背景,尤其是对自春秋至战国,包括关东各主要国家的情况在内的这一大背景,联系、分析甚少,因之,叙事孤立,所论不深,对商鞅个人的才智、品德及应如何看待商鞅所遭遇的不幸,更少谈及。本文拟将"商鞅变法"一事,在时间上纳于自春秋至战国这一大时代之中,在空间上置于自关中至关东这一大范围之内,比较全面、深入地进行

---

[*] 本文原是在国家图书馆的报告稿,2007年2月修订。
[①] 在今陕西丹凤县西二公里古城村。

考察;对商鞅个人的聪明才智及其政治品德做出适当的评价;对他个人的历史悲剧亦做出必要的反思。

从春秋到战国,一个全面的社会大变革时代

从社会发展来看,春秋到战国时期,是我国封建社会前期的封建领主制向发展时期的封建地主制过渡的时期。在这一时期中,原有的属于封建领主制性质的经济、政治和文化,都在或速或缓地走向没落、瓦解;新兴的封建地主制性质的经济、政治和文化,则在或速或缓地产生和成长。在这样一个社会巨变的大时代中,各诸侯国的国君及其主要谋臣们何去何从,将关系到他们的国家在激烈的斗争中,走向强大还是走向衰弱,能够生存还是渐趋灭亡的重大时代抉择。有些统治者在这样一个时代面前因循保守或不知所措,他们本人乃至于其国家都曾陷入困境,或为历史所淘汰;有些统治者则适应了历史形势的发展需要,对国家的政治、经济制度进行了一定的改革,使他们的国家在一定程度上走向了富国强兵之路。当时改革的情况大致如下:

1. 关东各大国的两次改革——自春秋初到战国末(前770—前221年)的550年间,关东许多大国前后进行了两次较大规模的改革。第一次改革是在春秋中期进行的,时间约集中在前650至前530年之间,改革的重点是经济制度。第二次改革是在战国前中期进行的,时间约集中在前400至前310年之间,改革的重点是政治制度。

改革前的经济制度,是以土地国有制为基础的封建领主制经济。这种制度的基本特点如《诗·小雅·北山》所说:"溥(普)天之下,莫非王土;率土之滨,莫非王臣。"所谓国有,就是

王(天子)有。"王土""王臣"就是土地和臣民都属于周天子。周天子将土地和附着在土地上的农奴分封给王室的卿大夫和各地诸侯,这些受封者再将受封土地和农奴分封给他们的臣属,如低一级的卿大夫,以至于士。土地由农奴耕种,实行劳役地租制。史称这种剥削关系为"公食贡,大夫食邑,士食田,庶人食力"①。这种土地制度史称"井田"制,井田中的公田,由农奴服劳役代耕②。

可是这一制度至春秋中期,开始没落。当时,社会生产力有新的发展,许多人不满足于已有的井田制度,而在边远地区开荒耕种,其中有中小贵族,也有农奴。开荒地不向官府登记,亦不缴纳赋税,称之为私田。随着这种情况的发展,农奴们日益不安于在井田上劳动,他们反对领主贵族们的残酷剥削和压迫,在生产中消极怠工,或相率逃亡。井田中的公田,野草丛生。《诗·齐风·甫田》曰:"无田甫田,维莠骄骄。无田甫田,维莠桀桀。""甫田"就是"大田""公田"。这种情况说明了井田制已难再维持下去。这首民歌发生在齐国,说明了齐国的这一情况最为严重。为形势所迫,第一次改革就开始了。

齐国在各国中首先进行经济改革。主持改革的是管仲,支持改革的是齐桓公,时间在公元前650年左右。此改革以税制改革为主,史称"相地而衰征"③,或称"案田而税"④,就是土地不分公田和私田,一律按田地数量或亩产多少,分等纳税。此税

---

① 《国语·晋语》四。
② 《穀梁传》宣公十五年:"井田者,九百亩,公田居一。私田稼不善则非吏,公田稼不善则非民。"
③ 《国语·齐语》。
④ 《管子·大匡》。

制改革,意味着公田、私田不再有界限,于是加速了井田制的破坏过程,促进了土地私有制的产生、发展。管仲曰:"相地而衰征则民不移。"说明了这项改革对促进社会安定和经济发展都起了积极的作用。此外,齐国还同时进行了政治、兵制、社会等方面的一些改革。

继齐之后,晋国于前645年"作爰田"①,鲁国于前594年(鲁宣公十五年)"初税亩"②,楚国于前548年"书土田""量入修赋"③,郑国于前538年"作丘赋"④。这些改革与齐之"案田而税"的意义相同,都扩大了税源,增加了国家的财政收入;可是也加速了井田制的破坏过程,促进了土地私有制的产生、发展。就国家所征新的地租(税)率来说,各国大致都同于井田制下的劳役地租,为什税一。

在这里有一个问题应当指出,就是在土地国有制下,为什么诸侯能够擅自改变税制呢?这是因为西周灭亡之后,周天子对土地和臣民的最高所有权已受到严重破坏,诸侯对土地和臣民的占有权在日益具有所有权的性质,也就是楚大夫无宇所说:"封略之内,何非君土;食土之毛,谁非君臣。"⑤"君土""君臣"虽仍有土地国有的性质,但此国已非国王之国,而是诸侯之国,土地所有权已在下移。

关东各国的第二次改革开始于魏,时间在公元前400年左

---

① 《左传》僖公十五年。《正义》曰:"爰,易也。赏众以田,易其疆畔。"赏田转为私有。
② 《左传》宣公十五年。《公羊传》同年曰:"初者何?始也。税亩者何?履亩而税也。"
③ 《左传》襄公二十五年。
④ 《左传》昭公四年。
⑤ 《左传》昭公七年。

右,由李悝主持,得到魏文侯支持。相继改革的有楚、赵、韩、齐、燕等国,改革的重点都是政治制度,即削弱世卿世禄制度,推行官僚制度;削弱分封制度,推行郡县制度。如李悝主张:"食有劳而禄有功,使有能而赏必行,罚必当。""夺淫民之禄以来四方之士。"①吴起在楚国改革时主张"废公族疏远者"②,"使封君之子孙三世而收爵禄"③。其他改革家亦有所谓"选练举贤,任官使能"④、"因任而授官,循名而责实"⑤等主张。各国的改革,都有所成就。

但总的说来,关东各国的前后两次改革都不很彻底。税制改革只对土地所有制度的转变起间接的促进作用。政治改革之后,各国宗法贵族依然掌握着本国的大权。如韩非评韩国所说:"韩者,晋之别国也。晋之故法未息,而韩之新法又生;先君之令未收,而后君之令又下。"⑥关东其他各国的情况大致均如此。所以这些国家的经济发展缓慢,政治比较保守,国内矛盾严重,国力比较薄弱。

2. 秦国的改革和变法——春秋、战国时期,秦国社会发展的道路略与关东各大国相同。虽其起步较晚,比较落后,但在这段时间中,亦进行了两次较大的变革,与关东各国改革的关系,亦步亦趋,改革内容亦十分相近。由于第二次改革比较全面彻底,史称"变法"。

说秦国的社会发展"起步较晚",是因为秦国建国较晚。秦

---

① 刘向《说苑·政理》。
② 《史记·吴起列传》。
③ 《韩非子·和氏》。
④ 《史记·赵世家》。
⑤ 《韩非子·定法》。
⑥ 同上。

在西周时期,原是渭水上游的一个原始部落。西周灭亡时,秦的头人参与护送周平王东迁洛邑(今河南洛阳),以功赐给岐(今陕西岐山东北)以西地,封为诸侯,这就是秦襄公,秦自此始建国家,并进入文明时期。百余年之后,至秦穆公(？—前621年)时,国势渐强,向附近戎部扩展其势力。《史记·秦本纪》曰:"益国十二,开地千里,遂霸西戎。"基本上统一了渭水流域。但向东发展,却为强大的晋国所阻。到春秋后期,秦国由于社会生产力的发展,也出现了类似当年齐、鲁等国那种情况。于是开始进行了第一次改革,即秦简公七年(前408年)"初租禾"①。这次改革与鲁之"初税亩"相同,也是税制改革,不论公田、私田,一律按亩纳税。其结果也是增加了国家的财政收入,客观上促进了土地国有制的瓦解及向私有制的转化。

秦国的第二次改革是发生在战国中期,就是"商鞅变法"。这次变法也是迫于形势进行的。

在秦国第一次改革之后不久,历史已进入战国时期,强者进攻,弱者备守,战争连年不断。秦在列国中比较落后虚弱,不断遭到关东各国的侵夺。如《史记·秦本纪》所说:"楚、魏与秦接界。魏筑长城,自郑滨洛以北,有上郡。楚自汉中,南有巴、黔中。周室微,诸侯力政,争相并。秦僻在雍州,不与中国诸侯之会盟,夷翟(狄)遇之。"早在秦献公(前384—前362年在位)时期,即曾进行过一些小的改革,如"止从死",迁都栎阳(今陕西高陵),"初行为市","为户籍相伍"②等,可是并未起很大的作用。献公死,孝公即位,欲富国强兵,下令求贤。《求贤令》曰:

---

① 《史记·六国表》。
② 以上见《史记·秦本纪》和《秦始皇本纪》附"秦之先君立年及葬处"。

"昔我穆公自岐、雍之间,修德行武,东平晋乱,以河为界,西霸戎翟(狄),广地千里,天子致伯(霸),诸侯毕贺,为后世开业,甚光美。会往者厉、躁、简公、出子之不宁,国家内忧,未遑外事。三晋攻夺我先君河西地,诸侯卑秦,丑莫大焉。献公即位,镇抚边境,徙治栎阳,且欲东伐,复穆公之故地,修穆公之政令。寡人思念先君之意,常痛于心。宾客、群臣有能出奇计强秦者,吾且尊官,与之分土。"①这份《求贤令》表明了秦孝公对国家的不幸,痛心疾首,决心谋求贤才,富国强兵,且所求贤才,不分"宾客、群臣",这为秦引用关东的"客卿"开创了制度。商鞅即适逢其会,自魏进入秦国,并主持了改变当时历史进程的"商鞅变法"。

"商鞅变法"的全面、彻底及其影响

商鞅初仕于魏虽无甚建树,但他的才能已为魏相公叔座所深知。公叔座病危之时,魏惠王曾在探病时询问曰:"有如不可讳,将奈社稷何?"公叔座立即推荐商鞅曰:"公孙鞅年虽少,有奇才,愿王举国而听之。"可是魏惠王不同意。在惠王将离去时,公叔座屏人言曰:"王既不听用鞅,必杀之,无令出境。"王许诺而去。在魏惠王走后,公叔座将刚才之事全部告诉了商鞅,他说"我方先君后臣",无愧于心。他劝商鞅赶快离开魏国,另谋生路。公叔死,商鞅听说秦孝公下令求贤,即到了秦国,因宠臣景监,见到秦孝公。

秦孝公四次召见商鞅,听他发表政见。前两次,商鞅讲"帝

---

① 《史记·秦本纪》。

王之道,比三代",孝公无兴趣。第三次讲"霸道",孝公很赞赏。第四次讲"强国之术"①,孝公大悦。于是,商鞅在秦孝公的支持下,在全国范围掀起了一场轰轰烈烈的变法运动。

商鞅变法是以改革政治和经济制度为主的全面改革,分两个阶段进行。第一阶段开始于前359年,第二阶段开始于前350年。今按政治、经济和社会文化三方面分述于下:

1. 政治改革——政治改革的重点是废除"世卿世禄制"与"分封制",建立以官僚制与郡县制为主的国家基本政治制度,就是中央集权制度。主要内容如下:

（1）废除世卿世禄制,实行二十级爵制——秦国的世卿世禄制来源于西周,是当时政治制度的基础。商鞅废除了这一制度,另创二十级爵制②。授爵以军功大小为依据,不论原来的身份高下。凡斩敌首一个,授爵一级,可为五十石之官。斩敌首两个,授爵二级,可为百石之官。每级爵位都规定有应占田宅与奴婢的数量及衣服等次。十九级为关内侯,有爵禄,无国邑。二十级为彻侯,在汉代称列侯,有国邑,不君国子民,只衣食租税。宗室贵族无军功,不授爵,亦不能为官吏,同于庶民。

（2）废除"分封制",实行郡县制——地方行政,从二十级爵制来看,已取消了"分封制度"。商鞅变法之后,宗室公子虽仍有封君之名,但都不君国子民。新法规定:"集小都乡邑聚为县,置令、丞,凡三十一县。"③后来亦增郡一级,置于县上,形成

---

① 以上均引自《史记·商君列传》。
② 《汉书·百官公卿表上》:"爵一级曰公士,二上造,三簪袅,四不更,五大夫,六官大夫,七公大夫,八公乘,九五大夫,十左庶长,十一右庶长,十二左更,十三中更,十四右更,十五少上造,十六大上造(大良造),十七驷车庶长,十八大庶长,十九关内侯,二十彻侯。"
③ 《史记·商君列传》。《秦本纪》作"四十一县"。

地方行政郡县两级制。

（3）编制户籍，实行"什伍连坐"法——秦献公时，已"为户籍相伍"。商鞅在此基础上，以五家为伍，设伍长；十家为什，设什长。伍、什之内各家互相关照，互相纠举，以维持治安。"不告奸者腰斩，告奸者与斩敌首同赏，匿奸者与降敌同罚。"①

（4）制定《秦律》六章——商鞅入秦，自魏国带去了李悝著《法经》六篇。经他修订，编成《秦律》六章，行之。秦法行一年，道不拾遗，民不妄取。战国后期，著名学者荀卿自关东入秦考察。他说秦的官吏"出于其门，入于公门；出于公门，归于其家，无有私事也。不比周，不朋党。倜然莫不明通而公也"②。可见秦确实法治严明，社会稳定。

2. 经济改革——商鞅的经济改革是在五十年前"初租禾"与二十年前"初行为市"的基础上进行的。主要内容如下：

（1）废井田，开阡陌——井田制的破坏和土地私有制的产生、发展，在关东各国基本上是一个自发的过程；各国改革税制只对这一过程在客观上起促进的作用。可是商鞅变法则不同，而是明令"废井田，开仟佰（阡陌）"，"民得卖买"③，把土地所有制自发的转变过程变为自觉的过程，使秦的以土地私有制为基础的封建地主经济迅速得以确立并发展。在《睡虎地秦墓竹简》中有关于"授田"④的律文，这只是反映秦在战国后期仍保有部分国有土地，西汉前期也如此，并非土地所有制的主流。

（2）重农抑商——商鞅变法，实行重农抑商政策，规定庶

---

① 《史记·商君列传》。
② 《荀子·强国篇》。
③ 《汉书·食货志上》。
④ 参看《睡虎地秦墓竹简·秦律十八种·田律》及《法律答问》等有关简文。

商鞅铜方升

民努力于本业(耕织),增加生产者,免除徭役;从事于末利(工商活动)及因怠惰而贫穷者,全家被没为官奴婢。这对稳定社会秩序、促进农业发展起了积极的作用。

(3)统一度量衡——为了促进社会经济的发展和方便国家的税收,商鞅下令,统一秦国的度量衡标准,其中包括斗、桶、权、衡、丈、尺等。后来秦始皇在全国范围统一度量衡,就是以商鞅所创制度为基础进行的。今传世的商鞅铜方升即为商鞅于秦孝公十八年(前344年)所造的标准量器之一。其左侧有当时的记事刻文三十二字①,底部有秦始皇时加刻的统一度量衡诏书。

3. 社会文化改革——商鞅对社会的改革,重点是简化家庭结构,移风易俗,增殖人口,提倡睦邻,宣传法治,维护社会安定。主要内容如下:

---

① 今藏上海博物馆。左侧铭文:"十八年,齐率卿大夫众来聘。冬十二月乙酉,大良造鞅爰积十六尊(寸)五分尊(寸)壹为升。"铭文前端有"重泉"二字,是秦时县名,在今陕西蒲城县南重泉村。此器当是该县所用的官量。

(1) 实行小家庭政策——规定居民一户中有两个以上成丁的儿子,必须分居。如不分居,每个丁男罚纳两倍的赋税。

(2) 禁止父母与成年儿女同室居住,亦禁止成年兄弟同室居住。

(3) 严禁私斗——严禁居民私斗。有私斗者,根据情节给予轻重刑罚。

(4) 焚禁《诗》《书》等,宣传法令——商鞅反对儒家经典流传,主张"燔《诗》《书》而明法令"①。"燔《诗》《书》"对文化来说,是一种暴行。可是在战国时期,许多诸侯国在改革过程中,都曾因反对旧制度而焚禁《诗》《书》等。孟子曰:"诸侯恶其害己也,而皆去其籍。"②至秦始皇时,更"焚书坑儒"。此事虽有新旧斗争的意义,可仍然是一种文化暴行。

商鞅变法是成功的。文献记载:"行之十年,秦民大悦,道不拾遗,山无盗贼,家给人足,民勇于公战,怯于私斗,乡邑大治。"孝公八年(前354年),秦攻取魏的少梁(今陕西韩城南);十年(前352年),降魏都安邑(今山西夏县西北);十一年(前351年),降魏固阳;十九年(前343年),"天子致伯(霸);二十年(前342年),诸侯毕贺,秦使公子少官率师会诸侯逢泽(今河南开封东北),朝天子"③。"孝公使太子驷率戎、狄九十二国朝周显王。"④至此时,秦已成为战国七雄中的霸主了。二十二年(前340年),商鞅亲率大军伐魏,大破魏军,虏魏军统帅公子印,迫使魏国"割西河之地献于秦以和;而魏遂去安邑,徙都大梁(今

---

① 《韩非子·和氏》。
② 《孟子·万章下》。
③ 以上所引均见《史记·秦本纪》《商君列传》。
④ 《后汉书·西羌传》。"天子致伯",承认秦为一方的霸主。

河南开封)"。商鞅亦于这年以功"封之于商十五邑,号为商君"①,居二十级爵之首。此事是商鞅功成名就的标志。

商鞅成功的个人因素

商鞅变法之所以成功,与秦国历史发展的必然性及秦孝公这位有作为的君主的大力支持是分不开的;但是商鞅本人的政治、文化素质及主观能动作用也是非常重要的。商鞅个人有如下几项重要条件:

1. 以社会进化论指导"变法"——商鞅自幼好学,有很高的文化素养,对历史、当时的列国情况及政治形势,都有相当的了解。他对儒家和一般学者所称颂的尧、舜、禹、汤、文、武、周公的时代似乎是人类的黄金时代,却大不以为然,更不认为那时的制度与政策应是千古不变、万古长青的。他认为,人类的社会、历史是不断发展变化的,国家制度和政策也应随着形势的发展变化而不断做出相应的调整、兴革。秦孝公曾让他与保守派大臣甘龙、杜挚就"变法"问题进行公开答辩。甘龙曰:"圣人不易民而教,知者不变法而治。因民而教,不劳而成功。缘法而治者,吏习而民安之。"商鞅驳之曰:"龙之所言,世俗之言也。常人安于故俗,学者溺于所闻。以此两者居官守法可也,非所与论于法之外也。三代不同礼而王,五伯不同法而霸。智者作法,愚者制焉。贤者更礼,不肖者拘焉。"杜挚则曰:"利不百不变法,功不十不易器。法古无过,循礼无邪。"商鞅又驳之曰:"治世不一道,便国不法古。故汤、武不循古而王,夏、殷不易礼而亡。反古

---

① 《史记·秦本纪》。

者不可非,而循礼者不足多দ"商鞅又曰:"圣人苟可以强国,不法其故;苟可以利民,不循其礼。"孝公对商鞅的议论连连称"善"①!

2. 具有远见卓识,从根本处进行改革——春秋战国时期的政治家很多,他们在各国中提出或推行过的改革方案也很多,但是能提出当时本国政治和社会的根本问题并进行改革,而且取得明显成效的实在不多。而商鞅变法的情况则不同,商鞅不仅提出了当时秦国的根本问题,而且进行了比较彻底的改革,并取得巨大成效,这是此后两千余年间的历代有作为的政治家和有远见卓识的政论家公认的事实。

什么是当时秦国的根本问题呢? 这和关东各国基本一样,就是自西周以来,普遍行之于各国的两种传统制度:其一,作为经济基础的"井田制";其二,作为主要政治制度的世卿世禄制和分封制。这两项制度被当时各国的多数统治者和知识分子视为"王政之本"。商鞅变法,竟废除了井田制度,也就是废除了土地国有制,代之以土地私有制;废除了世卿世禄制和分封制,代之以武功二十级爵制和郡县制,这确实是一场巨大而深刻的政治、社会大革命。在改革后的短短十多年中,改变了秦国原来的贫穷落后的面貌,建立起了中央集权的、社会发展的强大国家,为后来秦灭关东六国、统一中国奠定了基础。

3. 取信于民——中国的古训曰"民无信不立"②,所以为政者应当重视"取信于民"。商鞅就很重视"取信于民",以期做到"令行禁止"。在变法期间,他"恐民之不信,已乃立三丈之木于

---

① 《史记·商君列传》。
② 《论语·颜渊》孔子语。

国都(栎阳)市南门,募民有能徙置北门者,予十金。民怪之,莫敢徙。复曰:能徙者,予五十金。有一人徙之,辄予五十金,以明不欺。卒下令,令行于民"。"行之十年,秦民大悦,道不拾遗,山无盗贼,家给人足,民勇于公战,怯于私斗,乡邑大治。"后来秦孝公死,曾反对变法的贵族保守派怂恿新即位的秦惠王以反叛之罪发兵逮捕商鞅。商鞅逃出首都,至边境关口的传舍,想暂住一下。可是传舍小吏不知他是商鞅,说:"商君之法,舍人无验者坐之。""验"就是"通行证明"。商鞅无验,因叹息曰:"嗟乎!为法之敝一至此哉!"①于是就只好离开。后代不少人对此事不进行正确的分析,却以此为商鞅"害人害己"的笑料,实在是见解浅薄,观点错误。

4.赏罚严明,无私无畏——商鞅是一位杰出的法家,主张"罚不讳强大,赏不私亲近"。他在变法时,曾一度引起许多宗室贵族的反对。其中最严重的是,以太子师公孙贾和太子傅公子虔为首的宗室贵族集团怂恿时年十岁的太子驷出来公开反对变法。商鞅面对这一情况,并不畏惧,亦未张皇失措;相反地,却坚决予以迎头痛击。他对秦孝公说:"法之不行,自于贵戚。君必欲行法,先于太子。太子不可黥,黥其傅、师。"他果然劓太子傅公子虔,黥太子师公孙贾,"于是法大用,秦人治"②。其他反对变法的宗室贵族受到惩处的还很多,一度使秦国的贵族们敢怒而不敢言。

商鞅的老友赵良很为商鞅的命运担心。他劝告商鞅说:"刑黥太子之师、傅,残伤民以峻刑,是积怨蓄祸也。""日绳秦之贵

---

① 以上所引均见《史记·商君列传》。
② 《史记·秦本纪》。

公子",“公子虔杜门不出,已八年矣。君又杀祝懽而黥公孙贾"。"君之危,若朝露。"他劝商鞅停止变法,退还所受封之"商君"的爵位,去归隐于田野,另找一条生路。他还警告说,如若不然,一旦秦孝公驾崩,"秦国之所以收君者,岂其微哉?亡可翘足而待"[①]!可是,商鞅是一位无私无畏之人,他对于变法义无反顾。公元前338年,秦孝公病死,太子驷继位,是为惠王。惠王果然在公子虔等的调唆下,以"谋反"之罪名,将商鞅杀害,并株连全家。

在历史上,许多有见解的政论家对商鞅变法的积极意义及其个人品德做出了不少公正的评价,其中以战国末年的著名法家韩非和西汉末年的著名学者刘向的评论最具代表性。如韩非曰:"窃以为立法术,设度数,所以利民萌、便众庶之道也。故不惮乱主暗上之患祸,而必思以齐民萌之资利者,仁智之行也。惮乱主暗上之患祸,而避乎死亡之害,知明而不见民萌之资夫科身者,贪鄙之为也。"[②]刘向曰:"夫商君极身无二虑,尽公不顾私,使民内急耕织之业以富国,外重战伐之赏以劝戎士,法令必行,内不阿贵宠,外不偏疏远,是以令行而禁止,法出而奸息,故虽《书》云'无偏无党',《诗》云'周道如砥,其直如矢',《司马法》之励戎士,周后稷之劝农业,无以易此。此所以并诸侯也。"[③]这些评论是相当公允的。

对商鞅之死的反思

商鞅之死,后代的评论者有不少从他个人的身上寻找原因。

[①] 《史记·商君列传》。
[②] 《韩非子·问田》。
[③] 《史记·商君列传》"太史公曰"注四《集解》引《新序》论。

如司马迁,就在他写完《商君列传》之后,以"太史公曰"的形式评论曰:"商君,其天资刻薄人也。迹其欲干孝公以帝王术,挟持浮说,非其质矣!且所因由嬖臣,及得用,刑公子虔,欺魏将,不师赵良之言,亦足发明商君之少恩矣!余尝读商君《开塞》《耕战》书,与其人行事相类,卒受恶名于秦,有以也夫!"这样的评论是不正确的。因为商鞅之死不是个人的思想作风招致了杀身之祸,而是当时秦国政治上的革新派和保守派进行激烈斗争的结果,是阶级斗争的反映。历史上任何一次改革,不论大小,都会在统治阶级内部伴随发生新旧派的斗争,斗争的情况和激烈程度会有所不同;但斗争是不可避免的。商鞅变法过程中所发生的斗争则属于最激烈、最残酷的情况之一。对商鞅之惨死值得后人反思的,主要有如下三点:

1. 在政治上起决定性作用的始终是最高统治集团中的实权人物——在商鞅变法的过程中,商鞅本人扮演了极为重要的角色,但他在政治上不是起关键性、决定性的人物。在政治上起关键性、决定性的人物是当时的国君秦孝公和后来的国君秦惠王。商鞅得到秦孝公的支持,变法才得展开,并形成一场轰轰烈烈的除旧布新的运动,而且获得了巨大的成功。一旦秦孝公去世,秦惠王上台,昔日不可一世的商鞅却立即成为阶下之囚,并遭"车裂"之祸。在阶级社会中,尤其是在封建社会,最高统治者个人在历史上的作用是尤其不容忽视的。

2. 保守派的反动性不可低估——在任何国家的历史上,凡国家面临改革之时,其统治集团总会分裂为改革派和保守派,而保守派则主要是由既得利益集团或其在政治上的代表人物组成的。保守派是从来不肯损害或放弃他们的既得利益的,因之反对改革。保守派多属于剥削阶级的上层,拥有强大的政治、经济力量。而改革派则多数由剥削阶级的中下层分子组成,其自身的力量较小,需要有强大的靠山。商鞅正是由于得到秦孝公的有力支持,才压倒了反对改革的保守派,使改革顺利进行。可是,韩非曾这样说过:"智法之士与当涂之人不可两存之仇也。"①这就是说,改革派与当权的既得利益集团是势不两立的,他们之间的斗争是你死我活的。改革派对这一点往往认识不足,对保守派的反动性也往往估计不够,所以商鞅一旦遭到敌人的反攻,便张皇失措,无招架之功。

3. 对统治阶级或统治集团内部的个人恩怨不可掉以轻心——商鞅变法,使秦国由弱国变为头号强国,而且商鞅之与秦室,"极身无二虑,尽公不顾私"。可是为什么一旦秦孝公死,秦惠王即杀掉商鞅呢? 韩非评论说:"孝公、商君死,惠王即位,秦法未败也。"②这就是说,秦惠王在少年时代为太子时,虽曾被师傅公子虔、公孙贾调唆,有反对变法的行为。可是在他即王位之后,虽杀死了商鞅,但并未废除新法,相反地却继续推动新法的施行。可见他杀害商鞅并非由于政见的分歧,而主要是由于个人的恩怨,他怀恨当年商鞅对他的惩罚。虽是"太子不可黥,黥其傅师"③,可是总归未给他留面子,成为他难忘的奇耻大辱。于是,一朝权在手,就公报私仇,制造借口,除掉了商鞅。司马迁曰:"秦孝公卒,太子立,公子虔之徒告商君欲反,发吏捕商君。……秦惠王车裂商君以徇。曰:'莫如商鞅反者!'遂灭商君之家。"④商鞅

---

① 《韩非子·孤愤》。智法之士:智术、能法之士。当涂之人:掌权的大臣。涂与"途"通。
② 《韩非子·定法》。
③ 《史记·秦本纪》。
④ 《史记·商君列传》。

也算死在"莫须有"的罪名之下。在中国的历史上,从远古到近现代,在统治集团的高层中,由于个人恩怨而互相残杀是司空见惯的,这真是历史上不应出现的悲剧,后人应当总结经验,接受教训。

秦始皇嬴政*

秦始皇在中国历史上可以称得上是一位"家喻户晓,妇孺皆知"的人物了。所以这样,是因为他在世的期间,曾做过许多桩在当时和对后代都有重大影响的好事,其中最主要的,如"消灭六国,统一中国""废分封,置郡县""北逐匈奴,修万里长城""统一货币,统一度量衡,统一文字"等等,这些事件对中国古代统一的多民族国家的形成和发

秦始皇像
(刘旦宅原作　李砚云改作)

---

*　收入《中华文明之光》壹,北京大学出版社,1998年11月出版。

展,对于中国古代经济、文化的发展,都起了巨大的作用。当然,秦始皇也做过一些错事,有些错误的性质严重,影响很坏。如"焚书坑儒"事件,就对我国古代的文化造成了巨大损失,留下了千古骂名。不过总的说来,秦始皇是功大于过的。

秦始皇本来是战国末年秦国的国王,时称秦王,姓嬴名政,国都在咸阳(今陕西咸阳市)。十三岁登王位,二十一岁亲掌大权,铲除了权臣、相国吕不韦等,重用李斯、王翦等一批有才能有谋略的文臣武将,在二十九岁时,灭掉韩国。稍后,又用了五年时间连续灭掉魏、楚、燕、赵、齐等国,从而在中国这块大地上第一次建立起了统一的多民族的伟大国家——秦朝,时年三十八岁。就在这一年,也就是刚刚统一中国不久,他认为"秦王"这一名号对这时的他已太低了;于是通过朝议,废止"秦王"之号,改称"皇帝",取兼有"三皇五帝"之义,表示其功绩"自上古以来未尝有,五帝所不及"(《史记·秦始皇本纪》)。他又取消了自西周以来行用了八百年的谥法,自称"始皇帝",规定以后继位的子孙,"以计数,二世、三世,至千万世"(同上)。这就是"秦始皇"一名的由来。

秦始皇为皇帝十一年,于始皇三十七年(公元前210年)去世,终年四十九岁。死后葬于骊山,在今西安市东临潼县。为建始皇陵,征发徭役数十万人。司马迁记此陵的情况说:"穿三泉,下铜而致椁,宫观百官奇器珍怪徙臧满之。令匠作机弩矢,有所穿近者,辄射之。以水银为百川江河大海,机相灌输,上具天文,下具地理,以人鱼膏为烛,度不灭者久之。"(同上)始皇陵至今并未发掘,陵内的实际情况还不可确知。但从遗留至今的陵墓堆土的高大,尤其是近年在陵侧发掘的名震中外的号称世界八大奇迹之一的秦陵兵马俑,可知司马迁所记始皇陵情况,当是可信的。

秦始皇陵 K9801 陪葬坑出土的石铠甲正面
（全甲由 612 个甲片组成，重 18 千克）

今就秦始皇的主要事迹做如下评述。

一

秦始皇"消灭六国，统一中国"，是中国古代统一的多民族国家形成的重要标志，也是中国古代社会历史进步的重要标志。

中国古代有文字可考、有史料可据的历史，可以上溯到公元前 21 世纪建立的夏朝。夏朝的疆域很小，主要在今黄河中游一带，即今山西的南部和河南的北部。夏朝存在的时间近五百年。夏朝灭亡后，新兴起的王朝是商朝。商朝的疆域大于夏朝，以今黄河中下游为主，其势力范围更大一些。商朝存在的时间约有五百余年。商朝灭亡后，新兴起的王朝是西周。西周以今西安市西面的丰、镐为国都，其疆域以今关中和黄河流域中下游为主体，南到淮水和汉水上游，北到燕山以南，东到东海，西到甘肃东部。这个疆土已经相当辽阔了，可是由于社会经济不甚发展，政治上实行分土封侯制度，据说当时有八百诸侯。此后，诸侯间互相竞争，互相破坏，互相攻杀，互相兼并。到公元前770年开始的春秋时期，仅剩一百余国，到公元前403年开始的战国时期，只剩二十余国，其中最强大的有七国，就是秦、楚、齐、燕、韩、赵、魏。七国间长期连年混战，《孟子·离娄上》说："争地以战，杀人盈野；争城以战，杀人盈城。"长期的战争对社会经济和人民生活造成了严重破坏，人民普遍厌战。年轻的秦王嬴政就是在这样的形势下，利用了秦国的军事优势，用了十年时间，消灭了六国，统一了中国。从此，中国由一个诸侯割据混战的封建国家转变为一个统一的、多民族的、中央集权的封建国家。国都仍建于咸阳。

　　这样说，关于"消灭六国"的情况是明确了，但关于"统一的、多民族国家的形成"还不很明确。事实是秦始皇在消灭六国之后，还在继续大力经略四方。如在南方，灭楚之后，继续向百越地区用兵，先占闽越（今浙江南部和福建地区），又向南越进兵。为了转运粮饷，命监御史禄率领士卒在今广西兴安县截断湘江上游，开北、南二渠，北渠引水七分下入湘江故道，南渠引水三分西入漓江，此即闻名于世的灵渠。灵渠的开通，连接了长江和珠江两大水系，从开通至今，对我国南北经济、文化的交流起了重大的作用。在当地民间，至今还流传着这样一首歌谣："兴安高万丈，水把两头流。"其歌颂了这一巧夺天工的人工运河。

秦始皇经略百越,奠定了我国南部的疆域至今广西、广东的南境。

秦始皇大力经略西南夷地区也是有巨大贡献的。西南夷地区主要包括今四川南部和西部、贵州、云南及西藏东部,这里民族众多,地形复杂,交通不便。秦始皇为经略西南夷,命士卒自今四川宜宾至云南曲靖一线,堑山堙谷,开通了五尺宽的山道,史称"五尺之道"。秦在道路通达的地区设官置吏,把疆域推至今贵州和云南两省的北部,亦促进了中原地区与西南夷地区的民族往来和经济、文化交流,也对西南丝绸之路的开通起了重大的作用。

秦始皇对北部疆域的经营也是很重视的。他命蒙恬率领三十万大军赶走了进入河套地区的匈奴人,西起临洮(今甘肃岷县),北沿阴山东向,东北经沈阳之北,再南下鸭绿江,修起了万里长城,以防御匈奴人的南侵。

《史记·秦始皇本纪》记载:秦朝的疆域,"东至海暨朝鲜,西至临洮、羌中,南至北向户,北据河为塞,并阴山,至辽东"。这一疆域自然只是今天中国疆域的一部分,人口也不过有两千万。可是这一疆域正是今天疆域的基础,这两千万人口正是今天中国大部分民族的祖先。秦始皇正是中国古代统一的多民族国家的缔造者和伟大祖国疆域基础的奠定者。

二

秦始皇的第二大功绩是他在"消灭六国、统一中国"之后进行的重大政治改革。主要是比较彻底地废除了西周以来实行的封建贵族政治制度,实行适应新兴的地主阶级需要的新的官僚

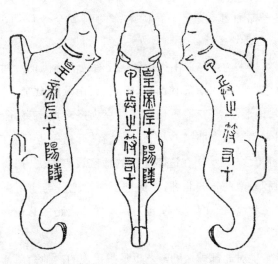

《秦阳陵虎符》左、右

政治制度。这一改革涉及国体和政体的较大范围的兴废,对中国古代的政治史影响极大。这次改革,包括君主制度、中央制度和地方制度。

君主制度的改革主要是废"王"号,改称"皇帝"。皇帝拥有至高无上的权力,从中央到地方的主要官吏,如郡守、县令等,均由皇帝任免,都按照皇帝颁布的律令或皇帝的意志办事。军权也集中到皇帝手中,凡调动士卒五十人以上者,必须持有皇帝的虎符为凭;否则,就是违法。

中央制度的改革主要是废除了适应封建贵族需要的世卿世禄制度,改行由地主官僚组成的三公九卿制度。三公为丞相、太尉、御史大夫,是在皇帝领导下的行政、军事、监察三方面的主要负责人。九卿则为中央的分管庶政的机构。三公九卿之外,还有列卿,共同组成中央机构,协助皇帝,统治着全国。

地方制度主要是指地方行政制度,这一制度的改革主要是彻底废除"封诸侯,建藩卫"制度,在全国普遍实行郡县两级制的行政制度。郡的主要长官是郡守,县的主要长官是令(长)。郡守、县令都是流官,由皇帝任免。

皇帝制、三公九卿制和郡县制是一套新的完整的中央集权制度,这套制度适应了当时的社会经济状况及其发展的要求,也有利于维护新兴地主阶级的统治。这套制度是我国古代政治制度的一个新的重大发展,在当时,在此后两千年间,对巩固、加强祖国的统一,对促进社会经济、文化的发展,都起了重大的作用。在秦以后的两千多年间,各个朝代基本上都沿用了这一制度。

三

秦始皇的第三大功绩是整顿了社会经济秩序,为恢复发展社会经济创造了条件。主要事迹如下:

1. 清查田地,履亩而税——西周时期,实行土地国有制度,农民都是国家的农奴,由国家或官府分配土地给农奴耕种。这就是《诗·小雅·北山》所说:"溥天之下,莫非王土;率土之滨,莫非王臣。"历史上称当时的土地国有制为井田制。春秋、战国时期,井田制正在迅速破坏,土地大量地转入私人手中,贵族、官僚或豪族地主隐瞒了大量的田地,不向官府纳税。秦灭六国之后,于始皇三十一年(前216年)下令全国"使黔首自实田"(《史记·秦始皇本纪》《集解》引徐广语),就是要人民向政府据实登记所占有田地的多少,按亩纳税。这个法令的主要目的是清查民间各家占有田地的状况,以便于征税;同时也使土地私人占有制合法化了,这有助于新兴的地主经济的发展。

2. 统一货币——商和西周时期,随着商品交换关系的发展,人们已使用海贝为货币。海贝的数量不足,则以骨贝和铜贝补充之。到春秋时期,已有类似农具铲的青铜空首布出现。战国时期,各大国都在铸造青铜货币,货币形式各不相同,同一国常常使用不同形式的货币。如齐国用巨大的刀币;燕国用小型刀币,上带一"明"字,因称明刀;韩国、赵国、魏国杂用布币、刀币、圆钱;楚国用一种近似贝的小型货币,其花纹像蚂蚁的头部,也像鬼脸,因称"蚁鼻钱"或"鬼脸钱";东周、西周用布币,也用圆钱,秦国用圆钱。秦始皇消灭六国、统一中国之后,这样复杂的货币状况显然很不利于商品交换关系的发展,不利于赋税的征收。于是,他于始皇二十六年(前221年),下令全国,废止使用六国的旧币,颁行统一的新的货币。新币分为二等:上币用黄金铸成,每24两为一块,24两重一镒,此金块名"镒";下币用青铜铸成,外圆孔方,同于秦国的圆钱,每枚重半两,名"半两"。秦半两价值单一,规格合理,便于携带,适宜于用作商品交换手段,是一种进步的币制形式。自秦朝开始使用这种形式的货币后,历代王朝都采用这种形式的货币,直到民国初年。这种货币为秦和西汉前期全国各大地区市场的形成和发展起了重要的作用。

3. 统一度量衡——战国时期,各国的度量衡很不统一,就是丈尺长短不同,斗升大小不同,斤两轻重不同。这种状况对秦消灭六国、统一中国之后的社会经济的发展是很不利的。于是,秦始皇在下令统一货币的同时,也下令统一度量衡。其令文曰:"廿六年,皇帝尽并兼天下诸侯,黔首大安,立号为皇帝,乃诏丞相状、绾,法度量则不壹,歉(嫌)疑者,皆明壹之。"这一令文在历代的文献著录和现代的考古发现中都有很多,几乎稍大一点

秦始皇为统一度量衡而颁布的"诏版"
（藏于甘肃省镇原县博物馆）

的秦权和秦量上都刻有此令文，也有铸在青铜片上的令文（诏版）被发现。这说明了秦始皇对于在全国范围采取统一度量衡之举是多么坚决。

四

秦始皇的第四大功绩是改善、发展交通事业。

秦始皇二十六年（前221年），下令统一全国的车轨，大车的两轮之间（轨）皆宽六尺，史称"车同轨"，这有利于车辆的行驶。

此后，秦始皇又主要为了政治和军事需要，在全国范围大修驰道。驰道以首都咸阳为中心,东至今浙江、江苏、山东、河北,西至今甘肃东部,南至今湖北、湖南,北至今河北、山西北部及内蒙古南部。道宽五十步,每隔三丈,植树一株,用铁椎夯打路基,使路面平坦坚实,以利于奔驰。

秦始皇还修直道一条,自云阳(今陕西淳化)直达九原(今内蒙古包头西),"堑山堙谷"约一千八百里,这是为适应防御匈奴人的入侵而开凿的。

秦始皇在皇帝位十一年,曾五次到地方巡视。巡行路线均扩建为驰道。第一次是巡视西北地区,到甘肃东部。其他四次均是东巡旧楚、齐、燕、赵、韩、魏等地区,东至东海之滨,南至长江以南,北至长城沿线。他曾在峄山(今山东邹县境)、泰山、琅邪(今胶南)等处立碑、刻石,谴责旧六国统治者的黑暗统治,互相攻杀;歌颂他本人消灭六国、统一天下的功业;还伸张秦法,宣扬威德。这些活动对威慑六国旧贵族残余势力、巩固新建国家的统一都起了重要的作用。

五

秦始皇的第五大功绩是"统一文字"。中国在原始社会后期,尚无文字,曾用结绳记事。传说古圣人伏羲氏画八卦,用作书契记事。今天在考古发掘中,发现新石器时代的一些陶器上绘有各种美丽的图案、花纹,也有类似文字的刻画符号。稍后,大约即有文字出现。今天所见的最早的文字是商朝的甲骨文,刻在龟甲和牛肩胛骨上,距今有三千二三百年了。商代的青铜器上也有文字,称为金文,数量很少。西周的青铜器上的文字较多,长篇多达四百余字。汉字本来是同源,但到春秋、战国时期,各国长期分裂割据,各国的文字独立发展、演变,文字结构产生歧异,而且日益严重,有的字的结构完全不同。如"马",在甲骨文中作"🐎",西周铜器铭文中作"🐎",战国时期的齐国作"🐎",楚国作"🐎",燕国作"🐎",韩国作"🐎",赵国作"🐎",魏国作"🐎",秦国作"🐎"。许慎《说文解字·后叙》说战国时期的这类情况是:"田畴异亩,车涂(途)异轨,律令异法,衣冠异制,言语异声,文字异形。"秦始皇消灭六国,统一中国,为了政治和军事的需要,为了发展文化教育事业,下令由大臣李斯等主持,统一文字,当时称作"书同文字"。

统一文字不是简单地选定使用哪些文字,废除哪些文字,而是包括了对已有的文字进行一定的改革。其做法是以原秦国文字的字形为基础,使新字力求字形固定,笔画简省,书写方便,达到规范化。经过改革后的文字叫作"小篆",也叫作"秦篆",推行于全国。所谓"字形固定"主要是字的偏旁固定。例如"铸"字,在以往"金"旁不固定,可写在左、右两边,亦可写在下边或字的腹中,即作🐎、🐎、🐎、🐎。秦统一文字之后,小篆作"🐎"。"金"旁定在右边,笔画也简省了许多,书写方便。

秦代的原始小篆应以李斯所书碑刻为代表。不过这些碑刻早已毁掉,原拓存世者也极少。峄山刻石久亡,宋淳化四年(993年),郑文宝取其师徐铉摹本重刻于长安,两面刻,十一行,每行二十一字,现存陕西省西安碑林。泰山刻石已残,存字四行,每行十二字,现存山东泰山碧霞元君庙,存世拓本以明安国藏一百六十五字者为最古。

秦始皇统一文字对于巩固国家的统一,促进经济、文化的发展,起了巨大的作用。对东亚一些邻国如日本、朝鲜和韩国、越南等国的历史、文化的发展,也起了巨大的推动作用。

六

秦始皇的第六大功绩是改变了古代中国人的国家观,就是破除了长期的分裂割据时代形成的狭隘的诸侯国家观,初步树立起了新的大一统的国家观。

中国古代的国家观是随着历史的发展而逐步明确、逐步形成的。西周时期的"溥天之下,莫非王土;率土之滨,莫非王臣"之说是早期的国家观。当时,人们认为周国就包括了天下。周王亦称天子,是天下的主宰。这一观点虽反映出了国家是阶级统治的工具这一基本事实,但就国家组成的基本要素来说,还失之笼统。至春秋时期,诸侯长期割据混战,互相兼并。适应这种形势,国家观亦有了新的发展:其一,明确了国家的要素有疆域,有人民;其二,突出了分裂割据的诸侯国的地位。这就是楚芋尹无宇所说:"天子经略,诸侯正封,古之制也。封略之内,何非君土;食土之毛,谁非君臣!"(《左传》昭公七年)至战国时期,孟子进一步明确提出:"诸侯之宝三:土地、人民、政事。"(《孟子·尽心下》)"政事"主要是对国家行政和财赋的管理。孟子之说标志着中国古代的国家观已经形成,不过此国家观的基本特点是狭隘的诸侯国家观。战国时期有没有"大一统"的国家观呢?严格地说还是没有的。孟子所说的"定于一"(《孟子·梁惠王上》)、荀子所说的"四海之内若一家"(《荀子·议兵》),以及《尚书·禹贡》和邹衍的"九州"说等,尚属进步思想家的一种含糊不清的理想,还不是明确具体的国家观。

秦始皇消灭六国、统一中国之后,情况就大不同了。新的大一统的国家已存在的现实,反映到人们的思想上,必然在逐步破除旧的分裂割据时代形成的狭隘的诸侯国家观,树立起新的大一统的国家观来。这一国家观的变化,秦始皇起了主导的作用。始皇二十八年(前219年)所立琅邪台刻石文曰:"六合之内,皇帝之土,西涉流沙,南尽北户,东有东海,北过大夏,人迹所至,无不臣者。"《史记·秦始皇本纪》更具体曰:"地东至海暨朝鲜,西至临洮、羌中,南至北向户,北据河为塞,并阴山至辽东。"这不仅是中国古代多民族的统一国家的疆域至此时已初步奠定,就是"大一统"的国家观也已开始树立起来了。再从此后两千年的中国历史来看,应当说基本上是一部国家统一的历史。西汉、东汉、西晋、隋、唐、北宋、元、明、清等,都是基本上统一的朝代,时长共约一千五百余年。三国、东晋与十六国时期、南北朝、五代、南宋等,都是分裂时期,时长共约五百余年;但其中有三百多年的分裂时期主要是由民族矛盾造成的,就当时由汉族或少数民族建立的王朝来说,都统治着半个中国,而其内部基本上也是统一的,真正的分裂时间不过百余年。由此看来,我国的历史自秦朝以后,国家的统一是历史的主流,是历史的基本方面,在人们的头脑中认为是正常现象;国家的分裂是历史的支流,是历史的非基本方面,在人们的头脑中认为是不正常现象。因此,历代志士仁人和广大人民群众基本上是拥护统一,歌颂统一,捍卫统一;反对分裂,谴责分裂,要求消除分裂。历史上有作为的君主或政治家亦都是如此。两汉以后,巩固发展了秦始皇的大一统国家观,进而提出了"华戎一统"的问题,这是大一统国家观深刻发展并明确化、具体化的重要标志。如唐太宗、玄宗先后倡言"混六合以为家""烽燧不惊,华戎同轨"(依次见《唐大诏令集》卷四十二《和蕃》、《旧唐书·玄宗本纪下》)。少数民族出身的明君也有这样的主张。如北魏太武帝拓跋焘即怀有"廓定四表,混一戎华"(《魏书·太武帝纪》史臣曰)之志。元世祖忽必烈改国名"大蒙古"为"大元",声言"见天下一家之义"(《元史·世祖本纪一》)。清乾隆皇帝说:"我朝家法,中外一体。"(《热河志·徕远·乾隆诗》注)这里的"中外"是指中原和边疆民族地区。这些观点都以秦始皇的国家观为基础而又有所发展,或进一步深化,其主要特点就是更明确地体现了"多民族的统一国家"在形成和发展之中。这样的国家现在历代的文献中或骚人墨客的诗文中更不胜枚举。

七

秦始皇也犯有严重的政治错误,最重要的是"焚书坑儒"事件。

始皇三十四年(前213年),秦始皇与大臣们在宫中举行宴会,博士仆射周青臣为始皇祝酒,称颂始皇"神灵明圣",又说始皇"以诸侯为郡县,人人自安乐,无战争之患,传之万世"。始皇听了很高兴。可是有一个思想保守的博士名叫淳于越,当场批评周青臣是阿谀逢迎。他说:"殷、周之王千余岁,封子弟功臣,自为枝辅。"他批评秦始皇废分封,置郡县,说如发生大臣篡权之事,无以自救。他还说:"事不师古而能长久者,非所闻也。"(《史记·秦始皇本纪》)丞相李斯当场对淳于越的错误言论进行了批驳,他指斥淳于越是"愚儒",谴责儒生们"不师今而学古,以非当世,惑乱黔首","入则心非,出则巷议,夸主以为名,异取以为高,率群下以造谤"(同上)。他认为这一群儒生是一种危险势力,建议始皇坚决制止他们的非法活动,并提出了焚书的建议。秦始皇批准了这个建议,焚书事件便在全国范围发生。

第二年,又发生了坑儒事件。起因是由于有些儒生和方士对始皇不满,攻击始皇"专任狱吏""乐以刑杀为威""贪于权势"等等。秦始皇认为他们"或为妖言以乱黔首",就先后逮捕了四百六十多人,全部坑杀于咸阳。

焚书坑儒是秦始皇镇压政治反对派之举。这些被镇压者中的不少人政治思想保守,向往西周时的分土封侯制度,反对中央集权制和郡县制,其中还有一些骗人的方士。可是,秦始皇的镇压措施是野蛮的、残酷的、无法无天的,不问情节如何,一概焚,一概杀,这是一种政治暴行,对于中国古代文化是一次极严重的摧残。

秦始皇还有一个失策之处就是不惜民力,不"休养生息",大搞徭役征发。在他当皇帝的十一年中,修宫殿、造陵墓、修长城、伐南越、开驰道等等,每年要征发丁男二百万人,约占当时总人口两千万的十分之一。丁男不够,又征发丁女。大量的劳动力脱离生产,田地荒芜,许多破产农民流离失所。这是秦末农民大起义的主要原因。

不过,我们对于秦始皇征发徭役所干之事不应一概否定。如为修阿房宫、造骊山陵,共征发徭役、刑徒七十万人,这是应当批判的。如为伐南越,征发了五十多万人;修长城,征发了三十多万人等。这些事项还是要一分为二的,既有积极的一面,也有给人民增加过重负担的一面。

至于"孟姜女哭长城"的故事,本来与秦始皇没有关系。此事原来发生在春秋时期,是齐大夫杞梁伐莒(今山东莒县)战死,其妻迎丧之事。战国时期的记载,无哭城之事。至西汉末年刘向《列女传》四,记杞梁殖战死,其妻哭于城下,十日而城崩。此城仍是莒之城。至唐人所编《琱玉集》记秦时燕人杞良筑长城而死,其妻孟仲姿哭于长城下,城即崩倒。后来民间传说范喜郎修长城死,孟姜女哭长城。到北宋时,民间已出现了孟姜女庙,此外还有"孟姜女哭长城"歌曲在流传。这一故事和歌曲一直流传到近现代。这件事虽与秦始皇没有直接关系,但反映了我国历代广大劳动人民对于封建官府征发繁重徭役的愤怒和抗议。

　　秦始皇在生活方面也相当奢侈,修宫殿很多;又为了长生不老,用方士求神仙,希望得到长生不死之药,花费很大。秦代的刑罚也很残酷,后代不少儒生骂秦始皇为暴君。这些问题都是存在的,但后代的宣传多过于夸张。与许多帝王相比,秦始皇的情况并不那么严重。

古代政治文明的历史典范[*]
——秦汉时期中央集权制度的创建与推行

秦汉是我国历史开始进入多民族与大一统国家的时期,也是中华文明进入多更新、多创造的时期。在这一时期中,无论政治、经济、文化各个方面,都有新的文明不断涌现。但其中作用最大、影响最深、对后代的历史发展具有奠基意义的文明,首推政治文明中的中央集权制度。这一制度的性质不是像有些人所说的,是"封建专制主义",是"极权主义",当然更不是从它一产生就是"反动"的,作为封建国家政权,有其合理存在的一面。我们要有历史主义的观点,分清其上行时期和没落时期,不能一概骂倒。本文要谈的是其合理的内核,其中主要包括大一统、多民族和中央集权三事。此三事环环相扣,缺一不可。正因为这样,此制度自其诞生之日起,即成为封建国家的基本政治制度,而且历代相袭。两千年来,此制度以其特有的威力和生命力在推动着中国的历史向前发展。

一

我之所以称这一制度为"中国古代政治文明的历史典范",有如下三点理由:(一)此制度首创于秦朝,是适应当时的政治需要和历史发展趋势产生的;(二)秦朝以此制度为国家的基本政治制度,此制度对各级官府机构的设计及官吏的职掌

---

[*] 北京大学《国学研究》第十二卷,2003年12月出版。

基本完善;(三)自"汉承秦制"之后,历隋、唐、宋、元、明、清各主要王朝,无一不是引作国家的基本政治制度而沿袭下来。

此制的创始人是秦王嬴政,创始的时间是在公元前221年(始皇二十六年)。他还创建"皇帝制度",作为中央集权制的核心与灵魂,并毫无谦意地称"始皇帝",此事遭致后代不少人的非议。创始制度的时间是在刚灭六国、秦朝正在开张的第一次廷议上。当时有人主张行"分封制",也有人主张行"郡县制"。廷尉李斯曰:"周文、武所封子弟同姓甚众,然后属疏远,相攻击如仇雠;诸侯更相诛伐,周天子弗能禁止。今海内赖陛下神灵一统,皆为郡县;诸子、功臣以公赋税重赏赐之,甚足易制,天下无异意,则安宁之术也。置诸侯不便。"①秦始皇支持此议,于是,历西周、春秋、战国八百余年的与宗法制结合的"世卿世禄制"和"分土封侯制"从此废除;以皇帝为首、由功臣和文吏等官僚组成的自中央到地方的中央集权机构诞生,这就是中央集权制度。此制度分为三级:

1. 皇帝——国家元首,是政治核心,权力顶峰,即所谓"皇权"。皇位世袭,父死子继,是"家天下"制度。

2. 三公九卿——中央机构。三公为丞相、太尉、御史大夫,是皇帝的主要辅佐。丞相"掌丞天子,助理万机"。太尉"掌武事"。御史大夫"掌副丞相",主监察百官。九卿为庶政机构,主要在丞相之领导下,分管兵刑钱谷等事。此外,还有前后左右将军,管出征、兵事;诸卿,管中央庶政事务。

3. 郡县——地方行政机构,分两级。郡守、尉,分管一郡之

---

① 《史记》卷六《秦始皇本纪》,第1册,第239页。本文所引"二十四史"均为中华书局点校本,以下不再注。

行政、军事。另设监御史,监察郡事。县令(长)、丞、尉,分管一县之行政、司法、军事等。

中央和地方的主要官吏都由皇帝任免。选贤任能,与血缘无关。

中央集权制度各事,战国时期略见端倪,在《七国考》一书中无法连缀成章。清末民初的著名史家夏曾佑说:"秦人革古创今之大端有十:并天下,一也;号皇帝,二也;自称曰朕,三也;命为制,令为诏,四也;尊父曰太上皇,五也;天下皆为郡县,子弟无尺土之封,六也;夷三族之刑,七也;相国、丞相、太尉、御史大夫、奉常、郎中令、大夫、卫尉、太仆、廷尉、鸿胪、宗正、内史、少府、詹事、典属国、监御史、仆射、侍中、尚书、博士、郎中、侍郎、郡守、郡尉、县令等皆秦官,八也;朝仪,九也;律,十也。"①这套几乎是全新的制度,包含秦始皇和李斯等人的天才创造。尽管这套制度创行后,历代都有人从不同角度有所指责,但总的说来是符合时代需要的。西汉灭亡之初,天下混乱,史学名家班彪对割据天水(今甘肃通渭西)的隗嚣曰:"周之废兴,与汉殊异。昔爵五等,诸侯从政,本根既微,枝叶强大,故其末流有从横之事,势数然也。汉承秦制,改立郡县,主有专己之威,臣无百年之柄……方今雄桀带州域者,皆无七国世业之资,而百姓讴吟,思仰汉德,已可知矣。"②这种反对分裂、主张统一的言论,不为隗嚣所赞同;但此后的东汉、唐、宋、明、清等王朝都承"秦制",中央集权制度在这些王朝中正常有效地运营各达二百余年,保证了这些王朝的国家基本统一,民族互相包容,社会相对稳定,经济、文化迅速

---

① 夏曾佑:《中国古代史》,河北教育出版社,2000 年,第 252—253 页。"鸿胪"初称"典客"。
② 《后汉书》卷四〇上《班彪列传》,第 5 册,第 1323 页。

发展。正是由于有这些王朝的积累,为我们今天统一的、多民族的、中央集权的伟大祖国的形成奠定了基础。

二

说秦汉为我国古代的统一大业做出了巨大贡献,谁都不否认。但统一的具体状况,知者不多。

秦朝经营边疆,对六国之楚、赵、燕三国经营边疆来说,是步其余绪;对秦本身来说,是继续实现国家的统一。如秦之统一岭南两越,性质就是如此。两越古称"百越",原来的部属很多,在今浙江境内和江西东部的为东瓯(东越),在今福建境内的为闽越,在今广东和广西东部、湖南南部的为南越,在今广西西部、南部和云南东南部的为骆越(或称西瓯、西瓯骆)。史称战国中期以后,楚"南平百越"①。至秦代,并为东越(包括东瓯和闽越)、南越,合称两越。秦灭楚国时,东瓯和闽越的君长都降秦,秦以东瓯属会稽郡,闽越置闽中郡。后来秦又进占岭南至海岸,设南海(治今广东广州)、桂林(治今广西桂平)、象(治今崇左)三郡,实现了对南方的统一。

秦在北方对匈奴用兵,是收复旧赵、燕的失地。关于赵国的北境,《史记·匈奴列传》曰:战国中期,"赵武灵王亦变俗胡服,习骑射,北破林胡、楼烦,筑长城,自代并阴山下至高阙为塞,而置云中、雁门、代郡"。现代史学名家翦伯赞说:"现在有一段古长城遗址,断续绵亘于大青山、乌拉山、狼山靠南边的山顶上,东西长达二百六十余里,按其部位来说,这段古长城正是赵长城遗址。"②关

---

① 《史记》卷五七《吴起列传》,第7册,第2168页。
② 翦伯赞:《内蒙访古》,《翦伯赞史学论文选集》第3辑,人民出版社,1997年,第387页;参看《文物参考资料》1957年第4期,第30页。

于燕国的北境,《匈奴列传》曰:战国后期,燕有贤将秦开,为质于胡,胡甚信之。归而袭破走东胡,东胡却千余里……燕亦筑长城,自造阳(今河北沽源南)至襄平(今辽宁辽阳),置上谷、渔阳、右北平、辽西、辽东郡以拒胡"①。根据上述情况,赵、燕的北境都是以长城与匈奴或东胡为界的。后来在秦灭六国期间,赵、燕的北境边防松弛,匈奴乘机南侵,入赵长城,占据河南地区(今内蒙古鄂尔多斯)。秦灭六国后,先命将军蒙恬率士卒三十万人北逐匈奴,收复河南,置三十四县,迁内地居民以充实此地。后又北渡黄河,据阳山(狼山之西)、北假(阴山南麓),修缮连接旧秦、赵、燕的北长城,西起临洮(今甘肃岷县),东至鸭绿江畔,延袤万余里,这就是著名的万里长城。由此看来,秦逐匈奴,也是为了统一北疆。此后,秦的北境基本上与旧赵、燕两国的北境相当。

秦朝在西南方面的经营也有统一的意义。战国中后期,秦国的西南境已达今四川之西部和南部的平原地区。而楚国的将军庄蹻已率卒循沅江西南进,经黔中(今湖南沅陵)、且兰(今贵州黄平)、夜郎(今云贵交界处),直到滇池附近。他原想将此情况回报楚王,但因秦国已攻占黔中郡,断了他的归路。《史记·西南夷列传》曰:"滇池,地方三百里,旁平地,肥饶数千里。"此后,庄蹻及其部属变更服饰,从滇人习俗,在滇建国,庄蹻为国王。秦始皇灭楚后,曾派将军常頞发巴、蜀士卒进军西南夷,并开五尺之道,大约仅占据了今之滇东北地区,未达滇池。《史记·西南夷列传》曰:秦于"诸此国颇置吏焉"。也就是说,秦对西南夷的统一工作只做了一小部分。

---

① 《史记》卷一一〇《匈奴列传》,第9册,第2885—2886页。

西汉对边疆的经营,一半是反对分裂,一半是排除侵扰,加强大一统的意义更为明显。此外,又经营西域,把西域纳入中原王朝的版图,这是中华民族统一事业的巨大发展。

西汉经营两越是为了平定分裂、叛乱,恢复、加强国家的统一。两越在秦朝原已统一于中央,并设置了五郡。可是在秦末农民大起义时,东越的越人贵族无诸和摇乘机起兵独立;南海郡尉、中原人赵佗起兵占据南海、桂林、象三郡,自称南越王,亦独立。西汉初年,刘邦以"天下初定,士卒罢于兵"①,无力统一,就承认赵佗为南越王,又封无诸为闽越王。其子惠帝封摇为东海王(或称东瓯王)。三越王在名义上臣属于汉朝,实际都割据、独立,互相攻杀,还不时侵犯中原。汉武帝即位不久,闽越先进攻东瓯,后又侵犯南越,武帝出兵消灭了闽越贵族的统治,先后将东瓯人和闽越人迁于江、淮之间。后南越人内讧,反汉势力杀掉汉使和亲汉的国王和王太后。武帝于元鼎五年(前112年)派水陆四支大军进攻南越,平定了叛乱,废除王国制,改置南海等九郡②。从此消除了岭南时长达百年的分裂割据局面,纳于中央的直接统治之下。

汉武帝经营西南夷,兼有统一和开拓的性质。武帝经营西南夷的动机有二:一为伐南越,拟从今之北盘江运兵南下,直捣番禺(今广东广州);一为打通滇缅通道,今谓之西南丝绸之路。武帝先收复了原为秦"颇置吏"之地区,即"秦灭,及汉兴,皆弃此国"③者,直到楚人建立的滇国。在这一地区的阻力不大,多数主动内属。武帝封原有的王侯仍为王侯,赐以印绶,以其地置

---

① 《史记》卷九九《刘敬列传》,第8册,第2719页。
② 同上书卷一一三《南越尉佗列传》。九郡为南海、苍梧、郁林、合浦、儋耳、珠崖、交趾、九真、日南。
③ 《史记》卷一一六《西南夷列传》,第9册,第2993页。

犍为等西南七郡①。这些地区包括今之云南中部、贵州和四川西部、甘肃东南部。但武帝派人再西南行,即为洱海附近的昆明夷所阻,未能过洱海以西。至东汉明帝时,汉的西南边疆才达到今保山地区。

西汉经营边疆最艰苦的工作莫过于对付匈奴的不断侵扰。西汉初年,匈奴十分强大,单于冒顿为掠夺汉人的财物,经常率部南下。刘邦在灭项羽后,曾亲率三十二万大军北击匈奴。可是至平城(今山西大同),被冒顿以四十万骑兵困于白登山,后虽设计突围,但从此对匈奴只能"和亲",不敢言战。就是这样,匈奴还时常入侵,有时"烽火通于甘泉、长安"②,西汉的北境常年动荡不安。文、景时期,汉朝一面继续与匈奴"和亲",每年赠送若干絮、缯、酒、大米等给匈奴贵族,讨其欢心;一面训练士卒,储备军粮,增殖马匹,准备反击匈奴。武帝即位,听信将军王恢之谋,于元光二年(前133年),以三十万大军埋伏于马邑(今山西朔县)附近,企图诱击匈奴单于,单于惊觉而逃,从此拉开了汉匈大战的序幕。史称此事件为"王恢谋马邑,匈奴绝和亲"③。此后,汉、匈之间连续进行战争约十五年。从元朔元年(前128年)至元狩四年(前119年)的十年中,共进行了三次大战。第一次大战,汉使将军卫青率三万骑北击匈奴,收复了河南地(今鄂尔多斯),设朔方、五原郡,解除了匈奴对首都长安的威胁。第二次大战,汉使将军霍去病率数万骑北击匈奴,深入匈奴二千余里,夺得祁连山与河西走廊,汉先后在这里置酒泉、武威、张掖、

---

① 西南七郡:犍为、益州、牂柯、越巂、沈黎、汶山、武都。
② 《资治通鉴》卷一五《汉纪七》"文帝后五年",中华书局标点本(平装),第2册,第506页。
③ 《汉书》卷二四下《食货志下》,第4册,第1157页。

敦煌四郡,打开了通向西域的孔道。第三次大战,匈奴各以数万骑入侵右北平和定襄郡,杀略惨重。武帝以卫青出定襄,霍去病出代郡,各将骑五万,步兵数十万,另有志愿从征者四万匹马,粮食辎重还不计在内。卫青大破单于军,北至赵信城(今蒙古国杭爱山南)而还。霍去病出代郡二千余里,大破左贤王军,至狼居胥山(今乌兰巴托东),临瀚海(今呼伦湖与贝尔湖)而还。从此,匈奴北徙漠北。汉自朔方西至令居(今甘肃永登),以六十万吏卒屯田,加强防守。但汉在战争中,损失士卒数万人,马十余万匹,无力再进行大规模的战争;匈奴也损失惨重,后分裂为五部,互相攻杀,无力与汉再战。汉、匈之战逐渐停止。后来汉武帝曾对卫青说:"汉家庶事草创,加四夷侵陵中国,朕不变更制度,后世无法;不出师征伐,天下不安。为此者,不得不劳民,若后世又如朕所为,是袭亡秦之迹也。"①可见汉武帝对匈奴之用兵属于迫不得已,实际也是必要的。

  周、秦、西汉的疆域,代有记载,不过有详有略。春秋时,王室大夫詹桓伯言西周的疆域曰:"我自夏以后稷、魏、骀、芮、岐、毕,吾西土也;及武王克商,蒲姑、商、奄,吾东土也;巴、濮、楚、邓,吾南土也;肃慎、燕、亳,吾北土也。"②至秦,琅邪台刻石曰:"六合之内,皇帝之土,西涉流沙,南尽北户,东有东海,北过大夏,人迹所至,无不臣者。"③此时的疆域不仅范围广大,而且"海内为郡县,法令由一统"④。可是至汉武帝之后,疆域更加广大,

---

① 《资治通鉴》卷二二《汉纪》武帝征和二年(前91年),第2册,第726页。
② 《左传》昭公九年(前533年),本文所引"十三经注疏"均为中华书局影印本,以下只注"影印本"。下册,第2056页。
③ 《史记》卷六《秦始皇本纪》,第1册,第245页。
④ 同上,第236页。

而且统治牢固。本部地区,以黄河、长江、珠江三大流域为主体,东至东海,西至葱岭,南至海南岛以南,北至阴山以北,"东西九千三百二里,南北万三千三百六十八里"。郡国一百三,县道国邑一千五百八十七,"民户千二百二十三万三千六十二,口五千九百五十九万四千九百七十八"。著名史学家班固称赞说:"汉极盛矣!"①此外,尚有西域地区。《后汉书·西域传》曰:"西域内属诸国,东西六千余里,南北千余里。东及玉门、阳关,西至葱岭,其东北与匈奴、乌孙相接。南北有大山,中央有河,其南山东出金城,与汉南山属焉。"②如加上此地,更极盛矣。夏曾佑评论曰:"中国之政,得秦皇而后行;中国之境,得汉武而后定。"③此言不虚。

三

关于讲秦汉的"民族互相包容",似是"天方夜谭"。因为在大家的印象中,秦汉是民族战争最多的时期,而且民族之间仇恨很深,互不相让。以秦为例,贾谊《过秦论》上曰:"(秦)南取百越之地,以为桂林、象郡,百越之君俯首系颈,委命下吏。乃使蒙恬北筑长城而守藩篱,却匈奴七百余里,胡人不敢南下而牧马,士不敢弯弓而报怨。"④至于两汉,大家所熟知的则是前有"王恢谋马邑,匈奴绝和亲",后有"马边悬男头,马后载妇女"⑤。只有

---

① 《汉书》卷二八下《地理志下》,第 6 册,第 1640 页。
② 《后汉书》卷八八《西域传》,第 10 册,第 2914 页。
③ 夏曾佑:《中国古代史》,河北教育出版社,2000 年,第 245 页。
④ 《史记》卷六《秦始皇本纪》引贾谊《过秦论》,第 1 册,第 280 页。
⑤ 蔡琰《悲愤诗》。摘自(清)沈德潜:《古诗源》,中华书局,1963 年 6 月,第 1 版,第 63 页。

"昭君出塞"一例,那只不过是匈奴呼韩邪单于与汉元帝的宫女王昭君适逢其会。我认为这些认识太表面性、片面性了。本质的问题是要看秦汉是不是统一的、多民族的、中央集权的国家?秦汉的主要帝王将相是否认识到国内和边疆地区存在着少数民族,民族之间需要互相包容、和平相处?哪怕是不太自觉,不太自愿。我认为回答这些问题,都是肯定的。因为此时已非春秋时期,"华夷之辨""内诸夏而外夷狄"之说已不切合实际①。历史的发展趋势是民族间需要包容、和平;战国以来,国家发展的主流趋势是多民族与大一统,秦国本身就是一个范例。秦王朝建立,在这一方面有更大的,甚至是质的发展。秦汉王朝对匈奴的战争不是偶然、孤立的事件,对于秦汉王朝来说,应当联系它们国家的基本政治制度找原因,对于"和亲"事件的认识也应如此。

反映秦汉基本政治制度的民族政策部分,在《汉书·百官公卿表上》有这样一些记载,今自中央到地方,分别文、武职,录于下。必要时,补以《后汉书·百官志》的有关资料②。

(一) 中央官职

文官

1. 九卿之一(中二千石)

"典客,秦官,掌归义蛮夷,有丞。景帝中六年(前144)更名大行令,武帝太初元年(前104)更名大鸿胪。属官有行人、译官、别火三令,丞及郡邸长、丞。武帝太初元年(前104)更名行人为大行令,初置别火。王莽改大鸿胪曰典乐。初,置郡国邸属

---

① 《公羊传》成公十五年(前576年),影印本下册,第2297页。
② 《汉书》卷一九上《百官公卿表》上、《后汉书》卷二五《百官志》二。

少府,中属中尉,后属大鸿胪。"《后汉书·百官志》二本注曰:"掌诸侯及四方归义蛮夷。其郊庙行礼,赞导。请行事,既可,以命群司……四方夷狄封者,台下鸿胪召拜之。"

2. 列卿之一(二千石)

"典属国,秦官,掌蛮夷降者。武帝元狩三年(前120),昆邪王降,复增属国,置都尉、丞、候、千人。属官,九译令。成帝河平元年(前28)省并大鸿胪。"《百官志》二本注曰:"别主四方夷狄朝贡、侍子。"

武官

1. 八校尉之一(二千石)

"中垒校尉,掌北军垒门内,外掌西域。""有丞、司马。"

2. 八校尉之二(二千石)

"越骑校尉,掌越骑。""有丞、司马。"颜注引如淳曰:"越人内附,以为骑也。"

3. 八校尉之三(二千石)

"长水校尉,掌长水宣曲胡骑。""有丞、司马。"师古曰:"长水,胡名也。宣曲,观名,胡骑之屯于宣曲者。"

4. 八校尉之四(二千石)

"胡骑校尉,掌池阳胡骑,不常置。""有丞、司马。"师古曰:"胡骑之屯池阳者也。"

5. 西域都护

"西域都护,加官,宣帝地节二年(前68)初置,以骑都尉、谏大夫使护西域三十六国。有副校尉,秩比二千石,丞一人,司马、候、千人各二人。"

6. 戊己校尉(驻西域)

"戊己校尉,元帝初元元年(前48)置,有丞、司马各一人,候五人,秩比六百石。"师古曰:"有戊校尉,有己校尉。一说戊己居中,镇覆四方。今所置校尉亦处西域之中,抚诸国也。"

(二) 地方官职

1. 道(一般政区,相当于县)

"县令、长,皆秦官,掌治其县……列侯所食县曰国,皇太后、皇后、公主所食曰邑,有蛮夷曰道。"《汉书·地理志》下曰:"县邑千三百一十四,道三十二,侯国二百四十一。"道分别置于零陵、广汉、越巂、武都、陇西、天水等郡。

(三) 监护官长

《后汉书·百官志》五记载:

1. "又置属国都尉,主蛮夷降者。中兴,建武六年(30),省

内蒙古和林格尔汉墓壁画:《护乌桓校尉幕府谷仓》(局部)

诸郡都尉,并职人守……唯边郡往往置都尉及属国都尉,稍有分县,治民比郡。"

2. "使匈奴中郎将一人,比二千石。本注曰:主护南单于。置从事二人,有事随事增之,掾随事为员。"

3. "护乌桓校尉一人,比二千石。本注曰:主乌桓胡。"刘昭注补引应劭《汉官》曰:"拥节。长史一人,司马二人,皆六百石,并领鲜卑。客赐质子,岁时胡市焉。"《晋书》曰:"汉置东夷校尉,以抚鲜卑。"

4. "护羌校尉一人,比二千石。本注曰:主西羌。"刘昭注补引应劭《汉官》曰:"拥节。长史、司马二人,皆六百石。"

(四) 内属王侯官长

《后汉书·百官志》五记载:

"四夷国王、率众王、归义侯、邑君、邑长,皆有丞,比郡、县。"

上引资料反映了统一的、多民族的、中央集权的国家应有的基本政治制度的特点。这些特点绝不是可有可无或故而为之的,而是作为国家的必要政治制度而设,为实现民族间的包容、和平、团结、发展而设的。

四

中央集权国家对发展社会经济和文化教育事业都相当重视。这只要检阅《汉书·百官公卿表》上即可得知:

"治粟内史,秦官,掌谷货,有两丞。景帝后元年(前143)更名大农令,武帝太初元年(前104),更名大司农。属官有太仓、均输、平准、都内、籍田五令、丞,斡官、铁市两长、丞。又郡国诸仓农监、都水六十五官长、丞皆属焉。搜粟都尉,武帝军官,不常置。王莽改大司农曰羲和,后更为纳言。初,斡官属少府,中属主爵,后属大司农。"

"奉常,秦官,掌宗庙礼仪,有丞。景帝中六年(前144)更名太常。属官有太乐、太祝、太宰、太史、太卜、太医六令、丞……又博士及诸陵县皆属焉……博士,秦官,掌通古今,秩比六百石,员多至数十人。武帝建元五年(前136)初置五经博士,宣帝黄龙元年(前49)稍增员十二人。"

又《后汉书·百官》二:"太史令一人,六百石。本注曰:掌天时、星历。(下略)博士祭酒一人,六百石……博士十四人,比六百石。本注曰:《易》四,施、孟、梁丘、京氏。《尚书》三,欧阳、大小夏侯氏。《诗》三,鲁、齐、韩氏。《礼》二,大小戴氏。《春秋》二,《公羊》严、颜氏。掌教弟子。国有疑事,掌承问对。"

文献有关这一方面的制度或史事还有很多。正因为如此,在这一时期出现的有关经济和文化教育方面的文明点也很多,有不少文明点受到国家的保护和扶植,以至于成为此后两千余年的封建时代的文化典范。

关于经济文明,在中国的封建时代,要首推土地私有制度,这是中国封建社会生产关系的基础。这一制度大约产生于战国时期,在秦汉时期得以确立和发展。在土地私有制产生之前,实行土地国有制,即所谓井田制,这是一种由农村公社所有制转化而来的农奴制度。至春秋时期,由于生产力低下,剥削残酷,农奴们在公田上消极怠工,或相率逃亡。《诗·齐风·甫田》曰:"无田甫田,维莠骄骄。无田甫田,维莠桀桀。"[①]"甫田"就是大

---

① 《诗·齐风·甫田》,影印本上册,第353页。

田或公田,"骄骄"和"筷筷"都是形容野草丛生的样子。《汉书·食货志上》曰:"周室既衰,暴君污吏慢其经界,徭役横作,政令不信,上下相诈,公田不治。"这是社会生产关系与生产力不相适应的表现。由此井田制逐渐瓦解,土地私有制逐渐产生。土地私有制最基本的特点,尤其是在其早期,田地归耕种的农民所有,因之大大调动了农民生产的积极性。《墨子·非命下》曰:"今也,农夫之所以早出暮入,强乎耕稼树艺,多聚叔粟,而不敢怠倦者,何也?曰:彼以为强必富,不强必贫;强必饱,不强必饥,故不敢怠倦。"①这是说个体农民为什么要努力生产的道理。又《吕氏春秋·审分览·审分》曰:"今以众地者,公作则迟,有所匿其力也;分地则速,无所匿迟也。"②这是说农民集体劳动时并不出力,分地单干时则不遗余力。所以这样,无非是为了争得一己的温饱。可是正因为如此,社会生产力就得到提高,正常的再生产得到延续。

中央集权国家是承认并保护土地私有权的。秦始皇三十一年(前216),下令"使黔首自实田"③,就是要占有田地的人民据实向政府登记,以便按亩纳税,这实际是承认土地私有权的合法性。这道法令的推行,在全国范围促进了土地私有制的发展。秦始皇还号召农民努力生产。如他在始皇三十二年(前215)的"碣石刻辞"曰:"男乐其畴,女修其业,事各有序。惠被诸产,久并来田,莫不安所。"④

---

① 《墨子间诂》卷九《非命》下,商务印书馆《国学基本丛书简编》本上,第182页。
② 《吕氏春秋·审分览》第五《审分》,张双棣等:《吕氏春秋译注》本,北京大学出版社,第532页。
③ 《史记》卷六《秦始皇本纪》三十一年"集解"引徐广语。
④ 《史记》卷六《秦始皇本纪》,第1册,第252页。

西汉初年,刘邦刚登上皇位,即下诏书,令战时逃亡的人户"各归其县,复故爵田宅"①,保护他们的私有财产,不受侵犯。西汉皇帝开关心农业生产之风并以身作则而耕藉田的要算文帝,他也是历代皇帝关心农业生产的楷模。他即位的第二年(前179)春,即下诏曰:"夫农,天下之本也,其开藉田,朕亲率耕,以给宗庙粢盛。"同年九月,又下诏曰:"农,天下之大本也,民所恃以生也。而民或不务本而事末,故生不遂。朕忧其然,故今兹亲率群臣农以劝之。其赐天下民今年田租之半。"十三年(前167)二月诏曰:"朕亲率天下农耕以供粢盛,皇后亲桑以奉祭服,其具礼仪。"师古曰:"令立耕桑之礼制也。"六月诏曰:"农,天下之本,务莫大焉。今勤身从事,而有租税之赋,是谓本末者无以异也,其于劝农之道未备。其除田之租税,赐天下孤寡布帛絮各有数。"②从这年开始全免天下田租(税),直至文帝去世,共实行了十二年。景帝即位,才复收田租之半,即三十税一,以后成为定制。文帝还"开关梁,弛山泽之禁",促进农、工、商业的全面发展,"富商大贾周游天下,交易之物莫不通,得其所欲"③。景帝时,仍继承文帝时的"朕亲耕,后亲桑"的政策,"五六十载之间,至于移风易俗,黎民醇厚"④。史称这一时期为"文景之治"。《史记·平准书》曰:至武帝即位时,"汉兴七十余年之间,国家无事,非遇水旱之灾,民则人给家足,都鄙廪庾皆满,而府库余货财。京师之钱累巨万,贯朽而不可校;太仓之粟陈陈相因,充溢露积于外,至腐败不可食。众庶街巷有马,阡陌之间成群"⑤。这是

---

① 《汉书》卷一《高帝纪》下,第1册,第54页。
② 以上均引自《汉书》卷四《文帝纪》,第1册,第118—125页。
③ 《史记》卷一二九《货殖列传》,第10册,第3261页。
④ 《汉书》卷五《景帝纪·赞》,第1册,第153页。
⑤ 《史记》卷三〇《平准书》,第4册,第1420页。

秦汉四百年间最隆盛的时期,也是统一的、多民族的、中央集权的国家最辉煌的时期之一。

汉武帝也为发展社会经济做了许多影响巨大的工作,如推广铁器牛耕,改革耕作技术,兴修水利,改革币制,行用五铢钱等。东汉前期,基本上沿用了西汉的制度和政策,重视改善社会状况,解放奴婢,兴修水利,社会秩序渐趋稳定,长期逃亡的人口多回故乡,农业由恢复而发展。

可是,土地私有制的产生、发展,贫富分化与土地兼并也并臻而至。西汉初,因行"重农抑商"政策,情况尚好;但到文帝时,此政策已失灵,贫富分化与土地兼并严重。当时政论家晁错指出:商人们坐列贩卖,囤积居奇,操纵物价,放高利贷;许多农民则"卖田宅,鬻子孙,以偿责者","此商人所以兼并农人,农人所以流亡者也"。文帝采纳了晁错的建议,实行过"贵粟政策",一度缓和了社会矛盾。可是到汉武帝时,情况又严重起来,以致出现了"富者田连阡陌,贫者亡立锥之地"的情况。富者号称强宗、豪右、郡姓、名门,有的"武断于乡曲"①,贫困破产的农民成为他们的佃户,接受他们的地租剥削,有的还有"人身依附"关系。如《汉书·陈汤传》曰:"关东富人益众,多规良田,役使贫民。"

贫富悬殊是社会的一大弊端,许多政论家或政治家提出过不少救弊措施。总的说来,他们都相信井田制是救世良方;可是事已遥远,用之似不切实际,因之主张从现实出发,对土地兼并采取"节制"措施。如董仲舒对汉武帝说:"古井田法虽难卒行,

---

① 以上分别见《汉书》卷二四上《食货志》上,第4册,第1132、1136、1137页。

宜少近古,限民名田,以澹(赡)不足,塞并兼之路。"①西汉末年,师丹向哀帝建言:"古之圣王莫不设井田,然后治乃可平……今累世承平,豪富吏民訾数巨万,而贫弱俞困……宜略为限。"至王莽,对西汉的土地兼并情况进行了严厉地批判,直接提出要实行井田制度,即所谓"今更名天下田曰王田……不得卖买"②。这些办法或未实行,或行而中止,或行而失败。但有一个问题必须要有足够的估计,就是土地兼并给社会带来的后果严重,负责任的当政者应当探索合理可行的干预办法以制止情况的恶化。上述"抑兼并"是办法之一。又东汉末年政论家仲长统曰:"今者土广民稀,中地未垦;虽然,犹当限以大家,勿令过制。其地有草者,尽曰'官田',力堪农事,乃听受之,若听其自取,后必为奸也。"③这也算一个办法,当然是局部办法。

可是小土地私有者在阶级社会中,由于家庭的财力单薄,生产工具落后,最好的情况是能维持简单的再生产,多数的情况是连维持简单的再生产也很困难。关于此事,历史上有些著名政治家都曾算过这笔账。如战国初年,李悝为魏文侯作《尽地力之教》曰:"今一夫挟五口,治田百亩,岁收亩一石半,为粟百五十石,除十一之税十五石,余百三十五石。食,人月一石半,五人终岁为粟九十石,余有四十五石。石三十,为钱千三百五十,除社间尝新春秋之祠,用钱三百,余千五十。衣,人率用钱三百,五人终岁用千五百,不足四百五十。不幸疾病死丧之费,及上赋敛,又未与此。此农夫所以常困,有不劝耕之心。"汉文帝时,晁错上《论贵粟疏》曰:"今农夫五口之家,其服役者不下二人,其能耕

---

① 《汉书》卷二四上《食货志》上,第 4 册,第 1137 页。
② 以上分别见《汉书》卷二四上《食货志》上,第 1142、1144 页。
③ 《后汉书》卷四九《仲长统传》引《昌言·损益篇》,第 6 册,第 1656 页。

者不过百亩,百亩之收不过百石。春耕,夏耘,秋获,冬藏,伐薪樵,治官府,给徭役;春不得避风尘,夏不得避暑热,秋不得避阴雨,冬不得避寒冻,四时之间亡日休息;又私自送往迎来、吊死问疾、养孤长幼在其中,勤苦如此,尚复被水旱之灾,急政暴虐,赋敛不时,朝令而暮改。当具有者,半贾而卖;亡者,取倍称之息,于是有卖田宅、鬻子孙,以偿责者矣!"①

中国的历史证明,自土地私有制产生以来,社会上一直存在着两个巨大的群体,一为自耕农群体,这是一个游离的群体;另一为地主与佃农结合而成的群体,即封建生产关系群体。二者并存,成为中国封建社会存在、发展的基础。农民在生产中和社会财富的创造中的伟大作用,这是不容否认的;但地主阶级作为新的生产关系的代表,在生产发展中的积极作用也不能低估。至于有些地主为非作歹,这是剥削阶级的劣根性决定的,应当与这个阶级的历史作用分别论述。今对生产发展有积极作用的地主举例,《后汉书·樊宏传》曰:

> (西汉后期的樊重)世善农稼,好货殖。重性温厚,有法度,三世共财,子孙朝夕礼敬,常若公家。其管理产业,物无所弃;课役童隶,各得其宜,故能上下勠力,财利岁倍,至乃开广田土三百余顷。其所起庐舍,皆有重堂高阁,陂渠灌注。又池鱼牧畜,有求必给。……赀至巨万,而赈赡宗族,恩加乡闾。②

---

① 以上分别见《汉书》卷二四上《食货志》上,第1125、1132 页。
② 《后汉书》卷三七《樊宏传》,第 4 册,第 1119 页。

像这样的地主,其经济实力雄厚,组织再生产、改善耕作条件、兴修水利、抗拒自然灾害的能力都较强,如不遇特殊情况,佃农与他们结合而成的生产关系比较有利于生产发展和社会稳定。

两汉时期的文化教育事业也因国家的统一、社会经济的发展、各级官府的大力扶持,获得迅速的恢复、发展。如果说中国文明史上,战国时期曾因"百家争鸣,百花齐放"而获得辉煌,其后遭秦始皇"焚书坑儒"而陵替、湮没,那么西汉时期,尤其是汉武帝在位的几十年中,是其比较全面的复兴时期。这个复兴是从政治上确立儒家学说的正统地位开始的。

西汉初年,官府并不关心学术。民间虽有少数老学者口授某些先秦学术,但其影响甚微。主政者自高祖刘邦至文、景二帝,均以黄老、刑名之言为是。朝廷虽置学官,但"诸博士具官待问,未有进者"①。至武帝时,情况大变。他初登皇位,即表示对长期礼坏乐崩的情况甚为伤悼。于是下令招天下方正贤良文学之士,以听取意见和建议。此时,春秋公羊学家董仲舒提出了"罢黜百家,表章《六经》"②的建议,主张以"春秋"之说为经典,在政治思想上实现"大一统"。他还建议,在京师长安兴太学,置明师,培养人才,以选拔官吏。他批评了原有的选官制度,如任子和赀选③,他说高级官吏的子弟和有钱的人"未必贤",主张从太学生中选拔"英俊"。他强调说:"小材虽累日,不离于小官;贤材虽未久,不害为辅佐。"④董仲舒的建议都反映了统一的、

---

① 《史记》卷一二一《儒林列传·序》,第10册,第3117页。
② 《汉书》卷六《武帝纪·赞》,第6册,第212页。
③ 任子:二千石以上的官吏任满一定年限者,可举子弟一人为郎。赀选:有赀五百钱以上者,可选为郎。
④ 《汉书》卷五六《董仲舒传》,第8册,第2512—2513页。

中央集权的强大国家的需要,也都为汉武帝所接受。建元五年(前136),置《诗》《书》《易》《礼》《春秋》五经博士,博士均为今文学家,这在政治上确立了以今文经学为代表的儒学在中国古代政治、文化中的主导地位。元朔五年(前124),春秋公羊学家出身的丞相公孙弘又建议"为博士官置弟子五十人",置"如弟子"若干人,这些学生都要由太常及郡国县道邑选拔推荐而来,每年考试一次,选拔优秀者补为中央及地方官府的下级官吏,可逐步升迁。司马迁说:"自此以来,则公卿大夫士吏斌斌多文学之士矣。"①这些人士以儒者为主,奠定了儒政结合的政治规范。

关于古籍的收集,汉武帝也起了巨大的推动作用。

他刚即位,下诏曰:"礼坏乐崩,书缺简脱,朕甚闵焉。"②他为了收集、整理古书,"于是建藏书之策,置写书之官,下及诸子传说,皆充秘府"。至成帝时,又使谒者陈农求遗书于天下。命众多学者分类整理校订收集的古籍,由刘向负责对每部古籍写出提要,后来其子刘歆编成《七略》。其《辑略》为总论。下分《六艺略》《诸子略》《诗赋略》《兵书略》《术数略》《方技略》六部,为全部古籍的总目录。但其中战国时期的原著不多,由西汉前中期的老儒转口传授的较多,又西汉人的研究性著作及新著更多。此目录由班固改写为《汉书·艺文志》,计"六略三十八种,五百九十六家,万三千二百六十九卷"③。这些古籍的收集整理,不仅保存了大量的古代典籍,也为此后的学术思想文化的发展提供了基础。

西汉学术以儒学为经学。经学由于始传底本的不同,有今

---

① 《史记》卷一二一《儒林列传·序》,第10册,第3119—3120页。
② 《汉书》卷三〇《汉书·艺文志·序》,第6册,第1701页。
③ 同上书,第1780页。

文经学与古文经学之分。今文经学被列入学官,由今文经学家任博士,以传授弟子,久之形成学派。至宣帝时,太学中的学官,《易》有三家,《书》有三家,《诗》有三家,《礼》有一家,《春秋》有两家,共十二博士,东汉初,增至十四博士。古文经学亦在民间流传,研究者不很多。东汉的古文经学家贾逵、马融、郑玄等兼通今文经。郑玄破除各家传统,广采众说,遍注群经,得到经今、古文两派的推崇,号称"郑学"。

汉代的新兴学科或有重大发展的学科很多。这些学科有一个共同而重要的特点,就是反映了统一的、多民族的、中央集权国家的思想观点。例如历史学,这是一个新兴的学科。其代表著作有西汉司马迁撰的《史记》、东汉班固撰的《汉书》。《史记》之前亦有史书,如《春秋左氏传》《国语》《世本》《战国策》、贾谊撰《楚汉春秋》等。作者都有自己的历史观,但只有《春秋左氏传》的史观尚算明确,然而非常偏颇保守。其他只是一些史料而已,史观并不明确完整,也算是一个时代的产物。但《史记》与《汉书》则不同,如《史记》,在司马迁的父亲临终前,执其子迁之手而泣曰:"今汉兴,海内一统,明主贤君忠臣死义之士,余为太史而弗论载,废天下之史文,余甚惧焉,汝其念哉!"①此一番话就包含了"大一统"的历史观,通过司马迁的史笔,渗透入《史记》的写作中。此后的主要史著均继承了这一观点并发扬光大。如《汉书·地理志》《后汉书·郡国志》及《魏书·地形志》等都载录了当时国家的全部郡县、户口,以及山川、关隘、历史、风俗,还有已经内属或尚未内属的周边民族及地区,反映了大一统的、多民族的、中央集权国家的大国风范。至于《史记》所开创的

---

① 《史记》卷一三〇《太史公自序》,第 10 册,第 3295 页。

"纪传体"编写体例,相当科学,为先秦所未见。自创用之后,为历代史家所继承,成为两千年来史体的主要形式,称得上史学史上的一颗明珠。

两汉时期的文学也有很大发展,《汉书·艺文志》所著录者,"诗赋百六家,千三百一十八篇",绝大部分为西汉人之作。汉代的文学以赋为最有名,号称人人能赋,其用辞语之铺张华丽,也为同类作品所不能比。我认为在赋中的大一统文学观是一个新生事物,也是非常重要的事物,它的这一特点在先秦文学中是没有的,也为后代文学所继承。如扬雄《甘泉赋》曰:"东烛沧海,西耀流沙,北晃幽都,南炀丹崖。"①班固《东都赋》曰:"西荡河源,东澹海漘,北动幽崖,南耀朱垠……遂绥哀牢,开永昌。春王三朝,会同汉京。"②张衡《应间》曰:"今也皇泽宣洽,海外混同,万方亿丑,并质共剂。"③东、西、北的边陲,大体的方位属于传统说法,如沧海、流沙、幽都等,比较明确。新的边陲如丹崖和朱垠则为今之海南岛,是西汉新拓展的疆域,武帝于元封元年(前110年)置儋耳、珠崖二郡于其上。哀牢、永昌则为今保山、德宏地区,在今云南之西南边境,为东汉明帝时所开置。质剂是契约,用于贸易。上引诗赋不仅反映了国家的大一统形势,也反映了各民族之间的物资、文化交流。

在两汉时期的思想文明中,人本主义的存在和发展值得注意。尤其是在当时的帝王将相中作为处理人事的一个根本原

---

① 《汉书》卷八七上《扬雄传》,第11册,第3532页。
② 班固《东都赋》,《文选》上册第一卷《赋甲·京都》上,中华书局影印本,1977年11月,第1版。
③ 《后汉书》卷五九《张衡传》,第7册,第1904页。质剂:契约。《周礼》卷一四《地官·质人》曰:"凡卖买质剂焉,大市以质,小市以剂。"《司市》疏曰:"质,长券,用以购买马牛之属。剂,短券,用以购买兵器、珍异之物。"

则,更值得重视。

人本思想在春秋、战国时期已经产生,并有初步发展,孔子、孟子等都是这一思想的倡导者。不过那时仍在封建领主贵族的统治之下,这一种思想虽然进步,但要见诸法律,付诸实施,很不容易。可是到两汉时期,情况大有不同,不少统治阶层人物,乃至皇帝,就讲尊重人格,其中包括了奴隶。

汉武帝初即位时,曾以"天人之征"策问董仲舒,仲舒详细阐述了"人之所以贵"的道理,他的主要理论根据是孔子的"天地之性人为贵"。他说:"人受命于天,固超然异于群生……明于天性,知自贵于物。"①这就是说,即使奴隶,也不能视同牛马。他又主张:"去奴婢,除专杀之威。"颜注引服虔曰:"不得专杀奴婢也。"②

在封建社会中,尤其是封建社会前期,要完全消除残害奴婢、略卖奴婢等情况是不可能的。能使奴婢在法理上获得"人"的地位,在生命上获得一定的保障,这已是进步的表现。西汉末,王莽代汉,在变法时,曾批判了当时奴婢的不合理处境,拟用朝廷命令的办法,取消"奴婢"之名,从而提高、改善他们的社会地位。所下诏令批判曰:"又置奴婢之市,与牛马同栏,制于民臣,逆天心,悖人伦,谬于'天地之性人为贵'之义……今更名……奴婢曰'私属',皆不得卖买。"③对王莽提倡人本主义,改革奴婢制度一项不能否定。

东汉初,光武帝即位的次年,又下令解放奴婢。从建武二年(26年)至十四年,共下令六道。解放奴婢的范围包括因贫穷而

---

① 《汉书》卷五六《董仲舒传》,第8册,第2516页。
② 同上书卷二四上《食货志》上,第4册,第1137、1139注⑪。
③ 同上书卷九九中《王莽传》中,第12册,第4110—4111页。

被"嫁妻卖子"者,王莽时没入官者、被略者等。有违抗命令而不解放奴婢者,以"略人法从事"。刘秀还在建武十一年二、八、十月中,三次下令禁止残害奴婢。如诏令曰:"天地之性人为贵。其杀奴婢,不得减罪。"所举事例,有"敢炙灼奴婢论如律,免所炙灼者为庶民""除奴婢射伤人弃市律"①等。

上述解放奴婢、禁止残害奴婢的政令及政策的规定和推行,反映了大一统的、中央集权的国家制度的进步性。这些政策、法令对于改善阶级关系,稳定社会秩序,发展社会经济、文化等,都有积极的作用。

五

"社会稳定"在任何时代,对任何国家都是必要的问题。社会不稳定时,什么和平、建设、幸福、安乐,一切都谈不到。造成社会不稳定的原因是什么呢?最主要的有二:一、战乱;二、灾疫。一旦发生这种情况,负责任的国家必然要救灾,这就是所谓"荒政"。

秦汉时期的第一次长期战乱发生在秦汉之际,即秦末农民战争和相继发生的楚汉战争,历时八年。所造成的形势,城乡人口散亡,经济凋敝,国家财政困乏,社会动荡不安。在这种形势下,刘邦登上皇位后,立即采取措施,以图稳定大局。其一,在政治指导思想上,要"无为而治"。士人陆贾对刘邦建言曰:"事逾烦,天下逾乱;法逾滋,而奸逾炽;兵马益设,而敌人愈多。秦非不欲为治,然失之者乃举措暴众,而用刑太极故也。"②刘邦采纳

---

① 《后汉书》卷一下《光武帝纪》下,第1册,第57页。
② 陆贾《新语·无为》。

了这个建议,并付诸实施。其二,也就是具体措施。刘邦在打败项羽、登上皇位的当年,即公布了全面而又影响巨大的"高帝五年诏",其主要内容为"重农抑商"政策。"重农"部分,有四项具体措施:一、大量的复员军队,复员吏卒按级别高低较优厚地给予爵位和田宅,以充实农村人口和劳动力;二、号召在战时背井离乡、亡逃山林的人口回归故乡,予以款待,"复故爵、田宅";三、普减田租(税),由十税一减为十五税一;四、凡因生活困难而自卖为奴婢的男女人口一律免为庶人。这些措施的实行,比较迅速地稳定了广大农村的社会秩序,对调动农民生产的积极性、恢复已遭到严重破坏的农业生产都起了巨大的作用。"抑商"部分重在贬抑商贾等的政治地位,以限他们的商业活动。具体措施也有四点:一、商贾及其子孙不得为官吏;二、商贾人家不得拥有私田①;三、商贾不得衣名贵的丝、葛、毛织品,不得骑马、乘车、携带兵器;四、加倍征收商贾的人口税(算赋,常人年纳1算,120钱)。刘邦的这些政策、措施实行之后,在相当的时间内收到了一定的效果。东汉初年的政论家杜林评论曰:西汉前期,"邑里无营利之家,野泽无兼并之民,万里之统,海内赖安"②。至少西汉前三十年的情况大致如此。

　　东汉建立以前和建立以后也经历过长期的战乱,时长达二十年。在这期间,社会混乱的程度不可言状。刘秀为稳定社会,也采取了若干措施,情况和刘邦类似。其一,在政治方面也以"黄老无为"为指导思想。如他说:"吾理天下,亦欲以柔道行之。"③又引《黄石公记》曰:"柔能制刚,弱能制强。柔者德

---

① 商贾"不得名田"事,见于武帝以后的记载,当始于高祖的"抑商"政策。
② 《东观汉记·杜林传》。
③ 《后汉书》卷一下《光武帝纪》下,第 1 册,第 68—69 页。

也,刚者贼亡,弱者仁之助也,强者怨之归也……苟非其时,不如息人。"①他宣布废除王莽时代苛繁的制度条令,学习刘邦之一切从简,就是所谓的"解王莽之繁密,还汉世之轻法"②。其二,具体措施有如下三个方面:(一)解放奴婢,已如上述。(二)精兵简政,减轻赋税。建武六年(30),裁并了四百多个县,约占刘秀当时控制地区的三分之一。又"吏职减损,十置其一"③,减少冗员数万人。由于国家的财政好转,又恢复田租(税)为三十税一④。(三)度田地,清户口。刘秀为解决在战乱时豪强大家隐占田地和农业人口问题,于建武十五年,下令各州、郡、县清查田地和户口。虽然"郡国大姓及兵长群盗处处并起"反对,刘秀仍以武力强制进行,软硬兼施,毕竟起了一定的限制作用。据文献记载,由于这些措施的实行,东汉在此后的数十年间,天下平安,人无徭役,岁比登稔,百姓殷富,粟斛三十,牛羊被野。

大的灾疫多是水、旱、蝗、瘟疫引起的。在早期封建社会中,一切比较落后,灾疫经常发生。汉武帝元光三年(前132),黄河在瓠子(今河南濮阳南)决口,水入巨野泽,流于淮、泗,被灾十六郡。武帝曾发卒十万人治黄,由于丞相田蚡从中阻挠,不见功效。元封二年(前109),武帝自泰山封禅回长安,路过此处,发卒数万人堵塞决口,并命随从官员自将军以下,都去背柴薪填决口。决口堵塞,河水归于故道。武帝又命在新修拦河大堤上修建一座"宣房宫",以镇河神,召万福。又自作《瓠子

---

① 《后汉书》卷一八《臧宫传》,第3册,第695—696页。
② 同上书卷七六《循吏列传·序》,第9册,第2457页。
③ 同上书卷一下《光武帝纪》下,第1册,第49页。
④ 同上书,第50页。在战争年代原行什一之税,今恢复西汉制,为三十税一。

歌》以抒治河的情怀。治河之后,河水北行,"梁、楚之地复宁,无水灾"①。此后黄河在百年间未发生泛滥事故。西汉后期,黄河又长期失修,侵毁汴渠、济渠,兖、豫二州的许多地方成为泽国,广大农民流离失所。东汉前期,朝廷命水利专家王景等主持修黄,征调兵、民数十万,历时一年,费钱约百亿,终于将黄河治服,此后大约八百多年(到1048年)未再发生大的改道事故。

  中小河流水溢成灾的,几乎年年有之。如"高后三年(前185)夏,汉中、南郡大水,水出流四千余家。四年秋,河南大水,伊、雒流千六百余家,汝水流八百余家。八年夏,汉中、南郡水复出,流六千余家。南阳沔水流万余家"。"成帝建始三年(前30)夏,大水,三辅霖雨三十余日,郡国十九雨,山谷水出,凡杀四千余人,坏官寺民舍八万三千余所。"②局部地区的旱、蝗,有大有小,连年不断。如"宣帝本始三年(前71)夏,大旱,东西数千里"。"平帝元始二年(2)秋,蝗遍天下。"③小的灾疫造成祸害较小,短期即过去。大的灾疫则会造成长期的生产破坏,农民逃亡,社会动荡不安。如武帝元封四年(前107),关东流民多达二百余万口,有些流民转死沟壑,有些则铤而走险,于是在各地相继发生农民滋事,乃至武装起义。作为中央集权的国家,各级官府都很重视"荒政",需要统一政令,统一指挥。战国时期,梁(魏)惠王曾对孟子自夸其所行"荒政":"河内凶,则移其民于河东,移其粟于河内。河东凶亦然。"④这可谓"小国寡民"之举,在

---

① 《史记》卷二九《河渠书》,第4册,第1413页。
② 以上分别见《汉书》卷二七上《五行志》七上,第5册,第1346、1347页。
③ 以上分别见同上书,第1393、1436页。
④ 《孟子》卷一《梁惠王章句》上,中华书局《新编诸子集成》第一辑《四书章句集注》,第203页。

两汉王朝绝不会如此,它要从大一统的国家出发,发挥中央集权制度的威力。如《汉书·元帝纪》:初元元年(前48年)"以三辅、太常、郡国公田及苑可省者,振业贫民;贷不满千钱者,赋贷种、食。"《平帝纪》:元始二年(2年),"郡国大旱、蝗,青州尤甚,民流亡……民疾疫者,舍空邸第,为置医药。赐死者一家六尸以上葬钱五千,四尸以上三千,二尸以上二千。罢安定呼池苑以为安民县,起官寺市里,募徙贫民,县次给食。至徙所,赐田宅什器,假与犁牛、种、食。又起五里于长安城中,宅二百区,以居贫民"①。《后汉书·章帝纪》元和元年(84年)二月诏曰:"其令郡国募人无田欲徙它界就肥饶者,恣听之。到在所,赐给公田,为雇耕佣,赁种饷,贳与田器,勿收租五岁,除算三年。其后欲还本乡者,勿禁。"《和帝纪》永元五年(93年)二月诏曰:为郡国去年秋稼为旱、蝗所伤,"自京师离宫果园、上林广成囿,悉以假贫民,恣得采捕,不收其税"。九月,又"令郡县劝民蓄蔬食,以助五谷。其官有陂池,令得采取,勿收假税二岁"②。当然时代的、阶级的局限性,以及官僚们的品德、能力,都对这些诏令的贯彻有所限制,但无论怎么说,国家的制度和政策在起着重大的作用。

中央集权制度的产生、发展,一直延续了两千余年,这虽是中国古代史发展的需要,但对于一个具体的王朝来说,不是万应灵药。因为这一制度毕竟是封建的政治制度,亦并不处处完善。采用这一制度的统治者又是封建地主阶级,有它时代的、阶级的局限性,所以虽行中央集权制度,却常常出现问题。其中最大的问题有三:(一)不注意"轻徭薄赋,与民休息",造成或加重社会

---

① 以上分别见《汉书》卷九《元帝纪》,第1册,第279、353页。
② 以上分别见《后汉书》卷三《章帝纪》、卷四《和帝纪》,第1册,第145、175、177页。

混乱;(二)封立皇子皇孙为藩王、武力功臣为藩镇,造成分裂割据,乃至叛乱;(三)皇权削弱,大权旁落,造成大臣掣肘,外戚、宦官篡权。秦始皇就犯了第一条大忌。他虽创行中央集权制度,但"举措暴众,而用刑太极",即"徭役重,赋税大,用法残"。汉高祖刘邦就犯了第二条大忌,他认为秦始皇不分封子弟为侯王以为藩辅,致有"孤立之败"。于是大封子弟为"诸侯王",共有九国,占去国土的三分之二,致有后来的"七国之乱"。以上两事,史学界的异议不大。但对第三条的异议较多,尤其是对加强皇权方面。如汉武帝削弱以丞相为首的"外朝"权力,加强以尚书令为主的"内朝"权力,议者以"加强皇权"讥之。东汉光武帝于中央设三公,但徒有其名,权力集中在尚书台,尚书台则听命于皇帝,议者讥之更甚。

其实,此种对中央集权制的修改,事出有因。如东汉政论家仲长统曰:光武帝对西汉后期,"愠数世之失权,忿强臣之窃命,矫枉过直,政不任下,虽置三公,事归台阁。自此以来,三公之职备员而已"[1]。这是说"矫枉"是对的,但"过直"则不对了。后代王朝在开国之初,都有此举措。如北宋加强皇权历来都有所讥讽。可是南宋史家李焘曰:宋太祖君臣总结唐末五代君弱臣强、政权屡更的教训,认为"惟稍夺其权,制其钱谷,收其精兵,则天下自安矣"[2]。可见这种加强皇权就是加强中央集权,也是必要的。明初之太祖朱元璋和清前期的康熙、雍正二帝所为,都是如此,不当以"极权主义"而讥之。

在历史上,中央集权制度运营不良而出现严重问题的事例

---

[1] 《后汉书》卷四九《仲长统传》引《昌言·法诫篇》,第6册,第1657页。
[2] 李焘《续资治通鉴长编》卷二,建隆二年七月。

述有很多。如东汉末年、西晋末年、唐朝末年、明朝末年都有此问题,致使政治黑暗、经济凋敝、饿殍载道、哀鸿遍野,最后偌大的王朝在阶级混战、民族争斗中轰然倾颓。这种情况虽非历史的主流,但也足以惊心动魄,引发有关政治家们做必要的历史回顾。由此亦可反证,中央集权制度的创建、维护,使之正常运营,对中国古代的国家、社会多么重要。

汉高祖刘邦[*]

刘邦在我国几乎是家喻户晓的古代帝王,他在中国历史上确有不可磨灭的功绩;可是从古至今,人们对他的评价并不很高。莫说不如秦皇、汉武、唐宗、宋祖,就是名气再小一些的帝王,刘邦也难与之相比。当然这是不公平的。之所以造成这样的历史错觉,有两个重要原因:一、对刘邦的历史功绩缺乏应有的认识,尤其是缺乏历史唯物主义、社会发展史方面的高度认识;二、受传统保守观点的影响,尤其是受为儒者所不齿的所谓"无赖""好酒及色""溲溺"儒冠等记载的影响,总认为他行为不端。其实,刘邦是我国封建时代的一位伟大的政治家,是一位功业卓著的封建帝王。他出身农民,以农民起义军统帅身份入关灭秦,这已是很了不起的了。继之他又以新兴地主阶级的政治代表,经过四年有余的苦战,全部剪除了以项羽为首领的旧贵族复辟势力,再次统一中国。此后,他的新建王朝"汉承秦制",为以后两千多年的封建政治、经济制度及其发展奠定了基础。这样宏伟的历史功业在中国封建社会史上很少有人能与之相比。

下面简要谈一下我对这一问题的粗浅意见。

农民家庭出身

在中国古代史上出身于农民家庭的著名封建

---

[*] 原题《汉高祖刘邦新评》,《刘邦研究》创刊号,1992年6月15日出版。

《汉殿论功图》,明代刘俊绘
(此图取材于"汉殿论功"的典故。刘邦手下战将如云,
为汉朝的建立立下了功勋。战争结束,刘邦按功封赏。)

皇帝只有两人,就是汉高祖刘邦和明太祖朱元璋,他们都是以农民起义领袖而夺得皇位的,所建王朝又都是历史上的主要朝代,所谓汉、唐、明、清,他们占了两个。农民起义领袖当上了封建皇帝,过去学术界对此事持批判态度。言词激烈者,指此事为对农民阶级的"背叛",或扣以"叛徒"的帽子。这太偏激了。农民大起义在推翻了旧王朝之后,标志着当时的主要社会矛盾已经解决,改朝换代是历史的必然,也是历史的进步。农民起义军领袖当上皇帝,是一件好事,至少不能说是坏事。他们所采取的某些有益于社会、历史的政策和措施,与他们出身于农民有直接关系。刘邦在初即皇位后所下的"高帝五年诏",详细阐述了他的"休养生息"政策,我认为这样一些政策、措施与他的出身和经历是有直接关系的。

对刘邦的家庭出身,学术界的说法不一。如老一辈史学家梁园东先生说刘邦是"豪族地主阶级"①出身。周谷城先生说刘邦家"只能算是一优越之自耕农"②,即"富裕中农"。范文澜先生说刘邦家"是个中农"③。今天学术界的分歧大致类似。我同意周先生的说法。今略证如下。

关于刘邦家属于农民的记述。如《史记·高祖本纪》曰:刘邦年轻时,"不事家人生产作业"。《汉书·高帝纪》曰:其父批评他"亡赖","不能治产业,不如仲(二哥刘喜)力"。《史记·高祖本纪》曰:"高祖任亭长时,常告归之田,吕后与两子居田中耨。"同书《齐悼惠王世家》曰:西汉初年,吕后在宫中摆宴。刘邦之孙刘章对吕后曰:"请为太后言耕田歌。"吕后笑曰:"顾而父知田耳。若生而为王子,安知田乎?"

再看刘邦属于"富裕中农"的记述。如从秦朝选拔地方小吏制度上看,秦的地方小吏不由中央或上级官府委派,而是选拔本地有一定资产的人充当。如《史记·淮阴侯列传》曰:韩信"始为布衣时,贫,无行,不得推择为吏"。而同书《高祖本纪》则

---

① 梁园东:《中国政治社会史》,第二分册,群联出版社,1954年,第40、49页。
② 周谷城:《中国通史》上册,新知识出版社,1955年,第159页。
③ 范文澜:《中国通史简编》(修订本),第二编,人民出版社,1958年,第26、27、31页。

曰：刘邦"及壮,试为吏,为泗水亭长"。再从刘邦在社会交往中的地位来看,如《萧相国世家》曰："高祖为布衣时,(沛县主吏掾萧)何数以吏事护高祖。"《任敖列传》曰："任敖者,故沛狱吏。高祖尝辟吏,吏系吕后,遇之不谨,任敖素善高祖,怒击伤主吕后吏。"从这些记载看,刘邦家比一般中农略高,应是"富裕中农"。

再看刘邦是否属于"豪族地主",我看他是不够格的。且看他在社交中的地位的另一些记载,如《张耳陈余列传》曰："高祖为布衣时,尝数从张耳游。"张耳是战国末年魏国信陵君毋忌之客,曾任外黄(今河南杞县)令。《陈丞相世家》曰："王陵者,故沛人,始为县豪。高祖微时,兄事陵。"《高祖功臣侯者年表》曰："雍齿故沛豪,有力。"《留侯世家》曰：刘邦为布衣时,雍齿多次"窘辱"他。

如上所述,刘邦家的确属于"优越之自耕农",亦即"富裕中农"。他得推择为泗水亭长,是与他家的社会地位相应的。刘邦任亭长时,曾为秦官府押送刑徒到骊山修皇帝陵。可是他后来再次押送刑徒时,却在途中随刑徒一起逃跑了。他后来起义的基本队伍就是一帮刑徒。西汉前期政论家晁错曰："秦始乱之时,吏之所侵者,贫人贱民也;至其中节所侵者,富人吏家也;及其末涂所侵者,宗室大臣也。是故亲疏皆危,外内咸怨,离散逋逃,人有走心。"①晁错简要说明了秦朝末年政治分化的大致情况。刘邦所属阶层大约在秦朝初建之时,比"贫人贱民"的境况要好一些。可是不需"至其中节",其境况即与"贫人贱民"相同了。所以说,刘邦所属的阶层同样是农民起义的基本群众,刘邦的个人才能与他的经历等帮助了他成为一支农民起义军的领导者。

---

① 《汉书·晁错传》。

"入关灭秦",功业巨大

关于农民起义军推翻秦王朝统治这段历史,一般的评论方法,都是"花开两朵,各表一枝"。先说项羽所进行的"巨鹿之战",再说刘邦所领导的"入关灭秦"。对项羽、刘邦两人的军功的评价,都认为项羽之功远远超过刘邦。如说巨鹿之战是秦末农民大起义中规模最大、战斗最激烈、最具有决定意义的一场大战。在这场大战中,基本上消灭了秦王朝赖以生存的军队,扭转了整个战局,为最后推翻秦王朝的反动统治创造了极有利的条件。我认为这作为对"巨鹿之战"意义的一般评述是可以的。但如要对秦末农民起义军最后推翻秦王朝这段历史进行全面评述,这一观点还需提高,即对巨鹿之战及此后组成的以项羽为首的军事集团应有二重性的观点,对刘邦入关灭秦的评价应更高一些。

在秦末农民大起义期间起兵反秦的军事集团很多,性质也很复杂。总的说来,有三种势力:一、以陈胜、吴广、刘邦、项羽为代表的农民起义军。二、以田儋、魏咎、张耳、陈余为代表的旧贵族复辟势力。三、以无诸、摇等为代表的越人反秦势力。秦朝末年,社会的主要矛盾是以广大农民为主体的各阶级、阶层与秦统治集团的矛盾。即如当时的说士蒯通所说:"天下初作难也,俊雄豪杰建号壹乎(呼),天下之士云合雾集,鱼鳞杂袭,飘至风起,当此之时,忧在亡秦而已。"[①]尽管这样,我们在分析当时的各反秦势力时,在把握主要矛盾和次要矛盾的同时,还应加强阶

---

① 《汉书·蒯通传》。

级分析。如田儋起兵时,"召豪吏子弟曰:'诸侯皆反秦自立。齐,古之建国。儋,田氏,当王。'遂自立为齐王。发兵以击周市"①。周市是陈胜的将军,正在率兵击秦军。后周市背叛陈胜立魏公子咎为魏王时说:"天下昏乱,忠臣乃见。今天下共畔秦,其义必立魏王后乃可。"②张耳、陈余初投陈胜时,对陈胜说:"愿将军毋王,急引兵而西,遣人立六国后。"张、陈又以"北略赵地"为名,从陈胜处骗得士卒三千人,下赵数十城,即立武臣为赵王;且拒绝陈胜的"趣发兵西入关"之命令,"北徇燕代,南收河内以自广"③,成为另一个复辟势力。其他如燕之韩广、魏之魏豹、韩之韩成等,都是大大小小的复辟势力。他们反秦,不能说对秦末农民大起义没有助益;但这些复辟势力的反秦各有其目的,就是妄图恢复被秦始皇灭亡了的旧国。他们不仅分裂了反秦力量,还一再打击、歼灭农民起义军。这就是说,这些复辟势力起兵,有有益的一面,也有反动的一面。起初,有益的一面较大,随着时间的推移,越来越反动。

关于巨鹿之战的性质,其主要方面为农民起义军的反秦斗争,其次要方面亦有旧贵族复辟势力联合抗秦自救的性质。所以这样,是因为当时仍为农民战争时期,一切反秦斗争都从属于农民战争,项羽及其军队仍为农民起义军的主要部分。但也应看到,被秦军围困在巨鹿的赵国君臣就是重要的复辟势力之一,"当是时,燕、齐、楚闻赵急,皆来救"④者,也多是复辟势力。燕之来救者为将军臧荼;齐之来救者有两支,一为将军田都,一为

---

① 《史记·田儋列传》。
② 《史记·魏豹列传》。
③ 以上均引自《史记·张耳陈余列传》。
④ 同上。

故齐王建之孙田安。就是楚之项羽本人也以恢复旧国为最终政治目标。在巨鹿之战后,"项羽召见诸侯将,诸侯将入辕门,无不膝行而前,莫敢仰视,项羽由是始为诸侯上将军,诸侯皆属焉"①。以项羽为首的强大的旧贵族军事复辟集团就这样组成。

再看一下刘邦入关灭秦的战斗,应当说也是艰苦奋斗、战功卓著的。刘邦于公元前208年(秦二世二年)后二月离砀(今河南夏邑县东南)西进时,只有部属四五千人。至陈留(今开封市东南陈留城)境,收编散卒游勇,扩大了军力。当时郦食其还讥讽他说:"足下起纠合之众,收散乱之兵,不满万人。欲以径入强秦,此所谓探虎口者也。"②可见刘邦之西进,是以弱攻强。他只能智取,不能力胜。刘邦西进,为时一整年。其主要战斗:秦二世三年十月,"攻破东郡尉及王离军于武城南"。十二月,"(救赵)至栗(今河南夏邑),得皇䜣、武蒲军,与秦军战,破之"。二月,"得彭越军昌邑(今山东巨野南),袭陈留(今河南开封市东南),用郦食其策,军得积粟"。三月,"攻开封,破秦将杨熊"。四月,"攻颍阳(今许昌市西南),略韩地,北绝河津"。六月,"攻南阳守齮,破之阳城(今登封东南)郭东"。七月,"降下南阳,封其守齮"。八月,"攻武关(今陕西商洛县西南丹江北岸),破之"。九月,"攻下峣(今商县西北)及蓝田。以留侯策,不战皆降"。次年十月,"秦王子婴降"③。在上述战斗中,秦将杨熊、赵贲、南阳守齮的军力都很强,武关、峣关都地形险峻,守军众多。如刘邦在犨(今鲁山东南)东大败南阳守齮,齮退保宛,刘邦不想强攻,拟绕过宛,直趋武关,但张良以为不可。他说:"沛公虽

---

① 《史记·项羽本纪》。
② 《史记·郦生列传》。
③ 《史记·秦楚之际月表》。

欲急入关,秦兵尚众,距险。今不下宛,宛从后击,强秦在前,此危道也。"刘邦于是就连夜引兵从他道潜回,围宛城三重,设计招降,刘邦封齮为殷侯,封其舍人陈恢为千户。刘邦又收其兵,"与之西,诸城未下者闻声争开门而待"①。此后,刘邦又相继收降戚鳃、王陵、番君别将梅铜各部,在迫近武关时,秦将章邯率二十余万士卒降项羽。此时的武关、峣关均有秦兵据守,如张良就说:"秦兵尚强,未可轻。"②他们于是设计,连续攻下此二关,大破秦军,兵至蓝田,迫使秦王子婴投降。

从以上的情况看,巨鹿之战固然为刘邦入关灭秦创造了有利条件;但如无刘邦长期转战河南,并大批地消灭、招降秦军,秦将军章邯也不会很快投降项羽,秦朝也不会那样迅速覆灭。章邯之降,主要原因有三:一、项羽乘胜追击;二、赵高在内部陷害;三、刘邦尽陷河南,且进迫武关,秦之大势已去。刘邦至霸上(今陕西西安市东)时,有士卒十万人。所以刘邦"入关灭秦"的历史意义不能低估。

楚汉战争,消灭旧贵族复辟势力,统一中国

有人说:"楚汉战争是地主阶级内部为争夺农民战争胜利果实而进行的一场厮杀。"③这样的说法是不符合历史实际的。我认为这是继秦末农民战争之后而发生的一场新兴地主阶级与旧贵族势力进行的复辟与反复辟的斗争。更确切些说,是新兴地主阶级对旧贵族复辟势力进行的讨伐与全面涤荡的战争。关

---

① 以上均见《汉书·高帝纪》上。
② 《史记·留侯世家》。
③ 林剑鸣:《秦汉史》上册,上海人民出版社,1989年,第1版,第255页。

"汉并天下"瓦当(1951年陕西省临潼县栎阳出土,为汉高祖刘邦初定天下时所造)

于楚汉战争的这一性质,不仅我们今天这样认识,就是当时的人也这样认识。如项羽的使者武涉说韩信曰:"天下共苦秦久矣,相与勠力击秦。秦已破,计功割地,分土而王之,以休士卒。今汉王复兴兵而东,侵人之分,夺人之地,已破三秦,引兵出关,收诸侯之兵,以东击楚,其意非尽吞天下者不休,其不知厌足如是甚也。"①这虽是批评刘邦,但也说明了战争的性质。

刘邦作为新兴地主阶级的政治代表,始于入关灭秦后宣布实施《约法三章》时。他召集关中诸县父老豪杰曰:"父老苦秦苛法久矣,诽谤者族,偶语者弃市。……与父老约法三章耳:'杀人者死,伤人及盗抵罪。'余悉除去秦法。诸吏人皆案堵如故。

---

① 《史记·淮阴侯列传》。

吾所以来,为父老除害,非有所侵暴,无恐。"不仅这样,他还"使人与秦吏行县乡邑,告谕之"。刘邦的这些做法很有利于稳定社会秩序,所以"秦人大喜,争持牛羊酒食献赏军士"①。有人分析《约法三章》说:"首先,这道法令在于保护地主阶级的生命财产,所谓'杀人者死,伤人及盗抵罪',乃是针对农民起义中'县杀其令丞,郡杀其守尉'(《汉书·张耳陈余传》)的情况制定的。至于'盗',更是明显地指贫苦的人民而言。在此之前,农民战争过程中,贫苦人民杀地主、官吏,劫夺官府、地主财物,在刘邦所率的队伍中视为合理的;但《约法三章》公布后,这些行为都被视为'犯罪',要处死或'抵罪'。而这些秩序又都靠原来秦朝地主政权的官吏维持,'诸吏人皆案堵如故'。可见《约法三章》在本质上是保护地主阶级利益的,说'得到地主阶级的广泛欢迎',应当是符合事实的。"②这样的分析我认为与历史实际不合,也非《约法三章》的本意。因为这时秦朝已被推翻,也就是说当时社会的主要矛盾已基本上解决,农民起义的风暴已过。从社会发展的需要来说,并不是继续要"贫苦人民杀地主、官吏,劫夺官府、地主财物",也就不是越乱越好,而是要恢复社会秩序,恢复、发展社会生产。《约法三章》不仅为一般地主所需要,也为广大劳动人民所需要,符合当时社会的要求。

项羽进入关中后,是以旧贵族复辟势力的政治代表行事的。他以四十万大军压服刘邦,继而怀着满腔复仇怒火,"引兵西屠咸阳,杀秦降王子婴,烧秦宫室,火三月不灭。收其货宝妇女而东③",接着又以盟主身份分封随从他入关的将军及关东已立诸

---

① 《史记·高祖本纪》。
② 林剑鸣:《秦汉史》上册,上海人民出版社,1989年,第229页。
③ 《史记·项羽本纪》。

侯等十八人为诸侯王。他自立为西楚霸王,王九郡,都彭城(今江苏徐州)。项羽所制造的这一政治格局不仅承认了关东的复辟事实,而且又增封了更多的诸侯王国,制造了新的矛盾,即旧王与新王的矛盾,以致连续爆发复辟势力之间的内战。如《史记·项羽本纪》曰:"臧荼之国,因逐韩广之辽东。广弗听,荼击杀广无终,并王其地。田荣闻项羽徙齐王市胶东,而立齐将田都为齐王,乃大怒,不肯遣齐王之胶东,因以齐反,迎击田都,田都走楚。齐王市畏项王,乃亡之胶东就国,田荣怒,追击杀之即墨,荣因自立为齐王;而西击杀济北王田安,并王三齐。荣与彭越将军印,令反梁地。"继之陈余又与田荣连兵,协助代王(原赵王歇)击常山王张耳。关东广大地区顿时陷入混战之中。当时陈余的使者张同、夏说对田荣曰:"项羽为天下宰,不平,今尽王故王于丑地,而王其群臣诸将善地,逐其故主。"①可见关东的战争完全由于项羽扶植复辟势力、制造复辟局面引起的。

　　楚汉战争开始于刘邦在公元前206年(汉元年)八月自汉中出兵,灭掉项羽所封立的雍、塞、翟三国,史称"还定三秦"。从那时至公元前202年(汉五年)十二月项羽败死于乌江,为时四年有余。再看这期间刘邦和项羽的政治态度。关于刘邦,《汉书·高帝纪》曰:汉二年十月,"汉王如陕(今河南三门峡市西旧陕县),镇抚关外父老。河南王申阳降,置河南郡"。"缮治河上塞。故秦苑囿园池,令民得田之。"二月,"施恩德,赐民爵。蜀汉民给军事劳苦,复勿租税二岁。关中卒从军者,复家一岁。举民年五十以上,有修行,能帅众为善,置以为三老,乡一人。择乡三老一人为县三老,与县令丞尉以事相教,复勿徭戍,以十月赐

---

① 以上均见《史记·项羽本纪》。

酒肉"。八月,"置河上、渭南、中地、陇西、上郡"。九月,"定魏地,置河东、太原、上党郡"。三年冬十月,击赵,"置常山、代郡"。十一月,汉王"西入关,至栎阳(今陕西临潼东北),存问父老,置酒"。秋八月,"初为算赋"。"汉王下令:军士不幸死者,吏为衣衾棺敛,转送其家。四方归心焉。"上引资料所反映的都是新兴地主阶级的政治行为,其中包括了政治制度、赋税制度及各种抚民政策措施。关于刘邦的政治思想,从汉三年春他放弃郦食其的建议,而采纳张良"八难"之策一事,也可以看得出来。当时郦食其为"谋桡楚权",主张刘邦派人"立六国后以树党"。张良发"八难"而批驳了郦的意见,实际上是主张由刘邦进行统一战争的。

关于项羽,他自关中回到彭城不久,即卷入关东的复辟势力之间的战争中。为了维护他制定的政治格局,在战争中表现得十分残酷。《史记·项羽本纪》曰:汉二年冬,"项羽遂北至城阳(今山东菏泽东北),田荣亦将兵会战。田荣不胜,走,至平原,平原民杀之。遂北烧夷齐城郭室屋,皆坑田荣降卒,俘虏其老弱妇女,徇齐至北海,多所残灭。齐人相聚而叛之,于是田荣弟田横收齐亡卒,得数万人,反城阳。项王因留,连战未能下"。同书《黥布列传》太史公曰:"项氏之所坑杀人,以千万数。"其他有关的坑杀、屠城的事例还很多。这充分暴露了他的旧贵族复仇主义。

从以上的分析可以看出,楚汉战争确是以刘邦为代表的新兴地主阶级与以项羽为代表的旧贵族势力之间所进行的一场你死我活的复辟与反复辟斗争。在这场斗争中,刘邦不仅彻底消灭了项羽的军事集团,还把项羽所封立的十几个诸侯王国也全部消灭了。当然其中有的是在复辟势力的火并中被消灭的,有的投降了刘邦。项羽败死之后,刘邦进而把六国旧贵族残余分子强制迁徙到国都长安一带,集中管制起来,从根本上摧毁了这一反动势力的地方基础。由于这场战争是由刘邦首先自汉中发动并主动出击的,可以说这是新兴地主阶级对旧贵族复辟势力进行的一场武力讨伐与全面涤荡。

楚汉战争开始之时,楚强汉弱,可是战争的结局是楚败汉胜。究其原因,历代的学者各有评述,意见不尽一致。我认为主要原因有三:一、政治主张不同。刘邦代表新兴地主阶级的政治主张,反对、剪除旧贵族复辟势力,进行统一中国的战争;在所占地区主要实行郡县制度,重视安抚百姓,恢复发展生产,得到人民的拥护,符合历史发展的要求。项羽代表旧贵族复辟势力,妄图维护他所制造的使中国重新分裂割据的政治格局,并一再挑起战争。《史记·淮阴侯列传》曰:"项王所过,无不残灭者。天下多怨,百姓不亲附,特劫于威强耳。名虽为霸,实失天下心,故曰其强易弱。"可见项羽的行径违犯了人民的利益,与历史要求背道而驰。二、战略、策略不同。刘邦兵力薄弱,但有蜀汉、关中为后方,人力、物力供应不断,坚持持久战。项羽虽兵力强大,但后方在彭城,为四战之地,补给路线太远,力求速战速决。在这样的形势下,刘邦决定运用"宁斗智,不能斗力"①的战略原则,与项羽展开了旷日持久的相持不决的战争。在这场战争中,刘邦据守荥阳、成皋。此两地位于今河南中部,东西相距数十里,左临河,右依山,为入关孔道。汉淮南王刘安曰:"人言绝成皋之道,天下不通。"②此为自古以来的兵家必争之地。荥阳在秦为三川郡治,其西北山上临河建有太仓(敖仓),积粟极多,为战略

---

① 《史记·项羽本纪》。
② 《汉书·伍被传》。

物资。从此地朱至彭城,轻骑二三日可达。刘邦军于此,可守可攻,对楚是一个严重威胁。项羽集中主要兵力来争夺此地,劳而无功,陷于被动。《史记·黥布列传》曰:汉军"还守成皋、荥阳,下蜀、汉之粟,深沟壁垒,分卒守徼乘塞。楚人还兵,间以梁地,深入敌国八九百里,欲战则不得,攻城则力不能,老弱转粮千里之外。楚兵至荥阳、成皋,汉坚守而不动,进则不得攻,退则不能解"。楚汉在此相持,自公元前205年六月至公元前203年九月,共两年又三个月。项羽未能他顾,而刘邦却乘机命大将军韩信自夏阳(今陕西韩城南)东渡河,相继灭魏、代、赵,降燕,统一河北。又南下灭齐,占彭城、广陵(今江苏扬州),最后会击项羽于垓下(今安徽灵璧东南),项羽因而失败。三、用人态度不同。刘邦与项羽用人的态度各有长短。但比较而言,刘邦顾大节,项羽重小恩惠。当时的人即说刘邦性明达,好谋能听,肯赏有功,禄有能,豪英贤才愿到他麾下。他本人虽"不能将兵,而善将将"①,所以楚营中不得意的谋臣良将相继投向刘邦。项羽则刚愎自用,不肯封赏,重用亲人。如重用的项氏族人就有项伯、项悍、项声、项庄、项它等。其他异姓亲信不多。陈平说:"项王不能信人,其所任爱,非诸项即妻之昆弟,虽有奇士不能用。"②韩信在楚营,"官不过郎中,位不过执戟。言不听,画不用。故倍楚而归汉"③。陈平在楚营,只任都尉。他们投向刘邦,都得到重用。刘邦在战胜项羽后,曾向群臣谈了他与项羽在用人方面的情况。他说:"运筹策帷帐之中,决胜于千里之外,吾不如子房;镇国家,抚百姓,给馈饷,不绝粮道,吾不如萧何;连百万之军,战

---

① 《史记·淮阴侯列传》。
② 《史记·陈丞相世家》。
③ 《史记·淮阴侯列传》。

必胜,攻必取,吾不如韩信。此三人皆人杰也,吾能用之,此吾所以取天下也。项羽有一范增而不能用,此其所以为我擒也。"①

"汉承秦制",推动社会历史发展

刘邦在建国后的功绩,过去只谈"休养生息",当然这也重要。因为"休养生息"对稳定社会秩序、恢复发展生产都是必要的。可是刘邦还有一项更重要的功绩,就是"汉承秦制"。此事不是一般制度的延续,而是关系到中国古代历史的发展和社会的进步。关于此一历史功绩,长期以来一直为人们所忽视。

关于"休养生息",这在西汉初年是十分必要的。当时,社会在长期战乱之后,"民失作业而大饥馑,凡米石五千,人相食,死者过半"。"自天子不能具醇驷,而将相或乘牛车。"②"天下初定,故大城名都散亡,户口可得而数者十二三。"③刘邦为恢复社会秩序,发展生产,于打败项羽后的第五个月,下令全面复员军队,招徕流亡人口,"复故爵田宅"以安定之,又解放奴婢。此令即"高帝五年诏"。与此同时,刘邦还下令减轻田租,十五税一,厉行节约,减轻徭役,制定"重农抑商"政策,对匈奴、两越采取不用兵戈的羁縻政策。这些就是西汉前期"休养生息"政策的主要内容。此后,刘氏子孙继承并发展了这些政策措施,促使当时的社会秩序迅速得到安定,社会经济也由恢复而发展。《史记·平准书》曰:"孝惠、高后时……量吏禄,度官用,以赋于民,而山川园池市井租税之人,自天子以至于封君汤沐邑,皆各为私

---

① 《史记·高祖本纪》。
② 《汉书·食货志上》。
③ 《史记·高祖功臣侯表》。

奉养焉,不领于天下(予)之经费。漕转山东粟,以给中都官,岁不过数十万石。"同书《货殖列传》曰:"汉兴,海内为一,开关梁,弛山泽之禁,是以富商大贾周流天下,交易之物莫不通,得其所欲。"于是,就出现了所谓"文景之治"的局面。至武帝即位之时,西汉的社会经济达到了最隆盛的时期。即如《平准书》所说:"汉兴七十余年之间,国家无事,非遇水旱之灾,民则人给家足,都鄙廪庾皆满,而府库余货财。京师之钱累巨万,贯朽而不可校;太仓之粟陈陈相因,充溢露积于外,至腐败不可食。众庶街巷有马,阡陌之间成群。而乘字牝者摈而不得聚会,守闾阎者食粱肉,为吏者长子孙,居官者以为姓号。"创造出这样的隆盛局面的主要原因,从统治者的角度来说,刘邦应得首功。

为什么说"汉承秦制"关系到中国古代历史的发展和社会的进步呢?因为西周时期是封建领主制时期,其政治制度在中央以周天子为最高统治者,其统治集团的主要成员为贵族身份的卿大夫。地方统治制度为分土封侯制,诸侯亦都是由贵族世袭。这一制度造成了春秋、战国时期长达数百年的诸侯割据混战的局面。秦始皇消灭六国,统一中国,废分封,实行中央集权制,即中央以皇帝为最高统治者,其统治集团的主要成员基本上为无身份限制的三公九卿。地方统治制度采用郡县制,郡守、县令及其僚属也是由无身份限制的官吏充当。这一新的政治制度是以新兴的地主土地所有制即土地私有制为基础形成的。秦始皇废除贵族政治和分封制,实行中央集权的官僚政治和郡县制,这是中国古代历史的一大进步。

可是,秦始皇统一中国才十一年,就爆发了以陈胜、吴广为首领的农民大起义,紧接着又发生了六国旧贵族复辟运动,至项羽在关中自立为西楚霸王并分封十八诸侯王时,实际上刚刚实行不久的新的政治制度已被彻底废除。在当时的二十余个军事集团①中,绝大多数是复辟势力或分裂割据势力,只有刘邦一人反对这些反动势力,并在楚汉战争中把这些反动势力一一消灭,少数为招降。刘邦在消灭了项羽等复辟势力之后,建立西汉王朝,"汉承秦制",自称皇帝,中央机构和秦朝相同,地方上实行"郡国并行制",基本上是郡县制。萧何以《秦律六章》,即《盗》《贼》《网》《捕》《杂》《具》六律为基础,补以《户》《兴》《厩》三篇,合为《汉律九章》②。在礼仪方面,《史记·礼书》曰:"至于高祖,光有四海,叔孙通颇有所增益减损,大抵皆袭秦故。自天子称号下至佐僚及宫室官名,少所变改。"此外,土地所有制、赋税制及一切其他重要制度,几乎均承秦制。一般都说秦始皇开创的事业,由汉武帝完成了。其实确切些说,秦始皇开创的事业一度遭到废除,是刘邦重新振兴、继承,由汉武帝完善、发展,成为此后两千余年间的各种封建制度的基础。

从以上的论述来看,说刘邦是我国封建时代的一位伟大的政治家,并不过分。曾说过刘邦许多坏话的司马迁在论述他撰写《高祖本纪》本旨说:"子羽暴虐,汉行功德。愤发蜀汉,还定三秦。诛籍业帝,天下惟宁。"③此论是比较公允的。

---

① 除项羽的西楚和所封十八诸侯王外,还有故赵将陈余封于南皮(今河北南皮县东北)等三县,番君别将梅封十万户侯。
② 见《晋书·刑法志》。
③ 《史记·太史公自序》。《项羽本纪》曰:"项籍者,下相人也,字羽。"《索隐》:"按序传:籍字子羽也。"

汉武帝刘彻[*]

汉武帝刘彻是汉高祖刘邦的曾孙,是我国古代继秦始皇之后的又一位为民族、国家卓有建树的伟大政治家。他在位五十四年,有功也有过。但总的说来,其功最为主要,也最为巨大。他不仅把秦始皇所开创的事业巩固了下来,而且向前推进了一大步,把中国古代多民族的统一的伟大祖国的形成和发展这一事业推进到一个新的历史阶段。因此,在历史上,他与秦始皇齐名,号称"秦皇汉武"。

可是,汉武帝与秦始皇在时间上并不衔接,中间相距约七十年。汉武帝并未直接承继秦始皇的事业。秦始皇死时,他所开创的统一大业就像纸炮一样,轰然而灭。各地农民军风起云涌,六国旧贵族乘机反叛。所谓"天下之士云合雾集,鱼鳞杂袭,飘至风起,当此之时,忧在亡秦而已"(《汉书·蒯伍江息夫传》)。天下乱作一团。三年多的农民战争,秦朝灭亡了。继之又四年多的"楚汉战争",项羽失败,刘邦胜利,并建立了西汉王朝。刘邦的大将如韩信、英布、彭越等均以功被封为王,史称"异姓王",自北而南,有异姓王燕、赵、韩、梁、楚、淮南、长沙等,约占去当时西汉疆域的大半。可是,这些异姓王挟"震主之威",与中央的矛盾严重。刘邦感到威胁太大,寝食不安,调动强大的兵

---

[*] 收入《中华文明之光》壹,北京大学出版社,1998 年 11 月出版。

汉武帝像
(李砚云据阎立本《历代帝王像》作)

力才逐个将他们诛除,只留下了一个势力薄弱的吴芮安居于长沙。刘邦为了控制形势,又封自己的兄弟子侄为王,史称"同姓王",以壮声威。可是同姓王亦不可靠,后来一再制造事端,破坏中央的统治秩序。景帝时,更由吴王濞为首,制造了七国联合叛乱,史称"七国之乱",景帝倾全力才把这场叛乱平定下来。诸侯王问题依然存在。

边疆的情况更为严重。秦末农民大起义时,匈奴人又乘机越过长城进入今陕西、山西北部,有"饮马黄河"之势。刘邦在打败项羽后,曾想一鼓作气,率三十二万大军将匈奴赶走,可是才到平城(今山西大同附近),就被匈奴四十万骑士包围,粮尽援绝,最后不得不答应"和亲",匈奴才网开一面,放他们逃生。此后,多次嫁"公主"给匈奴单于为妻,每年要送大米、酒类、丝绸等给匈奴,以求平安。可是,就这样,匈奴仍时时侵扰,"烽火通于甘泉、长安"。南方的东越、南越已割据独立,而且不时地向北侵扰。至于秦时经营的五尺道和西南夷的北部地区,刘邦早已弃置不管了。这时西汉的疆域比秦朝的小得多。

至于西汉初年的社会经济情况,也十分严重。《史记·平准书》曰:"汉兴,接秦之弊,丈夫从军旅,老弱转粮饷,作业剧而财匮。自天子不能具钧驷,而将相或乘牛车,齐民无藏盖。""物踊腾粜,米至石万钱,马一匹则百金。"社会秩序混乱,人口散亡,不少破产农民嫁妻卖子。刘邦及其子孙对内只好"无为而治",实行"重农抑商""轻徭薄赋"政策,力求社会安定;又修"马复令",增殖马匹,以利于耕作,也准备对抗匈奴的入侵;还实行"入粟拜爵"政策,以积储军粮。高祖、吕后、文帝、景帝这几代帝、后,共用了数十年的时间,忍辱含垢,苦心经营,至武帝即位时,情况才发生了根本性的变化。

司马迁说:"至今上即位数岁,汉兴七十余年之间,国家无事,非遇水旱之灾,民则人给家足,都鄙廪庾皆满,而府库余货财。京师之钱累巨万,贯朽而不可校;太仓之粟陈陈相因,充溢露积于外,至腐败不可食。众庶街巷有马,阡陌之间成群。"汉武帝就是在这一新的物质条件下,改"无为"为"有为",经过四五十年的艰苦奋斗,才逐步重建秦始皇的伟业并推向前进。

汉武帝一生的功绩很多,归纳起来,可分为三个方面:一、进一步奠定祖国的疆域,推动多民族的统一国家的形成和发展;二、完善中央集权制度,巩固政治统一,促进经济发展;三、征集古代遗书,设五经博士,兴太学,设乐府,推动文化、教育事业的复兴和发展。

一

汉武帝奠定祖国疆域一事是从抗击匈奴开始的。应当说，此功在历史上是不可磨灭的。不过古代有些读书人常有微词，例如北宋的大史学家司马光就说汉武帝"穷兵黩武"。（《司马文正公传家集》卷六六《河间献王赞》）南宋大儒朱熹说："武帝做事，好拣好名目。如欲逞兵立威，必曰高皇帝遗我平城之忧。若果以此为耻，则须修文德以来之，何用穷兵黩武，驱中国生民于沙漠之外，以尝锋镝之惨！"（《朱子全书》卷六一《西汉》）这真是无稽之谈。

匈奴人南侵，有其历史必然性。因为匈奴是生活在蒙古高原上的一个古老的民族，以游牧为生，逐水草而居，食肉衣皮，经济单一，缺少粮米和布帛。显然这样的经济生活应当与比邻的黄河流域的农业区建立经济优势互补关系，以改善本民族的生活，对汉族的居民亦很有利。可是，那时的匈奴统治者还认识不到与汉朝和平"互市"是最好的互补手段，而是想依靠强大的骑射之士冲入长城，进行抢劫。尽管自高祖、吕后、文帝、景帝六十余年间，嫁了不少"公主"给匈奴，还送去了大批粮米、布帛等，一再要求"和亲""修好""约为兄弟"等，可是匈奴仍入侵不断，焚杀虏掠不停。文、景时期，汉、匈之间大小规模的战争时有发生。至汉武帝时，汉、匈之间要进行决战是必然的。

汉武帝于元光二年（前133年）开始对匈奴进行战争。从元朔元年（前128年）到元狩四年（前119年）的十年中，共进行了三次大战。第一次大战是在元朔二年。这年，匈奴以二万骑入侵，杀辽西太守。汉使将军卫青以三万骑击匈奴，收复了河南地

(今内蒙古伊克昭盟),设朔方、五原郡,解除了匈奴对首都长安的威胁。第二次大战是在元狩二年(前121年),由将军霍去病率数万骑北击匈奴,出陇西、北地,深入匈奴区二千余里,夺得祁连山和河西走廊,并在这里设置了武威、酒泉二郡,后又增置张掖、敦煌二郡,即所谓"河西四郡"。匈奴退出河西走廊后,编了一首怀恋河西的歌曲,词曰:"亡我祁连山,使我六畜不蕃息;失我焉支山,使我妇女无颜色。"(《西河故事》)汉夺得河西走廊,隔断了匈奴与羌人的军事联合,又为汉通西域开辟了重要通道。第三次大战是在元狩四年(前119年)。匈奴各以数万骑入右北平和定襄郡,杀略惨重。武帝以卫青出定襄,霍去病出代郡,各率骑五万,步兵数十万,另有志愿从征者四万匹马,粮食辎重还不计在内。卫青大破单于军,北至寘颜山赵信城(今蒙古杭爱山南)而还。霍去病出代郡二千余里,大破左贤王军,至狼居胥山(今蒙古乌兰巴托东),临瀚海(今呼伦湖与贝尔湖)而还。从此,匈奴北徙漠北。汉自朔方西至令居(今甘肃永登),以六十万吏卒屯田,加强防守。

在汉对匈奴作战的过程中,卫青与霍去病都是军事统帅,都立有很大的功劳。其中霍去病表现得更为突出,甚得汉武帝欢心。他十九岁即为将军,很快升为统帅。武帝为表彰他的军功,要给他修建高大的府第,他委婉谢绝了,说:"匈奴未灭,无以家为也。"可是他仅至二十四岁就因病死去,汉武帝十分伤心,把他葬在自己的茂陵旁边陪陵。为他修的坟墓巨大,上积多块巨石,象征祁连山;墓前置巨型石刻"马踏匈奴",以纪念他的军功。此外,还置巨型石刻虎、牡牛、马、卧象、人熊相搏、猛兽食羊等,艺术价值都很高。

汉武帝对匈奴进行战争是迫不得已的。汉损失士卒数万

马踏匈奴

人,马十余万匹,财政困难,社会经济受到严重影响。他在对匈奴战争中期,曾对卫青说:"汉家庶事草创,加四夷侵陵中国,朕不变更制度,后世无法;不出师征伐,天下不安。为此者,不得不劳民。若后世又如朕所为,是袭亡秦之迹也。"可见他对这场战争的消极后果是心中有数的。匈奴打败之后,汉亦控制了西域。他在去世前两年(前89年),也就是他在六十八岁时,为拒绝派兵到轮台(今新疆轮台东南)屯田而下了一个全面转变政策的诏书。诏书"深陈既往之悔",说:"朕即位以来,所为狂悖,使天下愁苦,不可追悔。自今事有伤害百姓、糜费天下者,悉罢之。"(《资治通鉴》卷二二《汉纪》十四武帝征和四年)又说:"当今务在禁苛暴,止擅赋,力本农,修马复令以补缺,毋乏武备而已。"(《汉书·西域列传》下《渠犁传》)这就是历史上著名的《轮台诏》,亦称为《轮台罪己诏》。

可是匈奴的损失更为惨重,后发生内讧,分裂为五部,互相攻杀。有的居于漠北,也有的南迁大青山一带,要求与汉"和亲"。公元前33年,南部匈奴的呼韩邪单于到长安,汉元帝以宫人王昭君(名嫱)嫁与呼韩邪单于,匈奴号之为宁胡阏氏(单于妻);元帝亦改年号"建昭"为"竟宁",即边境安宁之意。汉、匈从此修好,此后有五十年没发生大的战争。

从以上的事实可以看出,朱熹的评论真是书生之见。

汉武帝为抗击匈奴,争取外援,而经略西域,是他为奠定祖国疆域而立下的第二大功。有人说,汉武帝经略西域是为了得到大宛的汗血马。这也不符合历史的实际。汉武帝固然对汗血马很有兴趣,而且为了得到汗血马曾对大宛用兵。可是,此事在汉武帝经略西域的过程中,只是一个不大的插曲。经略西域的主要原因,起初是为了联合大月氏、乌孙两国,东西夹击匈奴,后来则发展为开疆拓土。

西汉初年,大月氏和乌孙都居住在今甘肃祁连山、敦煌一带,互相邻近。乌孙为月氏人击破,逃入匈奴地区。月氏又为匈奴击破,大部分逃至今新疆西北的伊犁河流域,称大月氏。大月氏又被乌孙人赶走,南下葱岭以西,臣服大夏人,以大月氏为国号。小部分未西逃的月氏人称小月氏,混入羌人中。乌孙人则占据了伊犁河流域。汉武帝于公元前138年(建元三年)派张骞出使大月氏,建议与汉联合夹击匈奴,可在胜利后迁回祁连山旧地居住。大月氏人安于新居地,不愿东归,张骞未果而回。前119年(元狩四年),汉武帝又派张骞出使乌孙,建议乌孙与汉联合夹击匈奴,可在胜利后回祁连山旧地居住。乌孙人因地近匈奴,对汉的势力不甚了解,亦不愿意陷于汉匈战争之中。张骞又无功而返。但是,从此汉与大月氏及乌孙建立起了友好关系。汉武帝先后把细君公主和解忧公主嫁给了乌孙王,建立加强汉与乌孙的联盟关系。细君初到乌孙时,国王已年老,语言不通,生活习惯差别很大。她很思念家乡,作歌曰:

吾家嫁我兮天一方,远托异国兮乌孙王;
穹庐为室兮旃为墙,以肉为食兮酪为浆。
居常土思兮心内伤,愿为黄鹄兮归故乡!

汉武帝很同情她,经常派使臣去看望她。老乌孙王也很同情她,愿意把她改嫁给孙子岑陬。她不同意,上书汉武帝。武帝去信,劝她"从其国俗",这才改嫁。岑陬后继王位。细君病死,武帝又以解忧公主嫁岑陬。解忧的侍者冯嫽嫁乌孙右大将,号冯夫人。解忧与冯嫽到乌孙时,都只有十六七岁。她们在乌孙五十余年,访问了西域许多国家,并争取这些国家与汉通好,或与汉结盟。公元前101年(太初四年),汉武帝在乌垒(今轮台东)设置使者校尉,又在渠犁(今轮台东南)驻兵屯田。至宣帝时,改使者校尉为西域都护,总管西域南北路事务。这时,汉朝的疆域已包括今巴尔克什湖以东以南的广大地区。从此,自长安西经今河西走廊、新疆的天山南麓和昆仑山北麓,越葱岭,达于中亚、西亚、南亚的丝绸之路,相继开通了。为经略西域、开通丝绸之路而立有功劳的人很多,可是任何人的功劳都不能与汉武帝的功劳相比。

汉武帝再次经略两越和西南夷,将南部疆域推进到今海南岛和贵州、云南的中西部,这是他为奠定祖国疆域而立下的第三大功。

两越是东越和南越,在秦朝,已纳入中央版图。可是在秦末农民大起义时,两越相继起兵独立。西汉前期,依然如此。东越贵族摇在今浙江南部建立东瓯王国,亦称东海王国;东越的另一贵族无诸在今福建建立闽越王国。南越则由秦朝时的地方官赵佗占据,建立南越王国。这三个王国名义上接受汉的封号,实际是三个强大的割据势力,不听命于汉朝。

汉武帝初即位时,闽越进攻东瓯,东瓯向汉朝告急,汉武帝派兵救东瓯,闽越退兵。东瓯人请求内迁,武帝迁东瓯人于江、淮之间。建元六年(前135年),闽越又进攻南越,南越也向汉朝告急,武帝出兵击闽越,闽越贵族杀了闽越王,仍与汉对抗。武帝派陆海士卒夹击闽越,后亦将闽越人迁于江、淮之间。东瓯、闽越旧地划入会稽郡管辖,汉派军队前来驻屯。今福建崇安县的汉代遗址和铁农具都是当年的屯守者留下来的。

南越王赵佗原是真定(今河北正定)人。秦时初任南海郡龙川令,后行南海尉事。西汉前期,为南越王。其曾孙婴齐在长安宿卫时,娶邯郸女樛(liú 流)氏为妻。后樛氏子兴继位为王,与太后樛氏上书:"请比内诸侯,三岁一朝;除边关。"武帝同意南越的请求,并"赐其丞相吕嘉银印,及内史、中尉、太傅印,余得自置"(《史记·南越尉佗列传》)。可是,丞相吕嘉及其家族是一个强大的地方势力,反对内属,杀太后和南越王及汉使,发动叛乱。汉武帝遣伏波将军路博德、楼船将军杨仆等以水兵十万人,分四路进攻南越,破番禺(今广州),俘吕嘉等,迅速平定了叛乱。将南海地区划分为九郡,置于中央的直接控制之下。南海九郡为南海、苍梧、郁林、合浦、交趾、九真、日南、珠崖、儋耳。

后两郡设在今海南岛上。从此时起,海南岛和南海诸岛都入于中国的版图。今天在西沙群岛和南沙群岛上发现有汉代的五铢钱、陶器、陶片等,都是当年先民的遗物。

汉武帝经略西南夷,是为了从汉的西南地区找出一条通向西域的通道。在张骞第一次出使西域归来之后,曾对汉武帝说,在大夏时,见到蜀布和邛(qióng琼)竹杖,得知是从在身毒(今印度)的蜀商处买来的。又得知身毒在大夏东南数千里,在邛(今四川西昌)西二千里。他认为汉欲通大宛、大夏、安息等国,经河西,易为匈奴、羌人所阻;如自蜀通身毒,路既近,又无阻碍。

汉武帝派出十余批人经略西南夷,寻求通身毒之路。先是封今贵州地区的夜郎侯为夜郎王,又封今云南昆明地区的滇人首领为滇王,都赐给金印。滇王家族的墓区在今云南晋宁县石寨山。五十年代,已发掘了若干墓葬,出土大批青铜器和其他器物,其中有一颗汉式金印,文曰:"滇王之印。"这是当年的遗物。

西汉"滇王之印"

汉武帝派人西行,至今洱海附近,为当地昆明人阻止,不得通行。汉武帝即在已归汉朝控制的地区设置七郡:以秦时通五尺之道的地区置犍为郡(今四川宜宾西南),且兰为牂柯郡(今贵州黄平),邛都为越巂郡(今四川西昌),筰都为沈黎郡(今汉源东北),冉駹为汶山郡(今茂汶北),白马为武都郡(今甘肃东南),滇为益州郡(今云南晋宁)。至东汉时,疆域已达到今云南保山西南中缅边界处。

二

汉武帝曾对卫青说:"汉家庶事草创……朕不变更制度,后世无法。"他所变更的制度主要是完善了一些政治制度,制定了一些新法律,推行了一些新经济政策,使秦始皇创立的一些政治、经济制度和政策得到进一步发展和完善。

刘邦建立西汉时,基本上继承了秦制。汉武帝对于中央制度的改革,主要是进一步加强皇帝的权力,削弱丞相权力;设置刺史制度,加强对地方官吏的监督;实行《推恩令》和《附益法》,把诸侯王的政治特权限制到最小的程度。又建立期门军、羽林骑等侍从军,建立八校尉为常驻首都的禁卫军。此军士卒由招募而来,是职业兵,这是中国古代有募兵制的开始。西汉初年,只有《汉律》九章,"网漏吞舟之鱼"。后一再增补,还不敷社会和政治需要。至武帝时,大力整修法律,增至三百五十九章,大辟(死刑)四百九十条,一千八百八十二事,死罪决事比一万三千四百七十二事。汉律的一再增补,对加强西汉王朝的统治,加强国家的统一,维护社会秩序,安定人们的生产和生活等,都起了一定的积极作用。

汉武帝对经济方面的改革影响很大。其中最主要的是改革币制,使用五铢钱。西汉前期,币制很不稳定,经常改革。如刘邦初即帝位时,认为秦钱太重,改铸用荚钱。高后时,用八铢钱,后又改用五分(十二铢)钱。文帝时,又用四铢钱,钱上铸"半两"二字,后人为区别于秦"半两",称之为小"半两"。武帝初,用三铢钱,后改用半两钱。除中央铸造货币外,各郡、国官府和地主、商人均可仿铸。同一种货币,其大小、轻重、规格以及用铜质量的差别很大,货币极度混乱,严重影响了社会经济的发展和国家的赋税征收。元狩五年(前118年),汉武帝下令由上林三官(钟官、技巧、辨铜)铸造五铢钱,作为法定货币,通行于全国;而且严禁地方政府和私人仿铸。旧时的货币一律作废。五铢钱有周郭,钱上有"五铢"二字,式样规整,重量为五铢,不易盗铸,流通方便。这种货币相当稳定,一直沿用到三国时期。

西汉五铢钱

汉武帝在工业方面曾实行盐铁国营政策。主要是为了筹集对匈奴作战的钱财和物资,此事先后由孔仅、东郭咸阳和桑弘羊主持,对打败匈奴、支持武帝经略西域等事起了积极的作用,对西汉冶铁业的发展和铁农具的推广亦起了重大的作用。汉武帝还实行均输和平准政策。均输是官府经营商业,平准是在长安和其他重要城市平抑物价。其方法是官府利用均输官所储存的物资,根据市场上的主要物价,贵时抛售,贱时收购,这样打击了富商大贾的囤积居奇行为,使市面物价保持稳定。

汉武帝下《轮台诏》后,停止了对外征伐,转向整顿内政;任命田千秋为丞相,封富民侯;以赵过为搜粟都尉,推行代田法。代田法是适宜于西北地区农业生产的一种轮耕制生产方法。这种方法以宽一步(六尺)长百步的一亩地为例,纵分田地为三甽(quǎn 犬,畎)、三陇,甽、陇各宽一尺,播种甽中。苗长高时,用陇土培固根部,作物能耐风旱。次年,甽、陇互换其位,以调节地力。代田法用二牛三人耕作,每年可耕种五顷,亩产量比用通常的耕作方法耕种的田地增加一斛(石)以上。多的可增加两斛或更多。赵过还推广用耧车播种的技术,比用人播科学,而且速度快。

汉武帝还很重视兴修水利。从前,自黄河运粮以供应首都长安,经渭水,行程九百余里,需时六个月。武帝下令修漕渠,三年完成,西起长安,东通黄河,运程只有三百余里,漕运时间也减少了一半,还可灌溉田地一万余顷。他又在关中修灵轵渠、成国渠、沣渠、六辅渠、白渠等。白渠最为有名。白渠始凿于太始二年(前95年),在渭水之北,西起谷口(今陕西礼泉东北),东入栎阳,引泾水,注入渭水,与郑国渠平行,长二百里,溉田四千五百余顷。当时有歌谣曰:"田于何所?池阳谷口。郑国在前,白渠起后,举臿为云,决渠为雨。水流灶下,鱼跳入釜。泾水一石,其泥数斗;且溉且粪,长我禾黍;衣食京师,亿万之口。"(《汉书·沟洫志》)在汉武帝倡导下,各郡县也大力发展水利事业。黄河、江、淮各大流域,西北边远地区如朔方、西河、陇西、酒泉等地,多开有巨大的灌溉渠,灌溉成千上万顷农田。黄河原于元光三年(前132年)夏在瓠子(今河南濮阳南)决口,水经瓠子河入巨野泽,流于淮、泗,被灾地区达十六郡,时长二十余年;可是丞相田蚡匿而不报。汉武帝自泰山回长安,发现此事,坐镇指挥,发士卒数万人堵塞决口,又命随行官员自将军以下的都参加筑堤。他还怀着悲愤的心情,写了《瓠子歌》二首,概述黄河泛滥所造成的危害,谴责河伯"不仁",表示要决心治河,消除水患,使"万福来"。决口堵塞后,又下令在大堤上修宣房宫一座,以镇河伯。从此河水北行,"梁、楚之地复宁,无水灾"(《史记·河渠书》)。

三

汉武帝的第三方面的功绩是在文化和教育方面。关于此事,在两千多年的历史上,似乎并未得到应有的承认。相反,指责却非常之多,而且也很严重。一面指责他"罢黜百家,独尊儒术",另一面又批评他"尊儒"也没有"尊"好。如司马光批评他"虽好儒,好其名而不知其实,慕其华而废其质"(《河间献王赞》)。这些批评都不准确。如果用这些批评来概括汉武帝在文化方面的全部情况,更不符合历史实际。与这些评论相反,东汉著名史学家班固在《汉书·武帝纪》"赞"中,不仅只字未提汉武帝的"武功",而且对他的"文治"大加表彰。他认为,武帝不是一般的帝王,而是汉代,实际上是中国古代文化的复兴者,他开创了西汉文化的"洪业,而有三代之风"。

中国古代文化,发展到战国时期,进入了第一个黄金时代,"百家争鸣","处士横议"。可是秦始皇时曾发生"焚书坑儒"之事,继之项羽又火烧咸阳秦宫,博士官的图书焚烧殆尽。至西汉前期,中国的文化陷入低谷。《汉书·武帝纪》"赞"曰:"汉承百王之弊,高祖拨乱反正,文、景务在养民。至于稽古礼文之事,犹多阙焉。"汉武帝就是在这样的背景下大力振兴祖国的文化,并使之由复兴而发展的。

汉武帝在文化复兴方面的最大成就就是设"五经博士","兴太学"。此举是他复兴文化运动的主要标志。五经博士就是主持研究儒家经典《诗》《书》《易》《礼》《春秋》的学官,也是培养博士弟子即太学生的教授。太学,就是国立大学,是古代文化世代传播承继的主要场所,也是汉朝文官的摇篮。第一批博士弟子仅五十人,又有如弟子若干人。后来逐年增加,至成帝时,已达三千人。西汉末,已达万人。此外,各郡、国、县也有官办学校,培养初级文化人才。汉武帝开创太学和郡、国、县学制度,开此后两千年间国家办学的先河。此后,每个王朝都重视办学,并成为优良的传统。

汉武帝下令搜集民间残存的古书是另一重要的举措。西汉初年,社会上无书可读。有些老儒口头传经,学生用当时通行的隶书记录下来,称为今文经。五经博士都是今文经博士,亦用今文经教授学生。汉武帝下令搜集古遗书,汇集于首都长安。至成帝时,所得古遗书已堆积如山,其中有儒家经典(古文经),也有诸子百家之书。由刘向、刘歆父子等整理,编目录,成《七略》,著录三十八种,五百九十六家,一万三千二百六十九卷。《汉书·艺文志》曰:秦"燔灭文章,以愚黔首。汉兴,改秦之败,大收篇籍,广开献书之路"。至此,其成就十分可观。汉武帝开献书之路,其功不可没。

汉武帝对西汉文学的发展也有特殊的贡献。由于他喜好文学,汉赋在他的倡导之下形成高潮,出了不少著名的辞赋大家。司马相如的《子虚赋》《上林赋》《长门赋》等都是划时代之作。汉武帝设乐府,采民歌、配以谱曲进行演奏,开文学之新风。《乐府诗》来自民间,内容广泛地反映了当时社会生活的各个方面。其中的《十五从军征》《思悲翁》《战城南》《东门行》《有所思》《陌上桑》等,分别反映了人民的悲惨遭遇,对繁重徭役、横征暴敛的不满,对妇女不幸命运及其坚强不屈性格的同情。所用乐器有中原地区的传统乐器,也有来自西域或其他边疆民族的乐器,如箜篌、胡笳、觱篥、琵琶等。汉武帝也是一位才气横溢的诗人,他的《秋风辞》曰:"秋风起兮白云飞,草木黄落兮雁南归。兰有秀兮菊有芳,怀佳人兮不能忘。……"真是千古佳作,脍炙人口。

标志汉武帝时文化复兴的事例还有司马迁的《史记》的撰写、《太初历》的编制等,这些都是在汉武帝的倡导和支持下完成的,把我国古代的历史学和天文学的研究及编纂推进到一个新的阶段。

班固曰:"孝武初立,卓然罢黜百家,表章六经,遂畴咨海内,举其俊茂,与之立功,兴太学,修郊祀,改正朔,定历数,协音律,作诗乐,建封禅,礼百神,绍周后,号令文章焕焉可述。后嗣得遵洪业,而有三代之风。"对汉武帝为复兴、发展文化所立下的功绩的评价是很高的,基本上符合实际。班固所说的"罢黜百家,表章六经"与一般所说的"罢黜百家,独尊儒术"是否完全一样呢?应当说有相当的区别,其关键在于"表章"还是"独尊",这要看一下历史的实际。

西汉前期,最高统治者以黄老无为思想指导政治,社会上又无书可读,对思想管制不严,各家思想自由发展,也比较活跃。尤其是有些诸侯王为发展自己的势力,并扩大其影响,多会集众多的诸子、方技之士,很不利于中央集权国家的统治,不利于国家的统一。这一情况随着社会经济的恢复发展,随着加强中央集权的政治需要而日益严重。至武帝即位时,最高统治者需要的,已不再是黄老无为,也不是"诸子杂说",而是儒家的"大一统"思想和文物制度。所以丞相王绾建议:"所举贤良或治申、商、韩非、苏秦、张仪之言,乱国政,请皆罢。"(《汉书·武帝纪》)董仲舒则批评说:"今师异道,人异论,百家殊方,指意不同,是以上无以持一统,法制数变,下不知所守。"他建议:"诸不在六艺之科、孔子之术者,皆绝其道,勿使并进。"(《汉书·董仲舒传》)这些建议与汉武帝的政治观点基本上是一致的。不过汉武帝是一位有作为的帝王,思想是开阔的,他对各家之说,不是囿于其名,而是"择善而从"。从历史事实来看,汉武帝虽为《五经》置学官,但并不用醇儒掌政治大权。在他身边的亲信重臣中,兼有儒、法、黄老、纵横各家人物,他取其所长,抑其所短,各居所位,皆听命于他。其中固然儒者较多,但并非醇儒,而是兼通其他学派者,即所谓"习于文法吏事,而又缘饰以儒术"(《史记·平津侯列传》)者。这样的官吏在政事上倾向法治,叫作"文法吏"。所以,汉宣帝说:"汉家自有制度,本以霸王道杂之。"(《汉书·元帝纪》)史称汉武帝"外儒内法",不无道理。司马光把汉武帝当作一个醇儒要求,未免过于脱离实际。

汉武帝作为一个封建皇帝,也有不少的缺点和错误。例如他在生活方面,奢侈严重,还迷信巫术。他发兵镇压戾太子,一度造成朝廷政治混乱，即所谓"巫蛊事件"，这是他迷信巫术造成的。西汉中期的主要社会问题是"土地"与"奴婢"问题，由于土地兼并严重，大量的破产农民沦为奴婢，流民多达二百万，各地相继发生了农民起义。可是，汉武帝并未正确地处理此事。他曾长时间用残酷镇压的办法对付起义农民或流民，但起义、暴动仍然不断。只是到后来，他才有所悔悟，并坚决改变政策，注意安定农民生活，招徕流民，缓和了社会的矛盾。汉武帝还重用酷吏，乱杀无辜的情况也很严重。

总的说来，汉武帝在中华民族的历史发展上立下了不朽的功勋，他的错误与他的功勋相比，是较小的。尤其可贵的是，他在统治的后期，能对所出现的政治和社会的主要问题有所认识，并及时转变政策，稳定了局势，促进了社会秩序的安定和经济的发展。这样的政治态度和做法在历代封建帝王中是少有的。

应劭『汉改邮为置』说辨证*

东汉末年的著名学者应劭曾对汉代邮驿制度说过这样两句话："汉改邮为置。置者,度其远近之间置之也。"①此说由于文字过简,缺乏进一步说明,又无其他资料可参证,因之后代学者对此说多不重视,甚至怀疑。如清代中期的经学家惠士奇就引《孟子·公孙丑》上"孔子曰:'德之流行,速于置邮而传命。'"为根据,说"似非汉改"②,否定了应说。我认为惠之反驳过于轻率,不足为据。应说文字虽过简,但是可信的,应当做深入的研究。今据近来数十年所发现的汉简,参以文献所记和金石资料,辨证如下。

"邮"与"置"的同与异

在先秦和两汉时期,邮与置是邮驿机构的两种名称,又是传递方式的两种名称,两词的基本性质都相同。因之在文献或其他文字资料中,两词或分别使用,或合为一词使用,在邮事上无甚区别。上引"置邮而传命"为其一例。再如《后汉书·王柔传》:柔"知范特祖邮置之役"③。《西域

---

* 本文原是在台湾《简牍学会》举办的学术会议上的报告,后收入北京大学中国传统文化研究中心编《文化的馈赠——汉学研究国际会议文集》(史学卷),北京大学出版社2000年8月出版。
① 应劭《风俗通》。《后汉书·郭符许列传》附《王柔传》李贤注引。
② 《后汉书·郭符许列传》附《王柔传》王先谦《集解》引。
③ 《后汉书·郭符许列传》附。

传·论》:"立屯田于膏腴之野,列邮置于要害之路,驰命走驿,不绝于时月。"《汉永平开通褒斜道石刻》:"邮亭驿置徒司空,褒中县官寺。"①《汉卫尉衡方碑》:"□本肇末,化速邮置。"②正是由于在先秦两汉时期两词经常这样连用,魏晋以后又多不单用"置"字,致使后代学者往往以为邮与置并无区别,或虽有区别,而其区别极小。例如《汉书·淮南厉王长传》:"有司奏请处(长)蜀严道邛邮。"颜注引张晏曰:"严道,蜀郡县也。邛邮,置名也。"再如张揖《广雅·释诂》:"邮置……驿也。"③可是,应劭为什么要记下"汉改邮为置"这件事呢?据一般常理推测,在邮与置的性质基本相同之外,一定还有其他重大不同之处;否则,应劭做这样的记述就毫无意义了。因此,为辨明应说是否可信,应当首先辨明"邮"与"置"的同与异。

"邮"的原始意义,《说文解字·邑部》:"邮,境上行书舍。从邑、垂。垂,边也。"《土部》:"垂,远边也。"邮最早设于边远地区,以传送官方文书为主,兼有安顿过往官差之责。后来随着国家军事、政治、经济的发展,邮事繁忙,邮驿不断增设,已不限于边远地区,内地交通要道或邑聚亦设邮。如《史记·白起列传》:"武安君既行,出咸阳西门十里,至杜邮。"同书《留侯列传》:高祖刘邦东征英布,"群臣居守,皆送至灞上。留侯病,自强起,至曲邮"。《集解》引马彪曰:"长安县东有曲邮聚。"《索隐》:"今在新丰西,俗谓之邮头。"杜邮、曲邮均临近京师。后代学者释"邮",不再特意于"境上"。如颜师古曰:"邮,行书之舍,

---

① [清]王昶:《金石萃编》,第五卷题《开通褒斜道石刻》。[清]罗秀书:《褒谷古迹辑略》题《汉中太守钜鹿鄐君开通褒斜道碑》。
② 《金石萃编》,第十二卷题《卫尉卿衡方碑》。
③ [清]王念孙:《广雅疏证》,卷四下《释诂》。

亦如今之驿及行道馆舍也。"①

"邮"作为传递方式的名称，即所谓"步传曰邮"②。《汉书·京房传》："房意愈恐，去至新丰，因邮上封事。"颜注："邮，行书者也，若今传送文书矣！"此"行书者"为徒步送文书之人。在汉简中，此例很多，如所谓"甲渠候官以邮行"，"甲渠候官行者走，即日食时付吞远"③。甲渠候官为居延都尉辖下的重要兼管军民的单位，"行者"即"行书者"，或谓之"走卒"④"邮人"⑤等。

"置"作为邮驿机构的名称，由来已久，除上引"孔子曰"外，

铜奔马（甘肃武威雷台汉墓出土）

---

① 《汉书·薛宣传》"桥梁邮亭不修"颜注。
② ［清］王筠：《说文句读》，卷十二《邑部》"邮"注曰："马传曰置，步传曰邮。"
③ 以上二简文依次见甘肃省文物考古研究所等编《居延新简》，第43页，编号破城子探方六(E.P.T6:115)；第286页，编号破城子探方五三(E.P.T53:85)。
④ 吴礽骧、李永良、马建华释校：《敦煌汉简释文》，甘肃人民出版社，1991年，第128页，编号（五）敦煌臭墩子墩采集的汉简（1242）。
⑤ ［东汉］王充：《论衡·定贤》。

再如《韩非子·难势》："五十里而一置。"西汉前期亦有置之名。置作为邮驿机构的名称之一,在性质上与邮基本相同。但其所以不称邮而称置,是因为置不用步传,而是用马传。《龙龛手鉴·网部》："置,驿传也。马递曰置。"《说文解字·马部》："驿,置骑也。"这就是邮与置的主要不同之处。在文献中,有不少以置名邮驿或名传递方式的记载。如《史记·田儋列传》附《田横传》："田横乃与其客二人乘传诣雒阳,未至三十里,至尸乡厩置。"《集解》引应劭曰："尸乡在偃师。"瓒曰："厩置,置马以传驿也。"又《汉书·李陵传》引武帝诏："从浞野侯赵破奴故道抵受降城,休士,因骑置以闻。"《刘屈氂传》："乘疾置以闻。"《昭帝纪》引元凤元年(前80年)十月诏曰："左将军安阳侯(上官)桀……与燕王通谋,置驿往来相约结。"

在汉简中,以"置"名邮驿的事例亦很多,著名的有悬泉置、祁连置、新沙置、吞远置等。记述以置或驿骑为传递方式的事例亦不少。如：

爵疑者潚作士督臧者考察无令有奸圣恩宜以时布县厩置驿骑行诏书臣稽首以闻　　*64A*

及赍乘传者南海七郡牂柯越巂益州玄兔乐浪至旁近郡以县厩置驿骑行臣稽首请　　*69*

置驰吞远候长党　　*613B*①

---

① 以上三简依次见甘肃省文物考古研究所等编《居延新简》。
　第481页编号破城子房屋二二(E.P.F22:14A),
　第482页编号破城子房屋二二(E.P.F22:69),
　第190页编号破城子探方五一(E.P.F51:213B)。

以上就是"邮"与"置"的同与异的大致情况。周秦至西汉初期，从邮驿制度和实际传递情况来说，是以"邮"为主。自"汉改邮为置"之后，则以"置"为主。

"汉改邮为置"的时间与原因

"汉改邮为置"的时间与原因，在文献中，只有三国《魏新律序》中的一段话可资参考。文曰："秦世旧有厩置、乘传、副车、食厨，汉初承秦不改。后以费广，稍省。故后汉但设骑置而无车马，而律犹著其文，则为虚设。故除《厩律》，取其可用合科者以为《邮驿令》。"①关于邮驿制度的"汉初承秦不改"，是说"汉改邮为置"以前的情况，其时间当在"后以费广，稍省"之前，就是自西汉建国到武帝初即位的七十年间。在这段时间中，其制度虽未改，但实际情况远不如秦朝。主要原因是社会经济遭到严重破坏，国家财政困难，马匹十分缺乏。虽说"承秦不改"，但已有名无实。《史记·平准书》："汉兴，接秦之弊，丈夫从军旅，老弱转粮饷，作业剧而财匮。自天子不能具钧驷，而将相或乘牛车，齐民无藏盖。"在这样的情况下，邮驿虽存在，但与秦朝相比，其机构和设施当已大大缩减。至文帝即位，社会经济稍有恢复。文帝仍命太仆检点御用马匹，除留下部分外，"余皆以给置传"②。又实行"马复令"，命"民有车骑马一匹者，复卒三人"③。鼓励人民养马，以补军民用马之不足。景帝时，除继续实行"马复令"外，又"始造苑马以广用，宫室列馆车马益增修矣"！景帝

---

① 《晋书·刑法志》。
② 《史记·文帝本纪》。
③ 《汉书·食货志上》。

仍"屡敕有司,以农为务"①。文帝中期至景帝末年,史称"文景之治"的时期,这时的社会经济已由恢复而发展。至武帝初,经济更加发展。司马迁说:"至今上(武帝)即位数岁,汉兴七十余年之间,国家无事,非遇水旱之灾,民则人给家足,都鄙廪庾皆满,而府库余货财。京师之钱累巨万,贯朽而不可校;太仓之粟陈陈相因,充溢露积于外,至腐败不可食。众庶街巷有马,阡陌之间成群。"②此时是西汉王朝鼎盛的时期,其财力之充裕、马匹之众多是空前的。邮驿事业也当深受其惠。可是就邮驿的制度来说,并无改革的迹象。用《魏新律序》的话来说,仍属于"汉初承秦不改"的阶段。

　　《魏新律序》以下的文字主要是讲改革。所谓"以后费广,稍省",是讲改革的时间、原因和改革内容,其中"费广"也就是改革的原因,是关键要素。考察西汉一代,"费广"最严重之时,莫过于汉武帝中期。此时长期对匈奴战争,又经营西域,出兵两越,抚略西南夷,武帝又在长安大修宫室、苑囿,国家财政开支空前浩繁,府库严重匮乏。所谓"稍省",与下文"后汉但设骑置而无车马"相联系,知其所省者为车马,也就是"马车";行用者为"骑置",也就是应劭所说"改邮为置"。通过这样的疏证,《魏新律序》与应劭之说相对应,大致可通。可是《魏新律序》有几点说法并不准确:

　　其一,改革的原因不应是"以费广",而应在府库充实、马匹众多之时,为了军事上的需要。因为邮驿的原则主要有三,即迅速、准确、安全。汉武帝"改邮为置"不是为了节省一点邮用车马,主要是为了改善军书的传递。因之其改革时间不在"以费

---

① 《汉书·食货志上》。
② 《史记·平准书》。

广"之后,而应在"以费广"之前。

其二,《魏新律序》对"稍省"未做解释,下文用了"故后汉但设骑置而无车马"来体现其精神,只字未提削减"步传"增加"马传"之事。这样的讲述含义不明,有碍于对"改邮为置"本义的正确理解。

汉武帝"改邮为置"的具体时间既在"以费广"之前,据此推定,大约是在元朔元年(前128年)至元狩四年(前119年)之间。此时国家财政充裕,马匹众多,战争方炽,军书旁午,迫切需要"改邮为置",以支援战争。至元狩五年以后,战争规模缩小,财政、马匹大匮,已非改革之时。关于此事,文献多所论述。《汉书·食货志下》:元狩四年(前119年),汉、匈第三次大战,汉"军士马死者十余万,兵甲转漕之费不与焉。"《盐铁论·未通》:"往者未伐胡越之时……牛马成群,农夫以马耕载,而民莫不骑乘。……其后师旅数发,戎马不足,牸牝入阵。"为了增殖马匹,汉武帝采取了许多措施。如《汉书·武帝纪》:元狩五年,"天下马少,平牡马匹二十万"。颜注引如淳曰:"贵平牡马贾,欲使人竞畜马。"《食货志》下:约在元鼎五年(前112年),"令得畜边县,官假马母,三岁而归及息什一"。颜注引李奇曰:"边有官马,今令民能畜官母马者,满三岁归之,十母马还官一驹,此为息什一也。"师古曰:"车骑马乏绝,县官钱少,买马难得,乃著令令封君以下至三百石吏以上,差出牡(牝)马天下亭。亭有畜字马,岁课息。"征和四年(前89年),也就是汉武帝去世的前两年,下《轮台诏》文曰:"当今务在禁苛暴,止擅赋,力本农,修马复令以补缺,毋乏武备而已。"[①]至昭帝元凤二年(前79年),犹

---

① 《汉书·西域列传》下《渠犁传》。

下诏曰："颇省乘舆马及苑马,以补边郡、三辅传马。其令郡国毋敛今年马口钱,三辅、太常、郡得以菽粟当赋。"①这些资料足以证明:如果在元狩四年以前未开始"改邮为置",那么在元狩五年以后,则严重失去了开始改革的物质条件和客观需要。但如在元狩四年以前已着手"改邮为置",那么在此后的年月中,如果没有特殊的情况发生,此改革仍会或速或缓地继续下来。

为了证明汉武帝时确实"改邮为置",首先从文献中求其反映。《汉书·高帝纪下》:田横"乘传诣雒阳"。颜注引如淳曰:"《律》:四马高足为置传,四马中足为驰传,四马下足为乘传,一马二马为轺传,急者乘一乘传。"师古曰:"传者,若今之驿。古者以车,谓之传车。其后又单置马,谓之驿骑。"颜师古此说与《魏新律序》说的改革精神及"故后汉但设骑置而无车马"之说是一致的。又《史记·文帝本纪》:"以给置传。"《索隐》引乐彦云:"传、置一也。言乘传者,以传次受名;乘置者,以马取匹。"又引如淳云:"《律》:四马高足为传置,四马中足为驰置,下足为乘置,一马二马为轺置,如置急者乘一马曰乘也。"乐彦强调了"传"与"置"的主要区别在于以车为主还是以马为主。颜注所引如淳述《汉律》,以"传"为名;《索隐》引如淳述《汉律》,改以"置"为名。同一律文对法律规范重要事项的记述竟会有如此之不同,这不能不说是一件大事。此一改动出自何人之手,应当研究,只是本文无暇深涉。但可以肯定,这两种不同版本的律文,正反映了"汉改邮为置"前后两个时期的情况。

再以汉简所记为例。汉简中不见汉武帝以前的邮驿资料,但汉武帝后期至东汉初年的邮驿资料是很多的。就邮驿名称来

---

① 《汉书·昭帝纪》。

说,以置为名的占绝大多数,以邮为名的极少。今以居延汉简和敦煌汉简为例进行考察。居延汉简可分为两大批。第一批发现于1930年,约有一万枚,今称为居延旧简,主要部分收录于劳干撰《居延汉简考释》或中国社会科学院考古研究所编《居延汉简甲乙编》。第二批是1949年后陆续发现的,有一万九千余枚,今称为居延新简,主要部分收录于甘肃省文物考古研究所等编《居延新简》。两批简中之最早纪年为西汉武帝太初三年(前102年),最晚纪年为东汉光武帝建武八年(公元32年)。简中书有邮驿名称者共13枚,有邮驿名23个,实有邮驿14座,其中有置者6枚,有置名14个,实有置9座;有驿者5枚,有驿名7个,实有驿3座;有一邮者2枚,有邮名2个,实有邮2座。驿与置性质相同,合为12座,占实有邮驿的86%弱;邮2座,占实有邮驿的14%强,置有甲戌置、吞远置、新沙置、平林置等。驿为万年驿、武强驿、驳南驿;邮为王邮、黄邮,此二邮是否为邮驿名,还有争议。

敦煌汉简亦分为两大批。第一批包括了自20世纪初英人斯坦因收集所得及此后至1988年以前由我国学者历次收集或发掘所得,吴礽骧、李永良、马建华编《敦煌汉简释文》收入了这些汉简的主要部分,共有2484枚,其中包括了1987年所获悬泉置汉简64枚。① 这批简中之最早纪年为西汉武帝天汉三年(前98年),最晚纪年为东汉明帝永平十八年(75年)。第二批是近年由甘肃省考古工作者在甘肃敦煌至安西之间的汉代悬泉置遗址发掘所得,有二万五千余枚,称之为"悬泉置汉简"。由于尚

---

① 何双全《敦煌新出简牍辑录》谓在1990年以前,"陆续采拾69简"。李学勤主编:《简帛研究》(第一辑),第228页。

在整理,已见于书报的图版和释文,不足 20 枚,已知年代,未超出第一批的年代。上述汉简中书有邮驿名称者共 10 枚,有置名 11 个,实有置 3 座,为悬泉置、祁连置、鱼离置。其有纪年者分别为元康三年(前 63 年)、神爵二年(前 60 年)、五凤三年(前 55 年)等,均属西汉宣帝的年号,不见有驿和邮之名。据此,置名占汉简所记敦煌地区邮驿名的 100%。

上面的统计证明了汉武帝时确实进行过大规模的邮驿改革,主要是在传递方式方面,削减步递和传车,增加马递和骑置;邮驿机构亦相应的改变了名称,就是"改邮为置"。

"改邮为置"不是改所有的邮驿机构都称为置,相当于乡亭的基层邮驿并不改名,或称邮,或称亭,大致仍旧,负担近距离传递文书的任务,传递方式仍以步传为主。在汉简中,有大量的"以邮行""以亭行""以邮亭行"等记载,多是以"行者走"[①]为其基本特点。

置的间距与其方位

应劭说的第二句话:"置者,度其远近之间置之也。"说的是置的间距与方位问题。

任何邮路上的大小邮驿之间,必须有明确的里程,记载这样的里程的簿书叫作"邮驿道里簿"。此制大约在周代已经行用。《周礼·地官·掌节》:"皆有期以反节。"郑注:"将送者执此节以送行者,皆以道里日时课,如今邮行有程矣!"如上所述,邮递

---

① 甘肃省文物考古研究所等编《居延新简》,第 286 页,编号破城子探方五三 (E. P. T53:85);第 360 页,编号破城子探方五九(E. P. T59:17)。

二原则是迅速、准确、安全。路程明确后,迅速邮递是首要的任务。《韩非子·难势》:"夫良马固车,五十里而一置,使中手御之,追速致远,可以及也,而千里可日致也……"卫宏《汉官旧仪》卷上:"奉玺书使者乘驰传。其驿骑也,三骑行,昼夜行千里为程。"①对准确、安全两原则的要求也是严格的。云梦秦简《行书》:

> 行传书、受书,必书其起及到日月夙莫(暮),以辄相报殹(也)。书有亡者,亟告官。隶臣妾老弱及不可诚仁者勿令。书廷辟有曰报,宜到不来者,追之。 　行书。②

在汉简中有关传递文书的行程、时间的记录很多,亦有类似云梦秦简的"行书"奖惩条例,这都是为了保证传递文书的迅速、准确、安全。例如:

> 南书二封皆都尉章·诣张掖大守府·甲戌六月戊申夜大半三分执胡卒□受
> 　　　　不备卒缚己酉平旦一分付诚北卒良
> 　　　　　　　　(352)③
> 官去府七十里书一日一夜当行百六十里书积二日少半日乃到解何书到各推辟界中必得事案到如律令言会月廿六日会月廿四日　　8A

---

① 孙星衍等辑、周天游点校:《汉官六种》,中华书局,1990年,第31页。
② 睡虎地秦墓竹简整理小组:《睡虎地秦墓竹简》,文物出版社,1978年,第1044页。
③ 以上三简依次见中国科学院考古研究所编《居延汉简甲编》上,第17页。

不中程百里罚金半两过百里至二百里一两过二百里二两

不中程车一里夺吏主者劳各一日二里夺令□各一日 8B①

那么汉代置的间距有多少里呢？在文献中有这样一些记载:《后汉书·舆服志上》:"驿马三十里一置。"《和帝纪》:"十里一置,五里一候。"在此前者,《韩非子》有"五十里而一置"之说;存此后者,唐代则有"三十里一驿"②之说。这些都是书面语言,不可一概而论。因为邮驿有级别,道路有难易,不同级别、不同道路的邮驿有不同的间距。应劭所说的置是县级邮驿,但它与县城中的传舍不同,是设于两县交界处的重要邮驿。两县城间不足百里者则不设;如两县城间超过百里者,则择界上适当的处所设置。这就是应劭所说:"置者,度其远近之间置之也。"

为说明这一论点,可以如下两"邮驿道里簿"为例。在《居延新简》中有一件属于西汉中后期的"邮驿道里簿"③,记载了自京师长安西经右扶风、安定、武威三郡,至张掖郡西部的县级邮驿名称及其里程。所记邮路分为四段,各段不连贯,兹录如下:

长安至茂陵七十里　　　茂陵至茯置卅五里

茯置至好止七十五里　　好止至义置七十五里

---

① 甘肃省文物考古研究所等编《居延新简》,第554页,编号甲渠塞第四燧探方二(E.P.S4T2:8A,8B)。
② 《旧唐书·职官二·兵部尚书·驾部郎中》。
③ 甘肃省文物考古研究所等编《居延新简》,第395、396页,编号破城子探方五九(E.P.T.59:582)。

月氏至乌氏五十里　　　　乌氏至泾阳五十里
泾阳至平林置六十里　　　平林置至高平八十里

媪围至居延置九十里　　　居延置至䚟里九十里
䚟里至揟次九十里　　　　揟次至小张掖六十里

删丹至日勒八十七里　　　日勒至钧著置五十里
钧著置至屋兰五十里　　　屋兰至氐池五十里

长安属京兆尹,为京师所在地;茂陵、茯置、好止(畤)、义置属右扶风,月氏、乌氏、泾阳、平林置、高平属安定郡,媪围、居延置、䚟里、揟(揂)次、小张掖(张掖)属武威郡,删丹、日勒、钧著置、屋兰、氐(氏)池属张掖郡。上述四段邮驿均设于县治较密之区,每段只在一郡之内,以置调节相邻两县之邮路远近。

在"悬泉置汉简"中也有一件"邮驿道里簿"①,大约属于东汉前期的遗物,记载了自武威郡中部向西经张掖、酒泉二郡至敦煌郡东部的县级邮驿名称及其里程。所记邮路分为三段,各段亦不连贯。兹录如下:

仓松去鸾鸟六十五里　　　鸾鸟去小张掖六十里
小张掖去姑臧六十七里　　姑臧去显美七十五里

氐池去觻得五十四里　　　觻得去昭武六十二里

---

① 何双全《敦煌悬泉置和汉简文书的特征》图版1之7及录文。(日)大庭修编辑《汉简研究的现状与展望》(1992年"汉简研究国际讨论会报告书"),关西大学出版部出版。

昭武去祁连置六十一里　　祁连置去表是七十里

玉门去沙头九十九里　　沙头去乾齐八十五里
乾齐去渊泉五十八里

右酒泉郡县置十一
六百九十四里

仓松、鸾鸟、小张掖（张掖）、姑臧、显美属武威郡。《后汉书·郡国志》五《武威郡》："显美，故属张掖。"坚（氐）池、觻得、昭武、祁连置属张掖郡，表是（氐）属酒泉郡，玉门、沙头、乾齐属酒泉郡，渊（拼）泉属敦煌郡。上述三段邮驿亦均设于县治较密之区，每段基本上在一郡之内，其最后一站则设在西面临郡境内。显美在西汉属张掖郡，可能在东汉前期作此"道里簿"时，其隶属尚未改。昭武去表是（氐）为一百三十一里，中间设祁连置以调节远近。其他路段的相邻两县城间不足百里，不设置。"道里簿"将县与置同等排列，最后总结曰"右酒泉郡县置十一"，都是县与置为同级之证。还有一点应当指出，上述三段邮路上的邮驿均破郡成组，这与前引西汉"道里簿"的邮驿分组各在一郡有很大的不同；最后说"右酒泉郡县置"若干，意味着上述三段绵亘于武威、张掖、酒泉、敦煌四郡的邮路及其机构均归酒泉郡管辖。这些情况说明了此时的邮驿管理已打破了郡界，实行管理区制。河西四郡基本上是一个大管理区，酒泉郡太守兼任这个大管理区的主管长官。酒泉郡所以会膺此荣任，是和该郡地处河西走廊之中，又北与通向居延属国的邮路交会，是丁字形大道的中心分不开的，又该郡的军事、政治地位也非常重要。但是，

"追里薄"上所记"县置十一,六百九十四里"一事可能有误,实际是"县置十四,七百五十六里"。

　　如果上面的论证可以成立,那么应劭的"汉改邮为置"之说就是事实。此说简明扼要地记录下了汉武帝的一项重要的已鲜为人知的功业,这就是对当时正在发展的邮驿事业的一次重大改革。从此,邮驿制度在很大的程度上改变了它的贵族性和落后状态,加强了它的实用性和进步性,突出了邮驿的迅速、准确、安全的特点。这次改革不仅对当时的军事、政治需要发挥了积极的作用,而且对推动此后中国的邮驿和交通事业进一步发展,对促进各地各民族间的经济、文化交流,对巩固和加强祖国的统一,都起了很大的作用。

论中国古代土地私有制形成的三个阶段*

我国古代的土地所有制形式和世界上的许多国家或民族一样,曾经历了国有制和私有制两个阶段。关于我国古代土地国有制的瓦解和土地私有制的形成问题,"四人帮"的御用工具梁效、罗思鼎之流发表过许多谬论。他们从反革命的影射史学出发,极力夸大所谓"法家"帝王将相的历史作用。他们说:"商鞅颁布'开阡陌封疆'的法令,废除了井田制,承认地主、自由民土地私有制,这是生产关系方面的一次根本性的大变革,它摧毁了奴隶制度的经济基础,奠定了地主经济在秦国的支配地位。"①这就是说,我国古代土地国有制瓦解和土地私有制形成的决定因素不是别的,是商鞅的一纸"法令"。这是唯心主义英雄史观的典型表现。林彪、"四人帮"的黑干将、反革命小丑戚本禹曾恶毒污蔑著名的马克思主义史学家翦伯赞先生"把帝王及地主阶级的国家和法律都当作超阶级的偶像来崇拜"②。这真是这伙惯于贼喊捉贼的黑帮们绝妙的自我写照。

土地国有制瓦解和土地私有制形成,是社会生产力发展引起的,是阶级斗争推动的,而且有一个相当长的变革过程。马克思说:"土地私有制已经通过房屋及农作园地的私有渗入公社内部,这

---

* 《北京大学学报》(哲学社会科学版),1978年第2期。
① 梁效:《论商鞅》,《红旗》1974年第6期。
② 戚本禹、林杰、阎长贵:《翦伯赞同志的历史观点应当批判》,《红旗》1966年第4期。

就可能变为从那里准备对公有土地进攻的堡垒。……首先会破坏耕地的公有制,然后会破坏森林、牧场、荒地等等的公有制;一旦这些东西变成了私有制的公社附属物,也就会逐渐变成私有了。"① 这就是说,土地私有制的形成过程可分为三个阶段,最先私有的是属于土地的重要组成部分之一的"宅圃"②,继而私有的是"耕地",再次私有的则是"山林川泽"。我国古代的土地国有制是以农村公社土地公有制为基础建立起来的,这一土地所有制的破坏和土地私有制的形成过程,基本上也是沿着这一规律进行的。

一

我国古代土地国有制的典型时期,据现有材料来看,是在西周的前期。当时的封建国家的最高统治者周天子(王)是土地的所有者,也是附着于土地上的广大农奴的主人。

关于农村公社尚未瓦解就进入阶级社会,从而使原来的土地村社公有制转变为封建领主土地所有制即土地国有制的事实,在世界上许多国家中,都曾经历过。例如欧洲的多瑙河流域诸公国,"那里原来的生产方式是建立在公社所有制的基础上的……一部分土地是自由的私田,由公社成员各自耕种,另一部分土地是公田,由公社成员共同耕种。这种共同劳动的产品,一

---

① 马克思:《给维·伊·查苏利奇的复信草稿——三稿》,见《马克思恩格斯全集》,第19卷,第450页。
② 宅圃,马克思称之为"房屋及农作园地",恩格斯称之为"宅地"。中国古代宅圃的具体情况,如《孟子·梁惠王上》所说的"五亩之宅,树之以桑",《荀子·大略》所说的"家五亩宅",皆是。

部分作为储备金用于防灾备荒和应付其他意外情况,一部分作为国家储备用于战争和宗教方面的开支以及其他的公用开支。久而久之,军队的和宗教的头面人物侵占了公社的地产,从而也就侵占了花在公田上的劳动。自由农民在公田上的劳动变成了为公田掠夺者所进行的徭役劳动。于是农奴制关系随着发展起来"①。

　　西周对黄河流域和淮、汉上游广大地区的军事占领过程,也就是土地国有制形成和发展的过程。这一点是和多瑙河流域诸公国基本相同的。《左传》定公四年(公元前506年)记述周人对商奄等地区的军事占领时说:"昔武王克商,成王定之,选建明德,以藩屏周。故周公相王室以尹天下,于周为睦。分鲁公以大路、大旂,夏后氏之璜,封父之繁弱,殷民六族:条氏、徐氏、萧氏、索氏、长勺氏、尾勺氏,使帅其宗氏,辑其分族,将其类丑,以法则周公。用即命于周,是使之职事于鲁,以昭周公之明德。分之土田陪敦(郭沫若同志说,应作附墉)、祝宗卜史、备物典策、官司彝器,因商奄之民,命以《伯禽》,而封于少暤之虚。"文中对于康叔建卫、唐叔建晋(初称唐)记述曰:"分康叔以大路、少帛、绮茷、旃旌、大吕,殷民七族:陶氏、施氏、繁氏、锜氏、樊氏、饥氏、终葵氏,封畛土略,自武父以南,及圃田之北竟,取于有阎之土以共王职,取于相土之东都,以会王之东蒐。聃季授土,陶叔授民。命以《康诰》,而封于殷虚。皆启以商政,疆以周索。分唐叔以大路、密须之鼓,阙巩、沽洗,怀姓九宗,职官五正。命以《唐诰》,而封于夏虚。启以夏政,疆以戎索。"《诗经》中类似的记载也很多。《鲁颂·闷宫》曰:"乃命鲁公,俾侯于东,锡之山川,土

---

① 马克思:《资本论》,第1卷,人民出版社,1975年,第265页。所谓"自由的私田"是归私家使用的"公田"。

田附庸。"《大雅·崧高》曰:"王命申伯,式是南邦;因是谢人,以作尔庸。王命召伯,彻申伯土田;王命傅御,迁其私人。"《大雅·韩奕》曰:"王锡韩侯,其追其貊,奄受北国,因以其伯。实墉实壑,实亩实藉,献其貔皮,赤豹黄罴。"所谓"聃季授土,陶叔授民""锡之山川,土田附庸""因是谢人,以作尔庸""奄受北国,因以其伯"等等,都是关于在新占区建立以土地国有制为基础的封建统治的描述。铜器铭文中的"授民授疆土"①,也是指这种情况说的。总的来说,周天子按照封建等级制原则把不断扩大的疆域之内的土地陆续分封给他的子弟、亲戚、功臣,为诸侯。周天子又把邦畿之内、诸侯把封区之中的土地,以同样方式分封给自己的卿、大夫、士。天子拥有土地所有权,诸侯和卿、大夫、士拥有不同程度的土地占有权,广大村社成员本来拥有土地使用权,这时由于已沦为农奴,所谓"民年二十受田,六十归田"②的权利,却变成了必须为封建领主提供贡赋和劳役的义务。《诗·小雅·北山》曰:"溥天之下,莫非王土;率土之滨,莫非王臣。"《国语·晋语》四曰:"公食贡,大夫食邑,士食田,庶人食力。"这些都是当时的封建统治者对于土地国有制及与之相适应的剥削制度的歌颂。马克思在分析这类的土地制度时说:"那高居在所有这一切小集体之上的结合的统一体以最高的所有者或唯一的所有者的资格而出现,实际的公社,却因此不过作为承袭的占有者而出现,而这种情形和上述形态丝毫也不矛盾。"③这个话用来说明西周时期的土地国有制度也是很适当的。西周

---

① 大盂鼎铭文。
② 《汉书·食货志上》。
③ 马克思:《资本主义生产以前各形态》,人民出版社,1956年,第5页。着重点是原有的。

时期的土地国有制也叫作井田制,在当时,土地买卖关系不曾发生。

那么土地国有制从什么时间开始没落,以宅圃私有为标志的土地私有制形成的第一阶段从什么时间开始产生的呢?为了回答这个问题,我们首先应当明确什么是土地所有权(即私有权)的标志。关于土地所有权的标志,马克思曾做过这样的解说:"土地所有权的前提是,一些人垄断一定量的土地,把它作为排斥其他一切人的、只服从自己个人意志的领域。"①具体地说,就是按照私人意志而进行的土地赠送、遗产继承、抵押、典当以及买卖等让渡关系,都是土地所有权存在的标志。而土地买卖关系的产生和存在,则是土地所有权最基本最主要的标志。因此,马克思说:"土地所有者可以像每个商品所有者处理自己的商品一样去处理土地。"②恩格斯说"完全的、自由的土地所有权,不仅意味着毫无阻碍和毫无限制地占有土地的可能性,而且也意味着把它出让的可能性"③。列宁亦说:"这种私有制的真正自由,没有土地买卖的自由是不行的。土地私有制意味着必须用资本来购买土地。"④

关于宅圃问题在西周初年的文献中已有记载,是和耕地连在一起的。如《尚书·多士》记载周公对殷之遗民曰:"今尔惟时宅尔邑,继尔居。"《多方》亦曰:"今尔尚宅尔宅,畋尔田。"郭沫若同志解释说:"并不是宅尔所有之宅,畋尔所有之田,而是宅

---

① 马克思:《资本论》,第3卷,人民出版社,1975年,第695、696页。
② 同上。
③ 恩格斯:《家庭、私有制和国家的起源》,人民出版社,1972年,第164页。
④ 列宁:《社会民主党在1905—1907年俄国第一次革命中的土地纲领》,见《列宁全集》第13卷,第291页。

尔所宅之毛，畇尔所畇之田。那些田宅只是享有的对象，而不是所有的对象。"①因之，"田里不粥（鬻）"②。

可是自成王以后，社会生产力的发展较快。由于青铜手工业的发展，大量的青铜手工工具的出现，为以耒耜为主的木制农具的制作创造了十分有利的条件，从而促进了掘土、除草和开沟引灌技术的发展。少量刀口锋利的青铜镰刀③和铜口锄④的铸造，也意味着农业生产技术的进步。随着社会经济的发展，早期的田、宅让渡关系也已发生了。《礼记·曲礼上》曰："献田、宅者操书致。""献"，郑玄注《周礼·天官·玉府》曰："古者致物于人，尊之则曰献。""书"就是书契。《周礼·天官·小宰》曰："听取予以书契。"孙诒让《正义》曰："凡以文书为要约，或书于符券，或载于簿书，并谓之书契。"可见上引《曲礼》所记，是一种田、宅让渡关系，并且使用了文书、契券之类的凭据。《墨子·杂守》曰："民献粟米、布帛、金钱、牛马、畜产，皆为置（值）平贾，与主券书之。"可见献其他财物，亦用文书、契券。至于这时的田、宅是否和粟米、布帛一样，属于私有财产呢？不能做这样的估计。作为西周前期的社会现象，对耕地来说，只能是田面使用权的让渡关系。对宅圃来说，私有权性质应当更大一些。

西周中期，耕地让渡关系进一步发展。从铜器铭文所反映的情况来看，耕地的赠送、赔偿、互换乃至抵押、典当等关系均已发生。西周共王时期的格伯簋铭文曰："格白（伯）受良马乘于

---

① 郭沫若：《奴隶制时代》，科学出版社，1956年，第14页。
② 《礼记·王制》。里，可释作邑，也可释作宅地。
③ 南京博物院、南京市文物保管委员会、江苏省文物管理委员会、江苏省博物馆《江苏省出土文物选集》图68。
④ 山东省博物馆藏。

西周格伯簋及其铭文(藏于北京故宫博物院)

倗生,乎宾(贮)卅田。"①卫盉铭文曰:"矩白(伯)庶人取堇章于裘卫,才八十朋乎宾,其舍田十田。"②五祀卫鼎铭文曰:"女(汝)宾田不,余睿(审)宾田五田。"③这些耕地让渡关系中都有一个"贮"字。郭沫若同志释曰:"贮者赋也,租也。"④唐兰同志认为,格伯簋与卫盉、五祀卫鼎铭文的"贮是租田"⑤。杨树达释格伯簋之"贮"为贾,"即今价值之价"⑥。这三种解释虽有差别,但总的精神是说明一种物的让渡关系,是有道理的。不过,我认为就格伯簋等三器来说,"贮"字当是"赎"的假借字。"贮""赎"两

---

① 郭沫若《两周金文辞大系图录考释》格伯簋铭文。
② 岐山县文化馆、陕西省文管会:《陕西省岐山县董家村西周铜器窖穴发掘简报》,《文物》1976年第5期。
③ 同上。
④ 郭沫若《两周金文辞大系图录考释》沈子簋铭文。
⑤ 唐兰:《陕西省岐山县董家村新出西周重要铜器铭辞的释文和注释》,《文物》1976年第5期。
⑥ 杨树达:《积微居金文说》,卷一《格伯簋跋》、卷二《舀鼎再跋》。

宁声纽相近,韵可旁转。杨树达谓卖为赎之初文①。王念孙《广雅疏证》曰:"赌者,《玉篇》赌,卖也。《广韵》云:贮也。谓贮货而卖之也。"《玉篇·贝部》曰:"赎,质也。"《说文·贝部》曰:"质,以物相赘。""赘,以物质钱也。"由此看来,"贮"字可以表现为一种抵押、典当关系。也就是说,格伯簋等三器所记,是耕地的抵押、典当关系。由于当时耕地私有权还没有产生,因此这种关系还仅限于在贵族领主之间进行,而且必须经过周天子或其代理人的同意,并要在朝廷中登录备案。但是不管怎样,耕地抵押、典当关系的出现,肯定是耕地的私有因素增长的反映。

耕地抵押、典当关系的发生对于耕地买卖关系的出现有重大意义。关于这一点,将在后面论述。这里要谈的,是关于耕地抵押、典当关系的出现和宅圃买卖关系产生的关系问题。

关于宅圃先于耕地私有的问题,除了上引马克思的论述外,恩格斯也说:"(古日耳曼人)变成个人私有财产的第一块土地乃是宅地。"②再从民族学资料来看,在印第安人的农村公社中,"只有住宅(庄园)(ycaəb6a)和周围的园圃被认为是公民的私有财产。可耕地和割草用地是每个村落的财产,由各个公民耕种,是不缴纳任何地租的"③。我国云南潞西县傣族、勐海县布朗族、贡山县独龙族在解放以前的社会情况也是如此④。可见

---

① 恩格斯:《德国古代的历史和语言》,人民出版社,1957年,第138页。
② 同上。
③ 马克思:《科瓦列夫斯基〈公社土地占有制,其解体的原因、进程和结果〉一书摘要》,人民出版社,1965年,第22页。
④ 关于布朗族、独龙族的社会情况,参看满都尔图:《试论原始公社末期土地私有制的发展》,《历史研究》1976年第4期。关于潞西傣族,笔者于1958年8至12月在该县参加过该民族的社会历史调查,并写有调查报告。

在土地私有制形成的过程中，宅圃先于耕地而私有是一个普遍规律。那么这些民族的宅圃的买卖关系发生的时候，耕地处于什么状态呢？就是耕地的抵押、典当关系在贵族中已经出现。从例证的广泛性来看，这一情况具有规律性。据此，我们推知，我国古代以宅圃买卖为标志的土地私有制形成的第一个阶段，应当开始于耕地抵押、典当关系发生的西周中期。

土地私有制形成第一阶段的下限在春秋末年，这是十分明确的。《韩非子·外储说左上》篇曰：晋国赵襄子执政时，中牟令"王登一日而见二中大夫，予之田宅。中牟之人弃其田耘，卖宅圃，而随文学者，邑之半"。有意思的是中牟之人为什么"弃"田耘，"卖"宅圃，而不是卖田地，卖宅圃呢？所以如此，比较合理的解释是，在春秋末年，至少在赵氏贵族统治的中心中牟地区，仍还停留在宅圃可以买卖、耕地不能买卖的阶段。稍后于此的战国时期，宅圃、耕地就都可以买卖了，土地私有制形成的第二阶段也就开始了。

二

现在我们再来考察以耕地买卖为标志的土地私有制形成的第二阶段的问题。

上面我们已经谈过，西周中期发生的耕地抵押、典当关系只是耕地使用权的让渡，不是所有权的让渡，因为所有权仍属于封建国家。可是，这样的让渡关系也不是平地产生的，是和当时正在发展的商品货币关系以及高利贷关系分不开。这种关系的出现，对于导致耕地所有权的私有化和耕地买卖关系的产生起着巨大的促进作用。马克思说："封建土地所有权之非自愿的让渡,是和高利贷及货币一同发展的。"①恩格斯说"土地所有权刚一确立,抵押制就被发明出来了(见关于雅典一节)。……如今抵押制也紧紧跟着土地所有权而来了。你们希望有完全的、自由的、可以出售的土地所有权"②发生了。这些精辟的见解为前面讲到的我国少数民族的社会历史所证实,同样也符合我国古代华夏族(汉族前身)的历史情况。

西周后期,社会生产力进一步发展,铁农具可能在此时已出现了,耕地所有权的私有性也在逐渐加强。《诗·大雅·瞻卬》曰:"人有土田,女(汝)反有之;人有民人,女覆夺之。"这些诗句反映了当时的周天子和贵族领主之间争夺田地和劳动人手的情况。至于春秋,周王室更加没落,许多诸侯和卿大夫日益强大。《左传》成公十一年(前580年)有一段关于晋大夫郤至和周简王争田请晋侯评理的记载,文曰:"晋郤至与周争鄇(温别邑)田。王命刘康公、单襄公讼诸晋。郤至曰:'温,吾故也,故不敢失。'刘子、单子曰:'昔周克商,使诸侯抚封,苏忿生以温为司寇,与檀伯达封于河。苏氏即狄,又不能于狄而奔卫。襄王劳文公而赐之温,狐氏、阳氏先处之,而后及子。若治其故,则王官之邑也,子安得之?'晋侯使郤至勿敢争。"天子与诸侯的大夫争田,请诸侯评理,这在过去是没有的。天子的没落竟达到如此程度!此时天子的土地所有权在诸侯国中已被取消。所以至春秋后期,有人提出了这样的说法:"封略之内,何非君土;食土之毛,谁非君臣。"③由"溥天之下,莫非王土;率土之滨,莫非王臣"这

---

① 马克思:《剩余价值学说史》第3卷,生活·读书·新知三联书店,1957年,第540页,注3。
② 恩格斯:《家庭、私有制和国家的起源》,人民出版社,1972年,第165页。
③ 《左传》昭公七年。

一概念,发展到上引"君土""君臣"的概念,反映了土地所有权的重大变动,这时的土地国有制已不再是以周天子为代表的周王室所有,而是为一个一个割据独立的诸侯国所有。此外,在日益加剧的土地争夺中,各级领主贵族都在设法加强他们对采邑或其他占有土地的私有权。大量新开垦的田地被据为私有。于是导致了从公元前7世纪中期齐国"相地而衰征"开始的,中经鲁国"初税亩"、楚国"量入修赋"、秦国"始征晋河东"等等一系列的赋税改革。直到秦简公七年(前408年)"初租禾"①,这一改革才在各国中基本完成。这些赋税改革是土地国有制(也就是井田制)瓦解、土地私有制产生发展的反映。

尽管如此,直到春秋末年,耕地的买卖关系并没有发生。《左传》襄公四年(前569年)记晋大夫魏绛对晋悼公曰:"和戎有五利焉:戎狄荐居,贵货易土,土可贾焉。"《国语·晋语》(七)记魏绛对晋悼公曰:"且夫戎狄荐处,贵货而易土,予之货而获其土,其利一也。"这里所说的货,不是充当一切商品的等价物的货币,是"金玉布帛之总名"②,这里所说的土,也不是有固定亩积的田地,而是疆土之意。因此,这两条材料所反映的,不是用货币购买作为商品而出卖的耕地,而是属于邦国之间以财物交换疆土的具有政治性的关系。当然"土可贾焉"一语,亦报道了耕地买卖关系即将发生的信息。

战国时期,不仅宅圃买卖关系进一步发展,更重要的是以耕

---

① 《国语·齐语》:"管子对曰:'相地而衰征,则民不移。'"《左传》宣公十五年:"初税亩。"襄公二十五年:"(楚蔿掩)书土田:度山林,鸠薮泽,辨京陵,表淳卤,数疆潦,规偃猪,町原防,牧隰皋,井衍沃。量入修赋,赋车籍马,赋车兵、徒卒、甲楯之数。"僖公十五年:"于是秦始征晋河东,置官司焉。"杜注:征,赋也。《史记·六国年表》:秦简公七年"初租禾"。

② 《书·周书·洪范》孔颖达疏。

地头买为标志的土地私有制形成的第二阶段开始了。商鞅变法对这一阶段的开始和发展起了促进的作用。《汉书·食货志上》引董仲舒曰:秦"用商鞅之法,改帝王之制,除井田,民得卖买"。《史记·赵奢列传》曰:"(赵)母上书言于王曰:括不可使将。……今括一旦为将,东向而朝军吏,无敢仰视之者。王所赐金帛,归藏于家,而日视便利田宅可买者买之。"这些事实都是有力的证据。

西汉时期,耕地买卖关系更加发展,而且成为耕地让渡关系的主要方式。有钱的人可以购买(包括强取豪夺)田地而成为大地主。如卜式,"入山牧十余岁,羊致千余头,买田宅"①。卓文君和她的丈夫司马相如,"买田宅,为富人"②。富商大贾"田连阡陌"的很多。贫穷的人有的没有土地,有的虽有小块土地,往往因出卖而破产。政论家晁错曰:"(农民)当其有者,半贾而卖;亡(无)者,取倍称之息,于是有卖田宅、鬻子孙,以偿责者矣!"③有些完全丧失了生活凭借的农民,官府"虽赐之田,犹贱卖以贾"④。耕地买卖关系,实质上就是土地兼并关系。这一关系是当时的社会贫富分化、阶级矛盾和斗争的杠杆。

耕地买卖关系产生后,就以其猛烈破坏土地国有制、建立土地私有制的特点而迅速发展着。主要表现,一是把社会各阶级、各阶层的人相继卷入到耕地买卖关系的洪流中,从根本上摧毁土地国有制;二是耕地买卖契约作为土地所有权的凭证受到社会的尊重和法律的保障。

---

① 《史记·平准书》。
② 《史记·司马相如列传》。
③ 《汉书·食货志上》。
④ 《汉书·贡禹传》。

耕地的买卖关系首先发生在拥有私有耕地的官僚和平民中间。不占有耕地的工商业者和对土地拥有特权的贵族,在相当的时间中,置身于土地买卖关系之外。

关于商人占有(私有)耕地或参与买卖耕地的情况,战国时期不见明确记载。董仲舒所说秦国的"民得卖买"的情况,有可能包括商人在内。《史记·萧相国世家》曰:"相国因为民请曰:'长安地狭,上林中多空地,弃,愿令民得入田,毋收藁为禽兽食。'上大怒曰:'相国多受贾人财物,乃为请吾苑。'"这条材料一方面反映了西汉建国之初,就存在着商人占田的情况;另一方面,也使我们感到商人占田不似从此时才开始,应当更早一些。刘邦实行"重农抑商"政策,制定了"商者不农"①的法令,规定有市籍的商人不得占有田地。这项法令在制定之初,在一定程度上起过作用。可是二十年后,至文帝时,情况就大不相同了,商人兼并农人,已成为严重的社会问题。晁错评论曰:"今法律贱商人,商人已富贵矣!尊农夫,农夫已贫贱矣!"又曰:"此商人所以兼并农人,农人所以流亡者也。"②商业资本与土地相结合,产生商人地主,这是中国封建社会史上一直存在的现象。这一现象在西汉文帝时,已经产生。西汉中期,司马迁曰:"以末致财,用本守之;以武一切,用文持之。变化有概,故足术也。"③这就是把商人购买田地,看成一种发家致富之道。当时的大商人如蜀之卓氏和程郑,宛之孔氏,宣曲之任氏,关中之田氏、栗氏、杜氏等,无不"规陂池",有"田池射猎之乐"④。商人地主已成为

---

① 《后汉书·文苑列传·黄香传》曰:"田令:商者不农。"此令当为刘邦时制定。
② 《汉书·食货志上》。
③ 《史记·货殖列传》。
④ 同上。

地主阶级的重要组成部分,官僚、商人、地主三位一体。武帝曾下令:"贾人有市籍者及其家属,皆无得籍名田以便农。敢犯令,没入田僮。"①哀帝的"限田"条例也规定:"贾人皆不得名田为吏,犯者以律论。"②前者贯彻不力,后者议而未行。商人兼并土地之势,日益严重。这是导致西汉王朝覆灭的重要原因之一。东汉时期,商人占田更无限制。仲长统曰:"井田之变,豪人货殖,馆舍布于州郡,田亩连于方国。"③至此,"商者不农"的律令或说教,已经成为陈腐不堪、不合时宜的旧概念,对商人更无约束力了。

战国时期,贵族占有私田的事例是有的,参与土地买卖关系的却不见记载。所以如此,和土地国有制瓦解不久,贵族们尚拥有某些土地特权有关。西汉初年,刘氏新贵们被封为诸侯王或列侯,政治、经济特权很大,"俸养"异常优厚,因之一时亦没有明显的占有私有土地的要求。他们为了欺骗人民,以巩固其统治,还编造了许多标榜天子、贵族、官僚不谋私利的谎言,到处传布。例如《韩诗外传》卷四曰:"天子不言多少,诸侯不言利害,大夫不言得丧,士不言通财货,不贾于道。故驷马之家不恃鸡豚之息,伐冰之家不图牛羊之入,千乘之君不通货财,冢卿不修币施,大夫不为场圃,委积之臣不贪市井之利,是以贫穷有所欢,而孤寡有所措其手足也。"可是随着土地私有制进一步发展,尤其是在"七国之乱"平定后,诸侯王们在大权被削,政治地位岌岌可危,"衣食租税"亦不可靠的形势下,情况在迅速发生变化。有些诸侯王、列侯开始谋求属于个人的私有土地,以作为万一被夺爵后的生活凭依。武帝即位之初,董仲舒就说今受禄之家,

---

① 《史记·平准书》。
② 《汉书·哀帝纪》。
③ 《后汉书·仲长统传》引《昌言·损益篇》。

"身宠而载高位,家温而食厚禄,因乘富贵之资力,以与民争利于下,民安能如之哉?是故众其奴婢,多其牛羊,广其田宅,博其产业,畜其积委,务此而亡已,以迫蹴民"①。这里所指高位厚禄之家应当包括一些贵族在内。西汉后期,情况就更加严重。哀帝刚即位,就下诏指出:"诸侯王、列侯、公主、吏二千石及豪富民多畜奴婢,田宅亡限,与民争利,百姓失职,重困不足。"可是这种贵族占私田的形势已无法阻挡,哀帝为了缓和日益严重的阶级矛盾,仅在"限田"条例中,规定"诸王、列侯得名田国中,列侯在长安及公主名田县、道,关内侯、吏民名田,皆无得过三十顷"。如淳注曰:"名田国中者,自其所食国中也,既收其租税,又自得有私田三十顷。名田县、道者,《令甲》:诸侯在国,名田他县,罚金二两。今列侯有不之国者,虽遥食其国租税,复自得田于他县、道,公主亦如之,不得过三十顷。"②这就是在法律上承认贵族可以占有私田,只是数量上略加限制而已。东汉初年,明帝为东海公时,曾对刘秀说:"河南帝城多近臣,南阳帝乡多近亲,田宅逾制,不可为准。"③刘秀的儿子济南王康有"奴婢至千四百人,厩马千二百匹,私田八百顷"④。贵族们兼并土地,已是无可奈何之事了。那些"仕者不耕,伐冰食禄之人不与百姓争利"的教条,早已被人们置诸脑后了。

西汉中期,汉武帝即参与了买卖性质的土地交换关系。《汉书·东方朔传》曰:武帝好微行,"以为道远劳苦,又为百姓所

---

① 《汉书·董仲舒传》。《史记·淮南衡山列传》记载:淮南王安、衡山王赐或其后、太子等,侵夺民田、宅、冢地为私有。
② 《汉书·哀帝纪》及注。
③ 《后汉书·刘隆传》。
④ 《后汉书·济南王康传》。

忠,乃使人中人大吾丘寿土与侍诏能用算者二人,举籍阿城以南,盩厔(周至)以东,宜春以西,提封顷亩及其贾直,欲除以为上林苑,属之南山。又诏中尉、左右内史,表属县草田,欲以偿鄠(户)、杜之民"。东方朔虽曾反对,汉武帝还是这样做了。西汉后期,成帝置私田。谷永谏曰:"《易》称:得臣无家。言王者臣天下,无私家也。今陛下……置私田于民间,畜私奴车马于北宫。……诸侯梦得土田,为失国祥;而况王者畜私田财物,为庶人之事乎?"①可是成帝没有采纳。皇帝置私田、为庶人之事的事件的发生,宣布了土地国有制的彻底崩溃,土地私有制完全确立。东汉初年,刘秀当了皇帝,仍在南阳保有旧有田宅,设人经管。他还常与皇后、皇子回乡探视祖业。东汉末年,灵帝在河间"买田宅,起第观"②,为他在皇位不保时,退而当一个大地主准备条件。

毛主席指出:"封建的统治阶级——地主、贵族和皇帝,拥有最大部分的土地,而农民则很少有土地,或者完全没有土地。农民用自己的工具去耕种地主、贵族和皇室的土地,并将收获的四成、五成、六成、七成甚至八成以上,奉献给地主、贵族和皇室享用。"③这样的以封建土地私有制为基础的土地分配形式和剥削关系是在土地国有制解体、土地私有制确立后逐步形成的,其形成时间就在西汉后期。这一情况在以后两千多年的封建社会中又有发展。

马克思说订结契约的双方"必须彼此承认对方是私有者"④。

---

① 《汉书·五行志上》。
② 《后汉书·宦者列传·张让传》。
③ 毛泽东:《中国革命和中国共产党》,《毛泽东选集》(四卷合订本),第587页。
④ 马克思:《资本论》第1卷,人民出版社,1975年,第102页。

证明土地私有权的合法性的重要根据,莫过于土地买卖契约。

在西周时期,已经出现了买卖契约。《周礼·地官·质人》曰:"质人掌成市之货贿,人民、牛马、兵器、珍异,凡买卖者质剂焉。"质、剂是两种大小不同的契约。那时未发生耕地买卖关系,因之也没有耕地买卖契约。可是,耕地的抵押、典当契约还是有的。格伯簋铭文有"则析"字样,矢人盘铭文有"氒左执缀(要)"字样。前者郭沫若同志释曰:"则析,谓析券成议也。"后者释曰:"缕,假为契要之要。下款谓其左执券……"又鬲从盨铭文有"氒右鬲从"字样,郭沫若同志释曰:"盖谓券契之右侧归鬲从存执。"①这些解释都是对的。不过书于鼎彝上的契约和一般商用契约不同,它不是普通商品所有权的让渡字据,而且涉及诸侯间封疆关系的会盟文书。《周礼·秋官·司约》曰:"凡大约剂书于宗彝,小约剂书于丹图。"郑玄注曰:"大约剂,邦国约也。书于宗庙之六彝,欲神监焉。小约剂,万民约也。"贾公彦疏曰:"丹图,则箸于竹帛,皆所以征信也。"这些材料对于西周的契约说得还是明确的。

春秋、战国时期有无土地契约,缺乏记载。唯一可供研究的,是《管子·禁藏》中的一句话。文曰:"户籍、田结者,所以知贫富之不訾也。"清人丁士涵曰:"结者,约也。"(《公羊传》"古者不盟,结言而退"。)《说文》"契,大约也"。《周礼》有"约剂"。《左传》襄公十二年"使阴里结之",结即《士师》之约剂也。又《司约》:"治地之约次之。"(注:"地约谓经界所至,田莱之比也",即此所谓"田结"也。)今用文书要约亦谓之结②。《史记·文帝本纪》曰:"民或祝诅上以相约结。"《汉书·文帝纪》作

---

① 郭沫若《两周金文辞大系图录考释》有关铜器铭文。
② 《管子集校》下《禁藏·杂篇四》及注。

以相约"。颜帅古注曰:"初为要约,共行祝诅。"由此看来,田结释为田约、田契是可以的。既然关系着贫富的问题,可能和耕地所有权有关系。

西汉时期的土地买卖关系已使用契约,这是无可否认的事实。保存到今天的"受奴卖田契"是西汉中后期或两汉之际的契约实物,已残,文曰:"☐置长乐里受奴田卅氏(亩),贾钱九百,钱毕已。丈田,即不足,计亩数瓛(环)钱。旁人淳于次孺、王充、郑少卿,古(沽)酒旁二斗,皆饮之。"①这个契约与后代的田契相比较,主要内容如卖主、亩积、田价、交割、证人等项目一一具备,格式基本定形。由此可以推知,卖田契已使用相当久了。东汉时期的遗物"建初六年麋婴玉地券""建宁二年王☐卿买地铅券""建宁四年孙成铅地券""光和元年曹仲成铅买冢地券""〔光〕和五年刘公砖地券""樊利家买地铅券""房桃枝买地铅券"②等,都载有买主姓名,田地坐落、四至,内容更加完备。契约亦称"私约"。谢承《后汉书》曰:"卖买私约。"③但是这种私约都得到了法律的保障。《周礼·秋官·士师》曰:"凡以财狱讼者,正之以傅别、约剂。""傅别""约剂"同是契约。郑玄注引郑司农曰:"若今时市买,为券书以别之,各得其一,讼则案券以正之。"晋"杨绍买地莂"铭曰:"民有私约如律令。"④正因为

---

① 考古研究所《居延汉简甲编·释文》(二五四四 A、B)按:"瓛"当作"环",即"还"。"商人"当作"旁人"。契约根据用途的不同,主要分为三种,即《周礼·天官·小宰》曰:"称责以傅别","取予以书契","卖买以质剂"。
② 依次分别见于罗振玉《地券征存》,罗振玉《丙寅稿》,罗振玉《蒿里遗珍》,[日]下中弥三郎《书道全集》卷三,《望都二号汉墓》第13页,《丙寅稿》,《地券征存》。
③ 《后汉书·方术列传·公沙穆传》注。
④ 钱大昕:《十驾斋养新录》卷十五《杨绍买地券》条。

东汉《侍廷里父老僤买地约束地券》拓本

如此,所以契约有"丹书铁券"之喻。当然上面所提到的买地券多为明器;可是人们对于冥间的设想,正是以人间的现实生活为依据的。因此,宋人陶穀曰:明器买地券"例用朱书铁券,若人家契帖,标四界及主名"①。此后两千年间,我国的土地买卖契约的基本内容和法律功效无大变化。

恩格斯说:"纵然不是全数,至少大多数合亩制,都已经死灭了,变成了耕种小块私有土地农民的普通的村落,只不过还共同利用森林和牧场而已。"②我国古代的宅圃和耕地相继私有之

---

① [宋]陶穀:《清异录》卷下《丧葬·土筵席》。
② 恩格斯:《德国古代的历史和语言》,人民出版社,1957年,第138页。

后,山林川泽还在一个相当长的时间中为公社集体所有。西汉中期以后,不仅宅圃、耕地可以买卖,山林川泽也开始私有并买卖了,土地私有制形成的第三阶段也就开始了。

三

我国古代山林川泽私有制的产生和买卖关系的出现,经过了一段曲曲折折的道路,斗争也很激烈。

西周前期,山林川泽也属于封建国家。《礼记·王制》曰:畿外"名山大泽不以封",畿内"名山大泽不以盼(颁)"。所以如此,郑玄注曰:"与民同财者。"其实,主要原因是由于当时的社会生产力较低下,对山林川泽的开发很少,经济收益不大,人们对此亦无多大兴趣。此外,周天子还因有五岳四渎之祀,因之有不封之说。至于一般山林川泽,无人经管,人民"以时入而无禁"①,封建国家虽设有山虞、林衡、川衡、泽虞等官②,名为掌山林川泽的政令,只不过为定期向樵采、渔捞的人们征收贡税而已。西周后期,社会生产力有所发展,人们对于山林川泽的兴趣与日俱增,于是封建统治者和人民群众之间为争夺山林川泽的权利而进行的斗争在激烈进行着。周厉王任用荣夷公,对邦畿内的山林川泽实行"专利",这就侵害了广大人民的利益,以致引起"国人"暴动③。厉王逃于彘(今山西霍县),王位空悬十四年之久。

春秋时期,随着"封略之内,何非君土"的所有权概念的形

---

① 《盐铁论·力耕》。
② 《周礼·地官·司徒》。
③ 《国语·周语上》。

成,山林川泽也各属于所在诸侯国。这些诸侯进一步加强其对于山林川泽的控制。晏婴曰:齐国"山林之木,衡鹿守之;泽之萑蒲,舟鲛守之;薮之薪蒸,虞候守之;海之盐蜃,祈望守之"①。杜注:"言公(齐侯)专守山泽之利,不与民共。"臧僖伯曰:鲁国"若夫山林川泽之实、器用之资、皂隶之事、官司之守,非君所及也"②。杜注:"是小臣有司之职,非诸侯之所亲也。"设禁之严也是空前的。《管子·地数》曰:"苟山之见荣者,谨封而为禁。有动封山者,罪死而不赦。有犯令者,左足入,左足断;右足入,右足断。"《左传》昭公十六年,子产曰:"有事于山,蓺山林也,而斩其木,其罪大矣。"夺之官邑。

战国秦汉时期,社会生产力发展迅速,封建国家对山林川泽的垄断更严重。商鞅在秦国实行"壹山泽"③的政策,不仅山林川泽归封建国家独占,也由封建官府开采、专营。《盐铁论·非鞅》曰:"昔商君相秦也……收山泽之税,国富民强,器械完饰,蓄积有余。"商鞅实行"壹山泽"政策,这是封建国家向商人和农民争夺山林川泽权利的一项重要政策。

秦代,山林川泽归少府管辖,收益归皇帝享用。西汉沿用此制。汉武帝时,一度改归大司农,后又归少府。东汉一开始,又归大司农。《续汉书·百官志》曰:"承秦,凡山泽陂池之税,名曰禁钱,属少府。世祖改属司农。"

关于山林川泽的经营,西周时期对使用者实行贡税制度。春秋时期由于山林川泽逐渐开发,至少在齐国,已实行"占租制度"。这种制度的基本特点是由封建国家将某处山林川泽出租,

---

① 《左传》昭公二十年。
② 《左传》隐公五年。
③ 《商君书·垦令》。又《穀梁传》僖公九年范注:"壹,犹专也。"

由某商人承租生产，上缴租税。《管子·轻重乙》引管仲曰"与农量其重，计其赢，民得其十（当为七），君得其三"，"则民疾作而为上虏矣"。国家所收租税，为利润的百分之三十。战国时期，除秦国实行盐铁国营外，关东六国大约都实行盐铁"占租制度"。当时著名的大冶铁家赵之郭纵、卓氏、魏之孔氏等，都以承租矿山，经营铁冶而致富。秦代设铁官，继续实行商鞅的"壹山泽"政策。西汉前期，又改行"占租制度"。《汉书·食货志下》引贾谊曰："法使天下公得顾租，铸铜锡为钱。"《盐铁论·水旱》引贤良曰："故民得占租鼓铸、煮盐之时，盐与五谷同贾，器利而中用。"顾租和占租同义。封建皇帝如将某处山林川泽赐予大臣或亲信，受赐者亦可将所赐出租。如汉文帝将临邛县的铜、铁矿山赐给了幸臣邓通，"通假民卓王孙，岁取千匹。故王孙货累巨万亿，邓通钱亦尽天下"①。占租制固然使封建国家获得部分利益，但主要获利者是承租的商人。所以蜀之卓氏、程郑等，"富至僮千人，田池射猎之乐，拟于人君"。宛之孔氏，"家致富数千金"。曹邴氏"起富至巨万"②。大盐商齐之东郭咸阳，"致生累千金"③；刁间"起富数千万"④。由此可以看出，占租制的经营方式，"公家有鄣假之名，而利归权家"⑤。可是如果封建国家放弃这个办法，放松对山林川泽的控制，"则利归于下而县官（朝廷）无可为者"⑥。当然脱离了封建官府控制而哨聚山林的人多了，封建统治者更是很担忧的。这几种因素都是西汉武帝实行

---

① 《华阳国志·蜀志·临邛县》。
② 《史记·货殖列传》。
③ 《史记·平准书》。
④ 《史记·货殖列传》。
⑤ 《盐铁论·园池》。
⑥ 《盐铁论·取下》。

盐、铁国营的重要原因,这时在封建统治者那里所表现出来的山林川泽国有制的观念空前强烈。

可是山林川泽私有化和宅圃、耕地私有化一样,是一个不可抗拒的历史趋势。拥有相当的经济或政治力量的大商人、官僚或贵族,从战国中期起,就已把触角伸向山林川泽,以攫取权益。董仲舒曰:秦在商鞅变法后,富商大贾"颛(专)川泽之利,管山林之饶"。这可能反映了文景时期的情况。商人们有"田池射猎""规陂池",很难说山林川泽未转向私有。武帝时的大官僚灌夫"家累数千万,食客日数十百人,波池、田园、宗族、宾客为权利,横颍川"①。灌夫肯定有一部分私有的山林川泽。

山林川泽的买卖关系发生在西汉中期。公元前68年的遗物《扬量买山刻石》是一个有力的证明。该刻石铭文曰:"地节二年□月,巴州民扬量买山,直钱千万,作业□,子孙永保其毋替。"②这个刻石的文字虽简单,但作为记产碑来说,还是明确的。又《汉书·孙宝传》曰:"帝舅红阳侯(王)立,使客因南郡太守李尚,占垦草田数百顷,颇有民所假少府陂泽,略皆开发,上书愿以入县官。有诏:郡平田予直,钱有贵一万万以上。"这份肮脏交易,包括一部分山林川泽在内。王莽统治时期,隗嚣曾以王莽改制、耕地不准买卖、封固山泽为极大的罪状之一而传檄郡国。文曰:"田为王田,卖买不得;规锢山泽,夺民本业;……此其逆地之大罪也。"③公元78年的《大吉买山地记》刻石与扬石相类似。铭曰:"昆弟六人,共买山地。建初三年,造此冢地,直三万钱。"④

---

① 《汉书·灌夫传》。
② 陆增祥《八琼室金石补正》卷二。
③ 《后汉书·隗嚣传》。
④ 陆增祥《八琼室金石补正》卷三。

从以上的材料看,西汉中期确已发生了山林川泽的买卖关系,此后,这一关系进一步发展,山林川泽的私有制已产生。

东汉后期,商人、官僚、贵族侵占山林川泽的情况日益严重。许多事实说明,连封建皇帝也不再维护"山林川泽不以封"这个土地国有制最后的原则了。《后汉书·独行列传·刘翊传》曰:"黄纲恃程夫人权力,求占山泽,以自营植。(颍川太守种)拂召(功曹刘)翊问曰:'程氏贵盛,在帝左右。不听则恐见怨,与之则夺民利,为之奈何?'翊曰:'名山大泽不以封,盖为民也。明府听之,则被佞幸之名矣。若以此获祸,贵子申甫(种拂子)则自以不孤也。'"同书《党锢列传·刘祐传》曰:"祐三转大司农。时中常侍苏康、管霸用事于内,遂固天下良田美业、山林湖泽,民庶穷困,州郡累气。祐移书所在,依科品没入之。桓帝大怒,论祐输左校。"可见这时连忠于封建皇帝的官僚也会因维护"山林川泽不以封"的原则而遭到残酷迫害。在这样的情况下,山林川泽大量地迅速向私有转化。

魏晋时期,封建国家同官僚地主之间为争夺山林川泽而进行的斗争更加激烈。西晋石崇有"水碓三十余区,仓头八百余人,他珍宝、货贿、田宅称是"①。所占山林川泽不在少数。封建国家为了继续控制这些资源,一再下令封山锢泽。如十六国时的石季龙曾规定:"公侯卿牧不得规占山泽。"②东晋成帝于咸康二年(公元336年)也下诏(壬辰诏书)规定:"占山护泽,强盗律论,赃一丈以上,皆弃市。"可是严刑峻法阻挡不住侵占山林川泽的潮流。到刘宋大明(457—464年)初,扬州刺史西阳王子尚上

---

① 《晋书·石苞传》。
② 《晋书·石季龙载记上》。

言:"山湖之禁,虽有旧科,民俗相因,替而不奉,燔山封水,保为家利。自顷以来,颓弛日甚,富强者兼岭而占,贫弱者薪苏无托,至渔采之地,亦又如兹。"在这样的情况下,继续维护山林川泽国有制,还是任其转向私有,这个问题在当时的朝廷上曾引起争论。有些官僚主张维护"壬辰诏书",坚持国有制。尚书左丞羊希则建议放弃国有制,实行私有制。他说:"壬辰之制,其禁严刻,事既难遵,理与时弛。而占山封水,渐染复滋,更相因仍,便成先业。一朝顿去,易致嗟怨。今更刊革,立制五条:凡是山泽,先常燔爈种养竹木杂果为林芿,及陂湖江海鱼梁鰌鲎场,常加功修作者,听不追夺。官品第一、第二,听占山三顷;第三、第四品,二顷五十亩;第五、第六品,二顷;第七、第八品,一顷五十亩;第九品及百姓,一顷。皆依定格,条上赀簿。若先已占山,不得更占;先占阙少,依限占足。若非前条旧业,一不得禁。有犯者,水土一尺以上,并计赃,依常盗律论。停除咸康二年壬辰之科。"① 这个建议被批准施行,从此私人占有山林川泽之事在南部中国已合法化了。此后,官僚、贵族、商人地主的庄园多包含或大或小的山林川泽。封山锢泽的也往往不是封建国家了,而是拥有大量山林川泽的大地主。随着封建社会的发展,这一情况更加严重。

* * *

我国古代土地私有制的形成过程,共经历了九百年左右的时间。以宅圃买卖为标志的第一阶段开始于西周中期,到春秋

---

① 《宋书·羊玄保传》。

木年止,其间约五白年。就整个土地私有制的形成来说,这是萌发时期。以耕地买卖为标志的第二阶段开始于战国前期,到西汉中期止,其间约四百年。由于耕地在社会经济生活中的特殊重要地位,耕地买卖关系的出现,意味着土地国有制基本瓦解,土地私有制基本确立。以山林川泽买卖为标志的第三阶段开始于西汉中期,它标志着土地国有制彻底崩溃,土地私有制深入发展。

战国、秦汉、三国时期的国有土地问题*

战国时期,我国古代以井田制为基本特征的土地国有制瓦解,土地私有制基本确立。可是从这时到三国时期,每代封建王朝都控制有相当数量的国有土地;对社会经济影响比较大的,主要是公田;此外还有苑囿(包括园池、马苑等)、山林川泽和荒地等。国有土地的存在,曾是我国史学界关于中国古代土地所有制形式问题的长期讨论中产生分歧意见的重要因素之一。土地私有制论者对此未能做出令人信服的解释。土地国有制论者则据此建立自己的观点。第三种观点则是国有制和私有制并存说。众说纷纭,莫衷一是。我是持第一种意见的。在我看来,这一时期的各代封建国家都已放弃土地国有制,也不实行土地国有制和私有制并存的两种所有制,而是只实行土地私有制。东汉、三国之际的著名史学家荀悦曰:"诸侯不专封,富人民(名)田逾限,富过公侯,是自封也;大夫不专地,人卖买由己,是专地也。或曰:复井田与?曰:否!专地非古也,井田非今也。"①这个论断明确地说明了这一时期土地国有制已一去不复返了,土地私有制已成为土地所有制的主导的统治的形式。

那么这一时期的国有土地是怎么回事呢?我认为从这类土地的来源、使用状况、经营方式和发展方向等几个方面来考察,可以这样说,这类土地

---

* 王仲荦主编《历史论丛》第二辑,1981年3月出版。
① 荀悦:《申鉴·时事》。

内蒙古和林格尔汉墓壁画:《庄园图》

明显地受土地私有制的制约,是私有土地再分配过程中的一种运动形态,是私有土地在特殊情况下采取的暂时的外在形式,即国有形式。这时的封建国家总的土地政策主要是促进土地私有制发展的政策。对国有土地的具体政策,也具有这样的性质。

国有土地的来源

这一时期的国有土地有多种来源。但总的说来,这些来源和封建国家土地所有权没有关系,而是凭借行政权或司法权而获得这些土地。孟子曰:"诸侯之宝三:土地、人民、政事。"① 政事主要是行政权和司法权,是宝中之宝。有了这一宝,就有了掠夺土地和统治人民的主要工具。

首先就公田来说。公田就是归封建国家控制的耕地,也叫

---

① 《孟子·尽心下》。

作官田。此类土地主要有三个来源:一是接管而来。西汉宣帝时,后将军赵充国在金城(今甘肃永靖西北)一带屯田,"计度临羌,东至浩,羌虏故田及公田,民所未垦,可二千顷以上"①。这是西汉王朝接管羌族的大量耕地以为公田的事例。东汉初年,马援"以三辅地旷土沃,而所将宾客猥多,乃上书求屯田上林苑中。帝许之"②。这是东汉王朝接管西汉王朝的公田和苑囿以为公田的事例。接管属于行政权范围。二是没收而来。西汉王朝的法令规定:"贾人有市籍者及其家属皆无得籍名田以便农。敢犯令,没入田僮。"武帝时,"杨可告缗遍天下,中家以上大抵皆遇告,杜周治之,狱少反者。乃分遣御史、廷尉正监分曹往,即治郡国缗钱。得民财物以亿计,奴婢以千万数,田大县数百顷,小县百余顷,宅亦如之"③。这是封建国家没收罪犯的私田、宅和私奴婢为公田、宅和官奴婢的法令和事例。没收属于司法权范围。三是代管而来。三国时的司马朗曰:"今承大乱之后,民人分散,土业无主,皆为公田。"④这些无主土地变为公田,实际是由封建国家代管。代管也属于司法权范围。如原业主归来,封建国家应当尊重原业主的所有权,将原产发还。刘邦初登皇位时,曾下诏:"民前或相聚保山泽,不书名数。今天下已定,令各归其县,复故爵田宅。"⑤刘备定益州,有人主张"以成都中屋舍及城外园地桑田分赐诸将。(赵)云驳之曰:……益州人民初罹兵革,田宅皆可归还,令安居复业;然后可役调,得其欢心。先主即从之"⑥。复故

---

① 《汉书·赵充国传》。
② 《后汉书·马援传》。
③ 《史记·平准书》。
④ 《三国志·魏志·司马朗传》。
⑤ 《汉书·高帝纪下》。
⑥ 《三国志·蜀志·赵云传》注引《赵云别传》。

"田宅""复业",都是恢复无主的私人田宅发还原主之意。没收罪犯的田宅,自然连所有权一并没收。但如罪犯或他们的家属的政治情况有所变化,封建国家也有可能将原田宅及其所有权一并发还原主。战国时期秦国的左丞相甘茂因遭谗而离秦奔齐,田宅为官府没收。后茂孙甘罗有功于秦,秦王"乃封甘罗以为上卿,复以始甘茂田宅赐之"①。这种做法也与土地私有制有关。

苑囿有两种,一种是封建帝王游乐或狩猎的场所(以下专称苑囿),另一种是牧养马匹的马苑(廐)。苑囿有两个来源:一是接管前代王朝的苑囿。商代的沙丘苑台(今河北广宗),即战国时期赵国的沙丘宫所在地,在秦代为沙丘平台(行宫)。周文王之灵台,在秦、西汉、东汉,都是上林苑的一个组成部分。新王朝接管前代苑囿,是帝王们的政治特权,这种政治特权和土地所有权没有关系。《史记·萧相国世家》记载,西汉初年,萧何建议刘邦曰:"'长安地狭,上林中多空地,弃,愿令民得入田,毋收藁为禽兽食。'上大怒曰:'相国多受贾人财物,乃为请吾苑。'乃下相国廷尉,械系之数日。"萧何在这里所犯的罪显然不是由于侵犯了刘邦的土地所有权,而是由于触犯了这位大皇帝的政治特权。二是强占民田而建造苑囿。《汉书·东方朔传》记载:汉武帝"乃使太中大夫吾丘寿王与待诏能用算者二人,举籍阿城以南,盩厔(周至)以东,宜春以西,提封顷亩及其贾直,欲除以为上林苑,属之南山。又诏中尉、左右内史,表属县草田,欲以偿鄠(户)、杜之民"。鄠、杜地区在秦岭以北,地滨渭水,"其山出玉、石、金、银、铜、铁、豫章、檀、柘异类之物,不可胜原,此百工所

---

① 《史记·甘茂列传》附《甘罗传》。

取给、万民所卬足也。又有秔稻、梨、栗、桑、麻、竹箭之饶,土宜姜、芋,水多蛙鱼,贫者得以人给家足,无饥寒之忧。故酆、镐之间,号为土膏,其贾亩一金"。武帝强占亩金之田,而以"草田"偿之,总算还是"尊重"土地私有权的表现。当然这次扩建上林苑,其后果是严重的。武帝的亲信大臣东方朔曾劝谏曰:"今规以为苑,绝陂池水泽之利,而取民膏腴之地,上乏国家之用,下夺农桑之业,弃成功,就败事,损耗五谷,是其不可一也;且盛荆棘之林,而长养麋鹿,广狐兔之苑,大虎狼之虚;又坏人冢墓,发人室庐,令幼弱怀土而思,耆老泣涕而悲,是其不可二也;斥而营之,垣而囿之,骑驰东西,车骛南北,又有深沟大渠,夫一日之乐,不足以危无堤之舆,是其不可三也。"①尽管这样,武帝为了满足个人穷奢极欲的生活要求,还是不顾劝谏,仍按原定计划扩大了上林苑,造成封建皇帝利用政治特权大规模强占民田的严重事件。

东汉建都洛阳,在洛阳附近建造了许多苑囿,大部分土地是强占而来的。至灵帝时,在洛阳城外又建造毕圭灵琨苑,"使者并出,规度城南人田,……坏沃衍,废田园,驱居人,畜禽兽"②。这种情况和汉武帝干的差不多。

两汉的苑囿比较多,有的苑囿极大。西汉的上林苑,"南至宜春、鼎胡、御宿、昆吾,旁南山而西,至长杨、五柞,北绕黄山,濒渭而东,周袤数百里"③。当然也有小一些的。东汉杨赐劝说灵帝停建毕圭灵琨苑时,曾说:"今(洛阳)城外之苑,已有五六,可以逞情意,顺四节也。"④这些丛立于都城一地的苑囿,十分秀丽

---

① 《汉书·东方朔传》。
② 《后汉书·杨赐传》。
③ 《汉书·扬雄传上》。
④ 《后汉书·杨赐传》。

情数,但在规模上一定比较小。两汉著名的苑囿有上林、中牟、乐游、博望、黄山、梁东、宜春、呼池、西苑、广成、鸿德、显阳、平乐、毕圭灵琨等苑,个别苑囿也有兴废。大概在同一时期中,十个以上的苑囿是有的,而且多在都城附近或富饶秀丽之区。

马苑也有两种,一种主要设在内地郡县,叫作苑或厩,饲养的马匹专供皇室、官府、邮亭驿置和军队之用。这样的马苑有大有小,几乎各个郡县都有。属于朝廷和军队的往往比较大。秦的乐厩(在今河南尉氏县)就是一个较大的马苑,汉代改为苑囿,"以驯养猛兽"①。另一种主要设在边境地区,叫作马苑或

安平逯家庄东汉壁画墓中室车马出行图(局部)

---

① 《后汉书·郡国志·陈留郡·尉氏》注。

苑,专供饲养军马之用。西汉前中期,为了反击匈奴并经营西域,大置马苑。文献记载:"太仆牧师诸苑三十六所,分布北边、西边,以郎为苑监,官奴婢三万人,养马三十万匹。"①东汉为继续经营西南夷,安帝于永初六年(112年),"诏越嶲置长利、高望、始昌三苑,又令益州郡置万岁苑,犍为置汉平苑"②。马苑占用土地的范围较大,所占土地主要是利用封建国家的行政或军事力量,接管或强占前代马苑、荒地或汉族、少数民族人民的土地设置的。

山林川泽的范围是极大的,这类资源当时随着社会生产力的发展在一点一滴地被利用或开发。《礼记·王制》:畿外"名山大泽不以封",畿内"名山大泽不以盼(颁)"。郑玄注曰:"与民同财者。"据说自西周到西汉都是如此③。这都是最高封建统治者妄图利用行政手段,把这类土地全部控制在国家手中的表现。东汉后期和三国时期,虽有一些山林川泽为官僚、豪强霸占,但封建国家仍千方百计地控制这部分土地。

荒地之所以属于封建国家,情况和山林川泽相同。东汉仲长统曰:"今者,土广民稀,中地未垦……其地有草者,尽曰'官田'。"这样的草地在当时是很多的,崔寔《政论》曰:"三辅左右,及凉、幽州内附近郡,皆土广人稀,厥田宜稼,悉不垦发。"④其他州郡的草荒地也是不少的。草地之所以"尽曰'官田'",就是因为封建国家拥有行政权和司法权。

---

① 《汉书·景帝纪》注引《汉仪注》。
② 《后汉书·安帝纪》。
③ 《后汉书·独行列传·刘翊传》:"名山大泽不以封,盖为民也。"
④ 《后汉书·仲长统传》引《昌言·损益篇》及《集解》引惠栋语。

国有土地的使用

这一时期的封建国家对于国有土地的使用,就公田来说,可分为两个阶段。从战国到西汉吕后时期的三百年中,由于土地私有化浪潮的冲击,封建国家只消极地把公田当作消耗性财产使用,而不积极地当作生产资料使用。更明确地说,就是只把公田主要用于赏赐,而不利用公田进行生产,以增加财政收入。在这样的政策的指导下,公田转向私有是迅速的。当时的封建统治者所以制定这样的政策有多种原因。《礼记·王制》"仕者不耕,伐冰食禄之人不与百姓争利"①的说教,也有一些影响,但基本上是一个骗人的谎言。最主要的还是由于西汉前期,王朝初建,统治机构较小,奢侈程度有限,国家的正常租赋足够开支所致。《史记·平准书》:"孝惠、高后时……量吏禄,度官用,以赋于民。而山川园池市井租税之入,自天子以至于封君汤沐邑,皆各为私奉养焉,不领于天下之经费。漕转山东粟,以给中都官,岁不过数十万石。"这就是一个很好的说明。从西汉文帝到三国时期的约四百年中,情况略有变化,即在赏赐公田之事照常存在之外,在一定时期中,封建国家利用公田进行生产,以增加军粮或财政收入的情况不断发生。尤其是西汉武帝时,国家进一步统一,官僚机构庞大,宫廷苑囿奢侈,内外开支大增,每年漕转长安之粟,遽增至六百万石。在这样的情况下,封建国家在财政上多方开源,于是出现了积极利用公田和其他国有土地之举。武帝的得力理财大臣桑弘羊曰:"诸侯以国为家,其忧在内。天子

---

① 《后汉书·文苑列传·黄香传》。

以八极为境,其虑在外。故宇小者用菲,功巨者用大。是以县官开园池,总山海,致利以助贡赋;修沟渠,立诸农,广田牧,盛苑囿,太仆、水衡、少府、大农,岁课诸入,田牧之利,池御之假,及北边置任田官,以赡诸用,而犹未足。"①虽然如此,就整个西汉乃至东汉和三国来看,利用公田以支援财政,总是一时应急之举,没有长远打算。一旦情况发生变化,往往放弃利用,仍把公田主要当作赏赐之物,一批一批的赐予私人;或是弃置不顾,任其荒芜;或被侵占。可见前后两个阶段的基本情况是相同的。

苑囿和山林川泽的情况特殊,使用情况更无大变化。

国有土地的主要用途有如下五种,各种用途出现的时间有先有后。

(1)赏赐。战国时期的秦国在商鞅变法时,就确定了用田、宅以"奖励军功"的政策。《史记·商君列传》:商鞅变法,"明尊卑爵秩等级,各以差次;名田宅、臣妾、衣服,以家次"。关东六国基本上也实行这样的政策。荀况曰:"魏氏之武卒,以度取之。衣三属之甲,操十二石之弩,负服矢五十个,置戈其上,冠轴带剑,赢三日之粮,日中而趋百里。中试则复其户,利其田宅。"②《战国策·魏》(一):"魏公叔痤为魏将,而与韩、赵战浍北,禽乐祚。魏王说,迎郊,以赏田百万禄之。公叔痤(座)反走,再拜辞曰:'夫使士卒不崩,直而不倚,挠拣而不辟者,此吴起余教也,臣不能为也。前脉形埒之险阻,决利害之备,使三军之士不迷惑者,巴宁、爨襄之力也……'王曰:'善。'于是索吴起之后,赐之田二十万;巴宁、爨襄田各十万。"看来秦、魏"奖励军

---

① 《盐铁论·园池》。
② 《荀子·议兵》。

功"的政策基本相同。

西汉初年,仍然实行这样的政策。刘邦在打败项羽、登上皇帝宝座后,立即重申"以有功劳行田宅"的政策,命令地方守尉长吏对汉的所有将吏士卒爵在七大夫、公乘以上的,都"先与田宅"①。这项政策后来仍在执行。

封建帝王把公田任意赏赐给贵戚、亲信、大臣之事,大量存在。这实是封建帝王的特权。《史记·赵世家》:赵"烈侯好音,谓相国公仲连曰:'寡人有爱,可以贵之乎?'公仲曰:'富之可,贵之则否。'烈侯曰:'然。夫郑歌者枪、石二人,吾赐之田,人万亩。'"汉文帝的窦皇后厚赐他的兄弟窦广国以"田宅、金钱;封公昆弟,家于长安"②。武帝赐给他的同母姊"钱千万,奴婢三百人,公田百顷,甲第"③。灵帝赐给他的舅舅王斌"第宅田业"④等。这些人都无功于国,但以身份特殊受到赏赐。

有时也有罢苑囿以赏赐的。《汉书·王嘉传》:哀帝"诏书罢菀(苑),而以赐(董)贤二千余顷"。这是一个突出的例子。

(2)苑囿、马苑。供封建帝王游乐、狩猎的苑囿,多建以楼台亭榭,养以奇花异草、珍禽异兽。《史记·殷本纪》:商代的沙丘苑台"多取野兽蜚鸟置其中",纣王常在此"大最乐戏"。《诗·大雅·灵台》:"(周文)王在灵囿,麀鹿攸伏,麀鹿濯濯,白鸟翯翯。"看来这样的苑囿建制由来已久。战国以后的苑囿,情况更加发展。《史记·滑稽列传·优旃传》:"始皇尝议欲大苑囿,东至函谷关,西至雍、陈仓。优旃曰:'善,多纵禽兽于其中,

---

① 《汉书·高帝纪下》。
② 《史记·外戚世家·窦太后世家》。
③ 《史记·外戚世家》"褚先生曰"。
④ 《后汉书·灵思何皇后纪》附《王美人纪》。

寇从东方来,令麋鹿触之足矣。'"始皇虽接受了这个劝谏,未再扩大上林苑;可是他"骄奢靡丽,好作高台榭、广宫室"①是肯定的。汉武帝在上林苑修建的建章宫,"度为千门万户,前殿度高未央,其东则凤阙,高二十余丈,其西则商中,数十里虎圈。其北治大池渐台,高二十余丈,名曰太液,池中有蓬莱、方丈、瀛洲、壶梁,象海中神山龟鱼之属。其南有玉堂、璧门、大鸟之属。立神明台、井干楼,高五十丈,辇道相属焉"②。上林苑的建制,设有一令,"八丞、十二尉、十池监。丞、尉属水衡都尉,池监隶少府"③。其庞大、复杂及阔绰程度可以想见。翼奉批评曰"宫室苑囿,奢泰难供,以故民困国虚"④,是有根据的。

马苑专为养马之用。秦代可能在边郡置有六牧师令⑤,主饲养马匹。西汉有牧师诸苑三十六所,分布于北边、西边。东汉安帝时在西南夷地区置苑五所,已如上述。

(3)救灾。兵燹、水旱之年,田园荒芜,人民饥寒流离,社会动荡不安。封建统治者为了缓和阶级矛盾,以维护他们的统治,不得不做一些救灾之事。"赐民公田"或"假民公田",正是为了生产救灾的临时性措施。赐民公田是封建国家将一些公田(有时也有苑囿)赐给灾民,鼓励生产。封建国家有时还可协助解决耕牛、种子、口粮等问题。原有田租、算赋、徭役也多免掉。《汉书·元帝纪》:初元元年(前48年),"以三辅、太常、郡国公田及苑可省者,振业贫民;赀不满千钱者,赋贷种、食"。《平帝

---

① 陆贾《新语·无为》。
② 《汉书·郊祀志下》。
③ 《宋书·百官志上》。
④ 《汉书·翼奉传》。
⑤ 《通典》卷二十五《职官·太仆卿》。

纪》：元始二年(2年)，"郡国大旱蝗,青州尤甚,民流亡……罢安定呼池苑,以为安民县。起官寺市里,募徙贫民,县次给食。至徙所,赐田宅什器,假与犁牛、种、食"。《后汉书·章帝纪》：元和元年(84年)二月诏曰："其令郡国募人无田欲徙它界就肥饶者,恣听之。到在所,赐给公田,为雇耕佣,赁种、饷,贳与田器,勿收租五岁,除算三年。其后欲还本乡者,勿禁。"这些都是具体事例。

假民公田,在这里不是出租公田,而是暂时出借公田给灾民,以便生产救灾。唐代颜师古曰："权以给之,不常与。"①这个解释是正确的。所假田地,有公田,也有苑囿,不仅暂时不收假税,有时封建国家亦贷给耕牛、种、食等。原有田租、算赋、徭役也予免除。《汉书·宣帝纪》：地节元年(前69年)三月,"假郡国贫民田"。三年三月诏曰："前下诏假公田,贷种、食。"十月,"又诏池御未御幸者,假与贫民。……流民还归者,假公田,贷种、食,且勿算、事"。《元帝纪》：初元二年(前47年)三月,"诏罢黄门乘舆狗马、水衡禁囿、宜春下苑、少府佽飞外池、严籞池田,假与贫民"。赐民公田和假民公田,对生产救灾来说,两者的基本情况相同。其差别是所有权的归属有所不同：前者将公田赐给灾民,后者仅是暂时借给,在一定的时间之后,仍收归国家。

为了救灾,山林川泽也可暂时假民使用。平时,山林川泽定期开放,人民进入樵采捕捞,要交纳假税。但在开放救灾时,则免收假税。《汉书·文帝纪》：后元六年(前158年)"四月,大旱蝗,令诸侯无入贡,弛山泽……"。师古注曰："弛,解也,解而不禁,与众庶同其利。"《元帝纪》：初元元年四月诏曰："关东今年

---

① 《汉书·宣帝纪》注。

谷不登,民多困乏,其令郡国被灾害甚者,毋出租赋;江海陂湖园池属少府者,以假贫民,勿租赋。"《后汉书·和帝纪》:永元四年(92年)十二月诏曰:"今年郡国秋稼为旱、蝗所伤。"次年二月诏曰:"自京师离宫果园、上林广成囿,悉以假贫民,恣得采捕,不收其税。"九月,又"令郡县劝民蓄蔬食,以助五谷。其官有陂池,令得采取,勿收假税二岁"。十五年六月,"诏令百姓鳏寡渔采陂池,勿收假税二岁"。

文献记载,封建国家救灾的措施是很多的,有放粟、贷钱、减租赋、准卖爵子、就食他乡等等。但"赐民公田""假民公田"一直是两项重要措施。当然封建官僚们乘机贪污中饱、营私舞弊,致使救灾有名无实,那也是必然的。

(4) 屯田。屯田分为军屯和民屯两种,属于边防经济性质。

军屯始于汉武帝时,起因主要是为了解决抗击匈奴的军粮问题。匈奴南侵,在战国后期已经发生。秦始皇时,为防御匈奴,"发天下丁男,以守北河,暴兵露师十有余年……又使天下蜚刍挽粟,起于黄、腄、琅邪负海之郡,转输北河,率三十钟(六石四斗)而致一石"①。这样巨大的财政负担,是加速秦王朝灭亡的重要因素之一。西汉前期为了抗击匈奴,自文帝开始,卖爵以"入粟塞下";又募民徙塞下,进行屯田。这些办法都起了一定的积极作用。武帝时,与匈奴展开了大规模的、长期的民族战争。西汉王朝军费浩大,府库空虚,于是发生了元鼎六年(前111年)在"上郡、朔方、西河、河西开官田,斥塞卒,六十万人戍、田之"②之事。这是中国古代军屯的开始。后来武帝又在西域的轮台、渠犁(今

---

① 《史记·主父偃列传》。
② 《汉书·食货志下》。

新疆轮台、尉犁)等处屯田,每处"皆有田卒数百人,置使者校尉领护,以给使外国者"①。这是汉在西域屯田的开始。宣帝时,赵充国在金城一带屯田,士卒万余人,开田二千顷,也是为了解决边防军需。

东汉初年,由于长期战乱,荒地很多,社会经济凋敝,军粮不继,在内地驻兵之处亦兴起军屯。《后汉书·刘隆传》:刘隆"讨李宪,宪平,遣隆屯田武当(今湖北均县)"。马援屯田上林苑。《李通传》:李通破公孙述丁西城,"还,屯田顺阳(今河南淅川)"。又王霸屯田于新安(今河南渑池),张纯屯田于南阳(今河南南阳)等,都是军屯。《光武帝纪》(下):建武六年(30年)十二月诏曰:"顷者师旅未解,用度不足,故行什一之税。今军士屯田,粮储差积,其令郡国收见田租三十税一,如旧制。"可见军屯起了很好的作用。

曹魏时期的军屯在历史上是有名的,屯田范围广泛,持续时间较久,成效也很显著。邓艾屯田淮上,士卒五万人,屯田两万顷,"淮南、淮北皆相连接,自寿春到京师,农官兵田、鸡犬之声,阡陌相属。每东南有事,大军出征,泛舟下达于江、淮,资食有储而无水害"②。蜀国的军屯不多,只有诸葛亮曾在渭滨"分兵屯田,为久住之基"③。吴国的军屯也不多。《三国志·吴志·陆凯传》:"先帝战士不给他役使,春惟知农,秋惟收稻。江渚有事,贵其死效。"这也是"且佃且守"的军屯。

民屯略早于军屯,始于汉文帝时。当时为了加强对匈奴的防御,文帝接受了晁错组织民屯的建议,在塞下筑起"高城深

---

① 《汉书·西域传·序》。
② 《晋书·食货志》。
③ 《三国志·蜀志·诸葛亮传》。

堑","为中周虎落,先为室屋,具田器",然后募民徙之。应募者到塞下后,"赐高爵,复其家,予冬、夏衣,廪食,能自给而止"①。武帝时,曾"徙贫民于关以西,及充朔方以南新秦中,七十余万口,衣食皆仰给于县官,数岁,贷与产业,使者分部护,冠盖相望"②。这也是民屯。民屯设有田官,分部护领屯民。元帝时,汉、匈间的关系日益密切,战争很少,于是在初元五年(前44年),罢"北假田官"③。曹魏时期在军屯之前,首先建置民屯于许县(今河南许昌),一年得谷百万斛。以后又普及各郡国,大兴民屯。《三国志·魏志·徐邈传》:邈"为凉州刺史……广开水田,募贫民佃之,家家丰足,仓库盈溢。乃支度州界军用之余,以市金帛犬马,通供中国之费"。《梁习传》:习为冀州西部都督从事,"表置屯田都尉二人,领客六百夫,于道次耕种菽粟,以给(运建宫殿材料的)人牛之费"。《晋书·司马孚传》:司马孚为度支尚书,"以关中连遭贼寇,谷帛不足,遣冀州农丁五千屯于上邽(今甘肃天水),秋、冬习战阵,春、夏修田桑,由是关中军国有余,待贼有备矣"。曹魏的民屯地区,有长安、河内、原武、颍州、弘农、河东、魏郡、蕲春、洛阳、睢阳、义阳、列人、广陵等处。《晋书·食货志》曰:曹魏黄初中,"四方郡守垦田又加,以故国用不匮"。蜀国也有督农之官,但民屯极少。吴国的民屯较多,陆逊、吕蒙等著名将领,都曾督民屯田。

(5)征收假税。封建国家征收的和土地有关的假税共有三种,如下:

一是公田假税。这是封建国家对佃农"分田劫假",是封建

---

① 《汉书·晁错传》。
② 《汉书·食货志下》。
③ 《汉书·元帝纪》。

国家以地主的身份向佃农收取的地租。《后汉书·和帝纪》李贤注："假，犹租赁。"此制始于西汉。这是封建国家在一定时期内采用的扩大财政收入的措施之一。汉武帝时，杨可主持告缗，没收"田大县数百顷，小县百余顷"。"而水衡、少府、大农、太仆各置农官，往往即郡县比没入田田之。"①我认为这些农官不是督农屯田的田官，而是负责"假民公田"，收取假税的官吏。东汉时的不少地方守令重视兴修水利，开田殖谷。渔阳太守张堪"于狐奴（今北京顺义）开稻田八千余顷，劝民耕种，以致殷富"②。汝南太守何敞修鲖阳旧渠，"垦田增三万余顷"③。这些由官府主持新开垦的为数很大的田地，不可能很快赐给了农民，应是"假民公田"，征收假税。《后汉书·秦彭传》：山阳太守秦彭"兴起稻田数千（或作十）顷，每于农月，亲度顷亩，分别肥瘠，差为三品，各立文簿，藏之乡县"。为的是征收假税。

二是山林川泽假税。这一政策始于战国时期的秦国。《盐铁论·非鞅》："昔商君相秦也，……外设百倍之利，收山泽之税，国富民强，器械完饰，蓄积有余。"山泽之税，是指向樵采网捕者征收的假税，不是矿业税。因当时秦国实行"壹山泽"④政策，矿业国营，别无矿税。秦和两汉时期，山林川泽的假税归少府，专供皇帝之用。《史记·平准书》："而山川园池市井租税之入，自天子以至于封君汤沐邑，皆各为私奉养焉，不领于天下之经费。"可见这项假税的用途是明确的。当然在某种情况下，这项假税也可归大司农，供财政开支。《盐铁论·复古》："古者，名

---

① 《史记·平准书》。
② 《后汉书·张堪传》。
③ 《后汉书·何敞传》。
④ 《商君书·垦令》。又《穀梁传》僖公九年范注："壹，犹专也。"

山大泽不以封,为下之专利也。山海之利,广泽之畜,天下之藏也,皆宜属少府。陛下不私,以属大司农,以佐助百姓。"①开放山林川泽以救灾时,不收假税。

三是顾租。顾租也叫作占租,是封建国家将山林海池租赁给大商人经营而征收的假税。《汉书·食货志下》引贾谊曰:"法使天下公得顾租,铸铜锡为钱。"《盐铁论·水旱》引贤良曰:"故民得占租鼓铸、煮盐之时,盐与五谷同贾,器利而中用。"这就是占租制或叫作租赁制。这种制度大约在春秋前期的齐国已经产生。《管子·轻重乙》引管仲曰:"与民量其重,计其赢,民得其十(当为七),君得其三。"这是三七分租制。西汉前期的顾租率是多少,史无明文记载。汉文帝赐邓通以临邛(今四川邛崃)矿山,"通假民卓王孙,岁取千匹。故王孙货累巨万亿……"②看来西汉的顾租率一定低于十分之三。武帝以后,矿山盐池基本上归国营,东汉一代基本上归民营,中间偶有变化。国营则无假税,民营仍有假税。

国有土地的经营方式

关于苑囿、马苑和山林川泽的经营方式,前面已简略讲到。这里要谈的,主要是有关公田的经营问题。公田的经营主要有三种方式:

(1) 军屯。军屯是封建国家直接经营的边防经济,屯田地

---

① 《汉书·食货志下》:"山海天地之藏,宜属少府。陛下(汉武帝)弗私,以属大农佐赋。"《后汉书·百官志》:"承秦,凡山泽陂池之税,名曰禁钱,属少府。世祖(刘秀)改属司农。"

② 《华阳国志·蜀志·临邛县》。

点多选在战略要害之处。田官都冠以将军或校尉的头衔,分部护领屯田吏卒。两汉的田官有使者校尉、屯田校尉、戊己校尉、屯田都尉、宜禾将军等名称,也有驻军将领兼任屯田官的。军屯的主要劳动者是士卒,称作屯田士,有时亦谪遣罪犯即所谓弛刑士参加。一般都按军事编制,组织较严密。屯田士的口粮由国家供给,他们没有自己的经济。封建国家相当于经营地主,屯田士就是农奴。《后汉书·西羌传》:东汉和帝永元十四年(102年),曹凤"为金城西部都尉,将徙士屯龙耆。后金城长史上官鸿上开置归义、建威屯田二十七部,侯霸复上置东西邯屯田五部,增留逢二部。(和)帝皆从之。列屯夹河,合三十四部。"同书:顺帝阳嘉元年(132年),"以湟中地广,更增置屯田五部。并(原屯田)为十部"。同年,"置玄菟郡屯田六部"①。《傅燮传》:东汉末,燮为汉阳太守,"广开屯田,列置四十余营"。屯田士就是组织在部或营这样的基层单位中过着"且佃且守"的艰苦生活。三国时期曹魏的军屯,也以营为单位。《晋书·食货志》记载:邓艾屯田淮上,"五里置一营,营六十人,且佃且守",长达四百余里。

屯田士由于亦农亦兵,负担较重,所以耕田的数量比一般农民要少。赵充国在金城屯田,有士卒一万二百八十一人,垦田二千顷,"田事出,赋人二十亩"。另"发郡骑及属国胡骑伉健各千,倅马什二,就草,为田者游兵"。这里屯田虽人二十亩,但还有其他负担。如"缮乡亭,浚沟渠,治湟陿以西道桥七十所,令可至鲜水左右"。为了这些工程的需要,还曾命士卒"入山伐材木,大小六万余枚"②。

---

① 《后汉书·东夷传》。
② 《汉书·赵充国传》。

这些劳动合在一起也是不小的。邓艾屯田,共五万人,"十二分休,常有四千(万)人",耕田二万顷,平均每人种四五十亩。可能与赵部屯士的劳动量相当。这大约是屯田士卒的最大劳动限度。赵充国的一万二百八十一屯田士,用谷月二万七千三百六十三斛,平均每人每年用谷约三十二斛。如亩产三斛,一年可盈谷三十万斛。邓艾屯田,"水丰常收三倍于西(许下)。计除众费,岁完五百万斛"①。

(2)民屯。民屯是封建国家有组织地督导农民耕种国有土地以征收田租的经营方式。在这种关系中,封建国家处于庄园地主的地位。农民就是封建国家的农奴。民屯是有组织的,督农耕种的田官在汉代统称为农官或田官,三国时期统称为农官。曹魏的农官有典农中郎将,秩二千石;典农校尉,秩比二千石。二者相当于郡守。典农都尉,秩六百石或四百石,相当于县令(长)。再下有屯司马,为管理一屯的农官,一屯约有屯田农五十人(户)。屯田农也叫作屯田民、屯田部民、典农部民、屯田客、屯田士或田兵。所以有士、兵之称,是与民屯具有军事性质分不开。民屯是个体小农经济,由于和封建国家的关系密切,封建国家对于屯田农的生产、生活比对一般农民关心一些。《汉书·昭帝纪》:元凤三年(前78年)春诏曰:"三年以前所振贷,非丞相、御史所请,边郡受牛者,勿收责。"师古注引应劭曰:"武帝始开三边,徙民屯田,皆与犁牛。后丞相、御史复间有所请。今敕自上所赐与,勿收责。丞相所请,乃令其顾税耳。"西汉时地租率为"什税五"。牛租(顾税)率缺乏记载。西晋傅玄曰:"旧(曹魏)兵持官牛者,官得六分,士得四分。自持私牛者,与官中分。"②前燕的封裕亦曰:魏晋

① 《三国志·魏志·邓艾传》。
② 《晋书·傅玄传》。

时"特（持）官牛田者，官得六分，百姓得四分；私牛而官田者，与官中分"。这说明了魏、晋的地租率与汉代是一样的。魏、晋的牛租为十税一，汉代大约也是如此。屯田民一般没有徭役。在生产上，又常常得到封建国家的一些资助，剥削量和一般佃农差不多，所以"百姓安之，人皆悦乐"①。

（3）假民公田。这是封建国家出租公田给农民、以征收田租的经营方式，国家和农民结成一般的租佃关系，封建国家并不直接督导生产。《汉书·沟洫志》引武帝曰："今内史稻田租挈重，不与郡同，其议减。"师古注曰："租挈，收田租之约令也。郡，谓四方诸郡也。"可见这种租佃关系是立有租约的。租率大约也是"什税五"。《后汉书·文苑列传·黄香传》：香"迁魏郡太守，郡旧有内外园田，常与人分种收谷，岁数千斛"。"分种收谷"大约与"分田劫假"同义。

假民公田的政策实行，与之伴随产生的是包租制。封建官府以较低的租额将公田出租给豪强之家，豪强再以二地主的身份将公田转租给农民，以索取高额地租。《汉书·食货志下》：武帝"通西南夷道，作者数万人，千里负担馈饷，率十余钟致一石。散币于邛僰以辑之，数岁而道不通，蛮夷因以数攻吏，吏发兵诛之。悉巴、蜀租赋不足以更之，乃募豪民田南夷，入粟县官，而内受钱于都内"。我认为这些豪民就是二地主。《盐铁论·园池》引文学曰："今县官之多张苑囿、公田、池泽，公家有鄣假之名，而利归权家。"可见二地主们获利之多。由于剥削残酷，致有"公田转假，桑榆菜果不殖，地力不尽"之说，这说明了在包租制下，肥了二地主，苦了佃农，以致影响到生产。

---

① 均见《晋书·慕容皝载记》。

国有土地不断向私有转化

这一时期的国有土地在土地私有化浪潮的冲击下,不断通过各种途径向私有转化。关于山林川泽开始转向私有的情况,我在拙作《论中国古代土地私有制形成的三个阶段》①一文中,已做了概括的论述。这里主要谈公田和部分苑囿、荒地转向私有的问题。

公田和部分苑囿、荒地转向私有,主要有如下四条途径:

(1)赏赐公田。封建帝王用"奖励军功"或是任意赏赐的办法,将公田给予贵戚、大臣或亲信,都是使公田转向私有的重要途径。《汉书·王嘉传》:哀帝"赐(董)贤二千余顷,均田之制从此堕坏"。说明了这样的赏赐,加剧了土地私有制下的土地兼并。

贵族、官僚或帝王的亲信用请赐的办法将公田据为私有,也是赏赐公田的方式之一。《史记·王翦列传》:秦将王翦率六十万大军伐楚,"始皇自送至灞上。王翦行,请美田宅园池甚众。始皇曰:'将军行矣!何忧贫乎?'王翦曰:'为大王将,有功终不得封侯。故及大王之向臣,臣亦及时以请园池,为子孙业耳。'"马克思说:"同所有一般的民法一样,继承法并不是一种原因,而是一种结果,是从现存社会经济组织中得出的法律结论,这种经济组织是以生产资料即土地、原料、机器等的私有制为基础的。"②列

---

① 《北京大学学报》(哲学社会科学版),1978年第2期。
② 马克思:《总委员会关于继承权的报告》,《马克思恩格斯全集》第十六卷,第415页。

宁也说："遗产制度以私有制为前提。"①王蓟"请美田宅园池"，"为子孙业"，证明赏赐确是公田转变为私田的一条重要途径。汉代请赐田宅的事件更多。《史记·滑稽列传·东方朔传》：武帝欲东方朔识一似麋之兽。朔曰："'某所有公田、鱼池、蒲苇数顷，陛下以赐臣，臣朔乃言。'诏曰：'可。'"《郭舍人传》：武帝的乳母上书曰："'某所有公田，愿得假倩之。'（武）帝曰：'乳母欲得之乎？'以赐乳母。"东方朔和乳母都是武帝的亲信，他们用请赐的办法，使大量的公田变为他们的私田。

（2）盗占公田。权臣、贵戚利用特权盗占公田的情况是严重的。这也是公田转向私有的另一重要途径。武帝时，丞相李蔡盗取阳陵公田三顷，"卖得四十余万"②。成帝的舅、红阳侯王立勾结南郡太守李尚，"占垦草田数百顷，颇有民所假少府陂泽，略皆开发"③。不仅如此，他又将这些公田作为私产卖给国家，得钱一万万以上。

西汉时，盗占公田是犯法的，买卖公田也是犯法的。李蔡盗占上述公田，"当下狱，自杀"④。成帝时的少府温顺，"坐买公田与近臣下狱论"⑤。王立盗卖公田所以无事，可能与他的特殊身份有关。东汉时，情况已有变化。窦宪曾控告尚书仆射郅寿犯有"买公田、诽谤"之罪，"下吏当诛"。侍御史何敞上疏说："请买公田，人情细过，可裁隐忍。"⑥此话出自侍御史之口，而且得

---

① 列宁：《什么是"人民之友"以及他们如何攻击社会民主主义者？》，《列宁全集》第1卷，第133页。
② 《汉书·李广传》。
③ 《汉书·孙宝传》。
④ 《汉书·李广传》。
⑤ 《汉书·百官公卿表下》。
⑥ 《后汉书·郅恽传》。

到皇帝的同意,可见公田的不可侵犯性也已动摇。三国时,盗占公田之事更多。曹魏的何晏等就曾"共分割洛阳、野王典农部桑田数百顷,及坏汤沐地以为产业"①。这样大量的盗占屯田,是屯田制迅速瓦解的重要原因之一。

(3) 赐民公田。自西汉以来,赐民公田之事是相当多的。除上引之例外,再如《汉书·广陵厉王胥传》:广陵"相胜之奏夺王射陂草田,以赋贫民"。《后汉书·明帝纪》:永平九年(66年)四月,"诏郡国以公田赐贫人各有差"。魏郡太守黄香把郡内公田"悉以赋人,课令耕种"。赐民公田,不是西周的"授田"。"授田"时期是"田里不粥(鬻)"②的。郑玄曰:"汉无授田之法。"③因之也就不存在"田里不粥"的问题。贡禹曰:"贫民虽赐之田,犹贱卖以贾。"④买卖是土地私有制的主要标志。列宁说:"这种私有制的真正自由,没有土地买卖的自由是不行的。土地私有制意味着必须用资本来购买土地。"⑤可见,赐民公田也是公田转向私有的重要途径。

(4) 任民垦荒。任民垦荒也是国有土地转向私有的一条重要途径。战国时期,秦国就有"垦荒令"⑥,奖励垦荒。《通典·食货》:"商鞅以三晋地狭人贫,秦地旷人寡,故草不尽垦,地利不尽出,于是诱三晋之人,利其田宅,复三代,无知兵事,而务本于内;而使秦人应敌于外。"这些开荒地归私人所有。两汉

---

① 《三国志·魏志·曹真传》附《曹爽传》。
② 《礼记·王制》。
③ 《周礼·地官·载师》贾疏引郑玄《驳五经异义》。
④ 《汉书·贡禹传》。
⑤ 列宁:《社会民主党在1905—1907年俄国第一次革命中的土地纲领》,《列宁全集》第13卷,第291页。
⑥ 《商君书·更法》。

时期,由于边防或救灾的需要,移民实边或移民就宽乡的事例更多。有时封建国家还协助解决耕牛、种子、农具和口粮等问题。《汉书·景帝纪》:前元元年(前156年)正月诏曰:"间者岁比不登,民多乏食,夭绝天年,朕甚痛之。郡国或硗陿,无所农桑、繫畜;或地饶广,荐草莽,水泉利,而不得徙。其议民欲徙宽大地者,听之。"《后汉书·章帝纪》:元和三年(86年)诏曰:"今肥田尚多,未有垦辟,其悉以赋贫民,给与粮、种,务尽地力,勿令游手。"这些开荒地也归私人所有。

垦荒过程中的阶级斗争也是严重的。西汉外戚王立"占垦草田数百顷",是一个突出事例。此外,如《后汉书·明帝纪》:永平十三年(70年)诏曰:"滨(汴)渠下田,赋与贫人,无令豪右得固其利。"《仲长统传》引《昌言·损益篇》:"今者,土广民稀,中地未垦。虽然,犹当限以大家,勿令过制。其地有草者,尽曰'官田',力堪农事,乃听受之。若听其自取,后必为奸也。"这些材料说明,如封建国家不对贵族、官僚、豪强侵夺可垦或已垦草田的情况进行干预,必将"富者田连阡陌,贫者无立锥之地",致使阶级矛盾和阶级斗争加剧,威胁到封建国家的统治。显然,这样的担心在土地国有制时期和土地私有制产生的初期,都不存在。

尽管国有土地不断向私有转化,但是国有土地一直是存在的,无边无际的山林川泽和荒地自不必说;就是耕地(包括熟荒地),由于土地私有制下特有的贫富不断分化、财产不断再分配的规律的支配,社会上一直存在着"富无经业,则货无常主;能者辐凑,不肖者瓦解"①的现象。对于田宅来说,就是"田无常主,

---

① 《史记·货殖列传》。

民无常居"①。耕地作为一种社会财富,一直处于运动状态。大量的是在私人之间运动,有的由于某种原因也会运动到封建国家手中。不过,这些土地迟早还是会转变为私有财产的。

---

① 《后汉书·仲长统传》引《昌言·损益篇》。

从"授民授疆土"到"衣食租税"[*]

土地国有制度是封建领主制度的基础。春秋、战国之际,由于土地国有制度的瓦解和诸侯封建兼并战争的剧烈,各个国家都先后进行了经济、政治改革,承认土地私有权,改变赋税制度,推行郡县制度,加强中央集权。领主制度已经失去了赖以存在的经济、政治条件,虽然在形式上封国建藩之制仍沿袭下来,但其性质已发生了极大的变化。封君已由"授民授疆土"的领主,逐渐变成了没有土地所有权,也不能臣其吏民的封君。这种封君在政治上越来越没有什么权力,变成了高官、显贵的"虚荣";在经济上,不过"衣食租税而已"。

战国、秦的封君

诸侯开始意识到要加强中央集权,必须削弱原有的领主制度,大约从春秋中叶开始。宋公在报酬砠班时,不再"授民授疆土",而"以门(关)赏砠班,使食其征(税)"(《左传》文公十一年〈前616年〉),可能是一次变革领主制度为"食封制度"的重要尝试。此后食封制度所以"以户邑为制",和当时自然经济处于统治地位,地租、口赋是国家的主要经济来源分不开。

战国时期,领主制度已基本瓦解,官僚政治迅速在各国建立起来。与此同时,领主制的躯壳也

---

[*] 收入《秦汉问题研究》,北京大学出版社,1985年。

在附着于官僚政治制度而发展为俸禄性质的"食封制度"。这个制度在秦国已纳入了系统完备的二十级爵中；在关东各国，仍以领主制残余的形式而存在，并以一种辅助制度的形式点缀着新产生的封建官僚制度。

这一时期的食封制度有如下几个主要特点：

1. 封君的身份性已不很严格，庶民有功于君、国，也可以获得封君的称号。

商鞅所主张的"壹赏、壹刑、壹教""刑无等级""而富贵之门，必出于兵"（《商君书·赏刑篇》），是对"礼不下庶人，刑不上大夫"的等级身份制的根本否定。这种体现新的阶级关系的新的政治主张，不但在秦国得到推行，关东各国也有类似的制度推行。

2. 封国细小，封君已没有独立自主之权，也往往没有治民之权。

封国既以户邑为制，封区很小。魏国安陵君曾说："吾先君成侯，受诏襄王，以守此地也，手受大府之宪……"又说："安陵，小国也，不能必使其民。"（《战国策·魏策》四）。由此可以看出，此时的封君在行政、法制各方面，必须以"大府之宪"为准绳，实际和一个普通的行政单位差不多。他们与封国内的居民不但没有领主、领民式的隶属关系，而且也往往没有行政权。如赵武灵王以田不礼相代安阳君，而治其国；秦惠王以陈庄相蜀侯而治蜀。封君虽有君国子民之名，实际只享有一定数额的租税。

3. 封国已不是封君的私有或占有土地，世禄制度也在日益削弱。

秦自春秋中期以来，土地私有制度可能即已产生发展，领主

《秦惠文王赐宗邑瓦书》拓本

制度并不很发展。君位或传子或传弟,没有定制。历代权臣如百里奚、蹇叔、公孙枝、丕豹、由余等都是异姓或异族人。商鞅变法进一步摧毁了领主制度,发展了官僚制度,将封君爵位纳入二十级爵中,形成"租秩制度"。关东各国虽屡建封君,但除收其租税之外,能够肯定其为世袭的也不多。韩非子说:"吴起教楚悼王以楚国之俗曰:大臣太重,封君太重。若此,则上逼主而下虐民,此贫国弱兵之道也;不如使封君之子孙,三世而收爵禄。"(《韩非子·和氏》)这可能反映了进一步削弱食封制度的一般倾向。

食封制度是领主制度瓦解和官僚制度产生发展时期的产物。它之所以能够产生,并在一定时期获得发展,是由于封建的生产关系并未发生质变,封建的等级身份性的法则依然在起着作用的结果。不过由于土地私有制度的发生和中央集权政治的出现,使它没有更多的发展基础,而不得不成为官僚政治制度的附属物。

秦统一之后,土地私有制度在全国范围内合法化了;中央集权的官僚制度也获得了空前的发展;领主制度曾在政府中受到了严厉的政治批判。在以始皇和李斯为首的革新派根除领主制度的同时,在极大程度上简化了食封制度。他们主张皇帝的子弟、功臣一律不再立为封君,可"以公赋税重赏赐之"。在琅邪台石刻上署名的许多列侯、伦侯,都是在职将吏的爵位,而不是君国子民的封君。班固在评论始皇、李斯的这番改革时说:"(秦)姗笑三代,荡灭古法,窃自号为皇帝,而子弟为匹夫,内亡骨肉本根之辅,外亡尺土藩翼之卫。"(《汉书·诸侯王表·序》)这是符合实际情况的。

两汉时期的封君

两汉时期,是食封制度获得空前发展,并形成一套完整的制度的时期;同时也是由于它本身仍保留了领主制度原有的分裂割据的劣根性,与中央集权制存在着严重的矛盾,因而又不断遭到削弱,以致走向没落。两汉食封制度的来源,脱胎于秦的二十级爵,不过又在列侯之上,增加了诸侯王这一最高的爵位罢了。诸侯王、列侯,名义上可臣其吏民(《汉官解诂》:"得臣其所食吏民。"),这是与秦不同的。但就其本质来说,绝对不是领主制度的再创,而是一种特殊的"俸禄制度",所以当时的人常常称其封国为"餐钱""奉邑"(《汉书·高后纪》)或"租秩"(《后汉书·冯鲂传》)。因为这时封君的全部政治、经济特权,不过是"衣食租税而已"。

两汉时期的封君所以不同于领主,证明极多。为了论证这一问题,需要进一步了解两汉食封制度的基本特点。今从如下二个方面进行探讨。

1. 削弱封君的政治权力

西汉初年,以刘邦为首的统治者接受了亡秦的教训,"剖裂疆土,立二等之爵"(《汉书·诸侯王表·序》)。封诸侯王九国(连异姓王吴芮为十国),列侯一百四十三国。诸侯王"大者跨州兼郡,连城数十"。除太傅、丞相由中央委派以外,御史大夫以下皆由自己任命。"内史治国民,中尉掌武职,丞相统众官,群卿大夫都官如汉朝。"(《汉书·百官公卿表上》)"而重臣之亲,或为列侯,皆令自置吏,得赋敛。"(《汉书·高帝纪》)这种现象确实如班固所说:"所谓矫枉过正矣。"(《汉书·诸侯王表·序》)

七国之乱以后,封君的权力大为削弱,诸侯王不得复治其国,"改丞相曰相,省御史大夫、廷尉、少府、宗正、博士官、大夫、谒者、郎诸官长丞,皆损其员"(《汉书·百官公卿表上》)。一切军政事务,均由中央派官治理。王国相和侯国相与太守县令相同,不臣属于封君。"诸侯惟得衣食税租,不与政事。"(《汉书·诸侯王表·序》)班固说:自此以后,诸侯王、列侯虽"生于帷墙之中,不为士民所尊,势与富室亡异"(同上书)。

东汉时,对于封君的政治限制更严格。诸侯王和大的列侯,虽仍保有"得臣其吏民"之名,但实际上国相掌握一切大权,直接听命于中央,且对王、侯有监察之权。东汉中叶以后,王、侯多不就国,留驻京师,名为"奉朝请",实际是进一步废除他们的政治权力。

两汉对于封君的法律限制也极严格,充分体现了发展中的中央集权制的要求。在政治方面,诸侯王、列侯在封国内必须严遵中央的法令、制度,不得逾越。没有诏书、虎符,不得擅自发兵,不得擅出国界,不能藏匿亡命。汉武帝时,还制定了"左官律"和"附益阿党法",严格限制封君的政治活动。所以这样做的目的,很明显,是为了将封君的作用缩小到最低限度,不使妨碍中央集权政令的推行。东汉初,朱浮盛赞当时中央集权的加

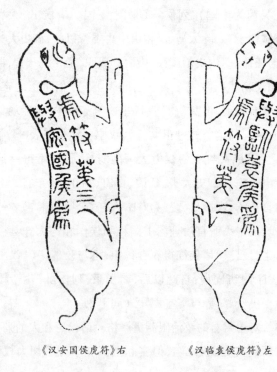

《汉安国侯虎符》右　　《汉临袁侯虎符》左

强时说:"自宗室诸王、外家后亲,皆奉遵绳墨,无党势之名,至或乘牛车,齐于编人。斯固法令整齐,下无作威者也。"(《后汉书·朱浮传》)这种情况在战国和西汉前期都是没有的。

对封君的生活严加管制,是削弱封君政治权力一事在生活方面的体现。这与统治阶级的腐朽糜烂的生活并不矛盾。封君随意杀人、伤人、贪污、淫乱、敲诈、抢劫的事实数不胜数,他们在买卖田宅、借贷、取息、占租各个方面,也常常不遵汉律。从封建贵族眼里来看,这本来都是小事,可是这时的中央却常常以这些"小事"为借口,沉重地打击封君。许多诸侯王、列侯就因犯了上述罪过而遭到弃市、腰斩、自杀、除国、削爵、下狱或判处徒刑。

由此看来,自七国之乱以后,以迄于东汉末年,封君的政治权力一再受到削弱以致达到微不足道的地步。

2. 封君与土地和人民的关系

封君对封国之内的土地,没有所有权,战国中期以后即已如此。"汉承战国之余烈",自然也是如此。有人说封君是领主,封国内的土地属于国家,为领主占有或所有。这种说法是不符合历史事实的。像刘邦所封,"自雁门以东,尽辽阳,为燕、代;常山以南,太行左转,度河、济,渐于海,为齐、赵;穀、泗以往,奄有龟、蒙,为梁、楚;东带江、湖,薄会稽,为荆吴;北界淮濒,略庐、衡,为淮南;波汉之阳,亘九嶷,为长沙"(《汉书·诸侯王表·序》)。封国几乎包括了战国时期关东六国的全部,这里的已垦地早在战国时已几乎全部私有化。而且由于土地兼并而出现了许多豪强地主,发展了以征收实物地租为主要内容的剥削关系,怎么能说这里的土地都属于国家或封君所有呢?

在我看来,封国仅仅是封君取得其应享租税的户数或地域范围,没有土地所有权,这是两汉封君的基本特征。正由于这一原因,在土地私有制度深入发展时,特别是在封君的政治权力不断遭到削弱时,他们开始有了置私田的要求,并真正出现了"宗室有土"的现象。武帝时,"限民名田",即包括限制封君的私有土地在内。哀帝时规定:"诸侯王、列侯得名田国中",以三十顷为限。如淳说:"名田国中者,自其所食国中也。既收其租税,又自得有私田三十顷。"这个说法是很正确的。这证明了封国根本不是封君的领地。只有"名田"才真正属封君私有。这个规定又说:"列侯在长安及公主名田县道。"又《令甲》:诸侯在国,名田他县,罚金二两"(《汉书·哀帝纪》注)。这些都是对封君私有土地的法律规定,在律令中往往与"吏民名田"并列。这些事实一方面说明了两汉时期,诸侯王、列侯、公主、关内侯、吏、民都有土地私有权,可是也说明了封国内的土地根本就不是什么国有土地,封君既没有所有权,也没有占有权,绝大部分土地分别属于若干大大小小的私有者。

封君与封国内人民的关系,也与西周、春秋时不同。所谓的"得臣其吏民",起初只是一个政治统治的概念。"七国之乱"以后,仅仅是一种没有实际内容的虚名而已,自始至终都不是领主与领民的关系。即使这点虚名,也由于封君政治权力的一再遭到削弱和限制而日益不被重视。正因为如此,所以封君过分役使人民,则会遭到法律制裁。例如江阳侯刘仁,因"役使附落"而被免国。(《汉书·王子侯表》)

3. 衣食租税

封君是贵族、功臣的政治荣誉,他们由于受封而获得的权利,则是在封国之内收取租税。封君的高低和租入的多少,基本上"以户邑为制,不以里数为限"(《后汉书·黄琼传》)。这是因为土地所有制形式改变了,食封制度必须建立在不同于领主制的基础之上。

以"户邑为制"即是以"户口为差降"(《晋书·地理志上》)的制度。封君大的以邑(县)规划其受封范围,按户收其租税;小的直接按户收租税。也有些关内侯连户数多少也没有规定,只按期拨给一定数量的租税。例如《后汉书·宦者列传·曹节传》:"余(宦者)十一人,皆为关内侯,岁食租二千斛。"封君的升降,主要以"户、邑"的增削为标志。

西汉初年,以户邑为制并不严格。初封时,"大侯不过万家,小者五六百户。后数世,民咸归乡里,户益息,萧、曹、绛、灌之属,或至四万,小侯自倍,富厚如之"(《史记·高祖功臣侯年表·序》)。景帝以后,诸侯不治其民。诸侯应得的租税,由国相代征,王国实收实给;列侯按封户的多少拨给,以每户200钱为标准;关内侯无土,寄食在所县,民租多少,各以"户数为限"(《后汉书·百官志》)。至此,"以户邑为制"才名副其实。

食封制度的政治意义很小,主要是皇帝、贵族(皇族、外戚)和高官的一种分赃制度。因此皇帝封立王、侯,完全从"钱"上着眼。例如东汉明帝在封皇子时,马皇后说:"诸子食数县,于制不已俭乎?帝曰:我子岂宜与先帝子等乎?岁给二千万足矣!"(《后汉书·马皇后纪》)章帝在册立陈王羡、巨鹿王恭、乐成王党时,"按舆地图,令诸国户口皆等,租入岁各八千万"(《孝明八王传》)。

皇帝对于所爱,往往封到租入特多的地方。对于不太喜爱或疏远的,则往往给以地瘠民贫租入菲薄之地。例如刘邦所以以齐封其长庶男刘肥,是因为"齐临淄十万户,市租千金,人众殷富,巨于长安"(《史记·齐悼惠王世家》)。当然刘肥的收入尚不止此,刘邦为了特殊照顾,使他"食七十城,诸民能齐言者,皆予齐王"(同上书)。再如明帝封汝南王畅时,"母阴贵人有宠,畅尤被爱幸,国土租入,倍于诸国"(《后汉书·孝明八王传》)。但是有些不受宠爱的王、侯,情况就不同了。如"汉景帝幸侍者唐儿,生长沙定王发,以母微无宠,王卑湿贫国"(《史记·五宗世家》)。

由此可以看出,"衣食租税"是两汉分封制的基本内容。可以说"食"在这时成为"封"的最恰当的代词,而且也恰恰被采用了。两汉在分封时,使用的"食国""食邑""食郡""食邑五千户""食本县租千斛""寄食在所县""独三分食二"以及"功大者食县,小者食乡、亭"等语,真是举不胜举。这些名词、术语清楚地表明了这一制度的实质。第五伦说:"贵戚可封侯以富之,不当职事以任之。"(《后汉书·第五伦传》)也说明了这一问题。

两汉的封君和富商、地主差不多,大约在七国之乱以后,即渐如此。所以早在武帝时,司马迁即算过这样一笔账:"封者食租税,岁率户二百。千户之君,则二十万,朝觐聘享出其中;庶民农、工、商、贾,率亦岁万息二千,百万之家,则二十万,而更徭租赋出其中。"司马迁称前者为"封君",后者为"无秩禄之奉、爵邑之入",可与封君比"乐"的"素封"(《史记·货殖列传》)。

封君既无土地所有权,又无真正的君国子民之权,只可"衣食租税",他们的经济地位和生活条件是没有什么保障的。在政治和社会状况急剧变化之时,他们的生活变化极大。就是在他们的子孙与皇室的血缘关系疏远之时,由于政治地位的下降,经济地位也日益下降。班固在《汉书·高惠高后文功臣表·序》中说:"迹汉功臣,亦皆割符世爵,受山河之誓,存以著其号,亡以显其魂,赏亦不细矣!百余年间,而袭封者尽,或绝失姓,或乏无主,朽骨孤于墓,苗裔流于道,生为愍隶,死为转尸,以往况今,甚可悲伤。"

班固的这段伤感性的评述,正反映了食封制度日趋没落的状况。

论秦汉时期三种盐铁政策的递变*

在秦汉时期的四百年中,封建统治阶级先后实行过三种盐铁政策。即在秦和西汉前期,实行盐铁包商政策;西汉中后期,主要实行盐铁国营政策;东汉一代,主要实行盐铁私营政策。每次政策的改变,也就是旧的政策的废除和新的政策的制定和推行时,都曾在统治集团内部或朝野之间,引起激烈的争论或冲突。关于此事,占人多归之为"义""利"之争。例如桓宽在谈到关于汉昭帝始元六年(前81年)举行的盐铁会议时说:"客曰:余睹盐铁之义(议),观乎公卿、文学、贤良之论,意指殊路,各有所出。或上仁义,或务权利。"[①]这样的评论的最大错误是把对一项现实的国家政策的争论看作千年不变的儒、法两家有关思想理论方面的论争。现代学者的评论则大不同了,如郭沫若同志,他虽也认为"'贤良'与'文学'以儒家思想为武器","桑弘羊和他的下属们基本上是站在法家的立场"。但他并不认为这是什么义、利之争,而却认为是中央集权的封建国家和民间的商人、地主阶级为争夺盐铁利益而进行的斗争。他说盐铁国营等"财政政策是汉武帝一代的文治武功的经济基础……这些中央集权的高级政策对于国家事业是有利的,但从民间的商人和地主阶级的立场看来,便感觉着很不利。因此,从民间来的代表'贤

---

* 收入《秦汉问题研究》,北京大学出版社,1985年11月出版。

① 《盐铁论·杂论》。

良'与'文学'便极端反对这种国策,辩论得非常激烈"①。

我认为郭老已把"盐铁会议"从所谓"义、利之争"的陈旧评论中解脱了出来,并置之于比较科学的评论之上,这是一个很大的进步。当然仅仅这样还是不够的,应当做进一步的研究。要揭示各种盐铁政策的社会所有制的基础,要说明各种盐铁政策和中央集权制国家的关系,要剖析各种盐铁政策和经济规律的关系。只有这样,才能为上述三种盐铁政策的递变的必然性和必要性,为由于政策的递变而引起的争论和冲突,做出更科学、更准确地说明或评价。

秦和西汉前期的盐铁包商政策

这里所说的秦和西汉前期,具体是指秦始皇统一中国到西汉武帝元狩二年(前221—前121年),共约一百年的一段时间。由于当时的盐铁资源归封建国家所有,封建国家除为了政治或军事上的需要,将部分资源归国家直接使用之外,大部分资源则出包给商人生产、运销,国家只按照规定收取一定数量的租税。《汉书·食货志下》引贾谊说的"法使天下公得顾租,铸铜锡为钱"和《盐铁论·水旱》记贤良说的"故民得占租鼓铸、煮盐之时",都是指包商政策。"顾"与"雇"同义,这里所说的"顾租"和"占租"亦同义,就是指包租。这种包租的性质和一般地租相同。对于资产的主人来说,也"是土地所有权借以实现的经济形式"②。

---

① 郭沫若:《盐铁论读本·序》。
② 马克思:《资本论》第3卷,人民出版社,1975年,第714页。

在古代,盐铁资源笼统地归入山林川泽(包括海在内)之中。要研究这类资源的所有制及其变化,必须从西周谈起。

西周前中期的所有制的基本特点,是"溥天之下,莫非王土;率土之滨,莫非王臣"①。就是土地归以周天子为首的封建国家所有,其中包括山林川泽。对于大而著名的山林川泽,周天子是加以控制的。《礼记·王制》记载:畿外"名山大泽不以封",畿内"名山大泽不以朌(颁)"。封和朌的基本含义相同,就起分封、赏赐之意。这两句话是说山林川泽只能归属于周天子,不分封或赏赐给诸侯或臣属。古人对此事的解释,一是说为了维护天子对山川神祇的祭祀,一是说为了天子"与民同财"②。所谓"与民同财",就是天子设置山虞、林衡、川衡、泽虞等官③,掌握有关山林川泽的政令,限制人民得按季节时令进入山林川泽渔捞樵采④,并向他们征收一定数量的租税。虽尚未发现当时炼铸铁器之事例,可是制盐之法早已发明,盐也已作为一种重要食品而被广泛使用了。周天子对于盐的政策,和对征收其他山林川泽的租税一样,是征收实物,所以叫作"贡"。《尚书·禹贡》曰:夏代,"海岱惟青州……贡盐"。我认为所反映的情况应包括西周的在内。当然那时周天子限于经济、军事、交通等条件,实际控制的地区不过是渭水流域的关中地区;对于关中以外的诸侯,无力节制;对于诸侯封疆之内的山林川泽更无力控制。各诸侯在封国之内,自行其便。如齐太公,"至国,修政因其俗,简其礼。通商工之业,便鱼盐之利,而人民多归齐"⑤。

---

① 《诗·小雅·北山》。
② 《礼记·王制》郑玄注。
③ 《周礼·地官》。
④ 《盐铁论·力耕》记文学曰:古者,"泽梁以时入而无禁"。
⑤ 《史记·齐太公世家》。

西周后期，社会生产力进一步发展，可能出现了冶铁技术。农村公社进一步瓦解，从而动摇了土地国有制的基础，土地私有制在萌发之中。这时周天子的经济、政治、军事力量也在发展，他企图把山林川泽进一步控制在自己手里，以为王室谋取更多更大的利益。文献记载周厉王搞"专利"，说的就是这件事。《国语·周语上》："厉王说荣夷公。芮良夫曰：王室其将卑乎？夫荣夷公好专利，而不知大难。夫利，百物之所生也，天地之所载也。而或专之，其害多矣。天地百物皆将取焉，胡可专也。所怒甚多，而不备大难，以是教王，王能久乎？……今王学专利，其可乎？匹夫专利，犹谓之盗；王而行之，其归鲜矣。荣公若用，周必败。"周厉王不听芮良夫的劝告，以荣夷公为卿士，垄断山林川泽之利，以致"诸侯不享"，"国人谤王"①，最后发生了国人暴动，厉王逃到彘（今山西霍县）而死。

春秋时期，王室衰微，诸侯坐大，人们之间的政治隶属关系和土地所有制关系都在发生变化。集中体现这一变化的是"溥天之下，莫非王土；率土之滨，莫非王臣"这一旧的原则为"封略之内，何非君土；食土之毛，谁非君臣"②这一新的原则所代替。各诸侯都把封疆之内的山林川泽视为当然的为本国的国有财产，并置官经管，立法设禁，垄断所出产的全部利益。如在齐国，"山林之木，衡鹿守之；泽之萑蒲，舟鲛守之；薮之薪蒸，虞候守之；海之盐蜃，祈望守之"③。杜注："言公（齐侯）专守山泽之利，不与民共。"在鲁国，大夫臧僖伯说："若夫山林川泽之实，器用之资，皂隶之事，官司之守，非君所及

---

① 《国语·周语上》。
② 《左传》昭公七年。
③ 《左传》昭公二十年引晏婴语。

也。"①杜注："言取此杂猥之物以资器备,是小臣有司之职,非诸侯之所亲也。"在郑国,子产说:"有事于山,蓺山林也,而斩其木,其罪大矣。"②剥夺犯罪者之官邑。至于对矿藏的管制更严格。如管仲对齐桓公说:"山上有赭者,其下有铁;上有铅者,其下有银……此山之见荣者也。苟山之见荣者,谨封而为禁。有动封山者,罪死而不赦。有犯令者,左足入,左足断;右足入,右足断。"③

春秋时期,人们对盐铁资源的了解,对盐铁市场的估计,对盐铁之与财政、经济的关系,已有相当的认识,而且议论也相当多。如关于盐铁资源和盐铁耗费,管仲说:"夫海,出沸(卤)无止;山,生金、木无息。草木以时生,器以时靡币,沸水之盐以日消,终则有始。"④这就是说,盐、铁资源是无限的,其耗费也是巨大的。管仲又说:"恶食无盐则肿。"⑤"十口之家,十人食盐;百口之家,百人食盐。"⑥还有记载:"一农之事,必有一耜一铫一镰一耨一椎一铚,然后成为农;一车必有一斤一锯一钉一钻一凿一銶一轲,然后成为车;一女必有一刀一锥一箴一钵,然后成为女。"⑦这都说明了盐铁市场之广阔,铁盐之与国家财政、经济的关系。《管子·海王》记齐桓公问:"然则吾何以为国?"管仲对:"唯官山海为可耳!"同书《轻重甲》记管仲说:"为人君而不能谨守其山林菹泽草莱,不可以立为天下王。"《左传》成公六年记晋

---

① 《左传》隐公五年。
② 《左传》昭公十六年。
③ 《管子·地数》。
④ 《管子·轻重乙》。
⑤ 同③。
⑥ 《管子·海王》。
⑦ 同④。

大夫韩献子的话："夫山泽林盬,国之宝也。"诸大夫亦说："沃饶而近盬,国利君乐。"因此,一个诸侯国如果拥有相当的盐铁资源,而且能够执行正确的政策,加以开发利用,国家就能够富裕强大;相反的如果缺少或没有这样的资源,国家在盐铁需要上势必依靠邻国,仰人鼻息,在群雄纷争之时,这于一个国家的经济、政治都是很不利的。所以当时的一些政治家都很重视扩大盐铁资源,注意实行正确的盐铁政策,即所谓"与天壤争",正"盐铁之策"①。

春秋时期可以说是真正的山林川泽国有制时期,也是各封建诸侯以国有制为基础而比较认真地制定他们的盐铁政策的时期。不过由于留传到今天的材料较少,要做出具体的说明还很不容易。关于盐业,齐国可能同时或先后实行过两种政策,一是国营政策,二是包商政策。关于前者,《管子·地数》记管仲对齐桓公说:"君伐菹薪,煮沸水为盐,正而积之三万钟。"生产是国营,运销也是国营。销售范围,西通于"河、济之流","南输梁、赵、宋、卫、濮阳",东至莱人地区。② 关于后者,《地数》又记管仲说:"阳春,农事方作……北海之众毋得聚庸而煮盐。"这是为了保证农业生产而采取的对民间盐商的限制措施,反映了包商政策的存在。晋国产池盐,可能也实行包商政策。上引韩献子说的:"夫山泽林盬,国之宝也。国饶则民骄佚,近宝公室乃贫,不可谓乐。"杜注:"盬,盐也,猗氏县盐池是。"孔颖达疏引《正义》:"《说文》云:盬,河东盐也,袤五十一里,广七里,周揔百一十六里。字从盐省,古声。然则盬是盐之名。盬虽是盐,唯此

---

① 《管子·山国轨》。《海王》记管仲曰:"海王之国,谨正盐策。"
② 《国语·齐语》:"通齐国之鱼盐于东莱。"

池之盐独名为盬,余盐不名盬也。"我为什么说晋国可能实行包商政策呢?孔疏的解释是很明确的。他说:"若迁都近盬,则民皆商贩,则富者弥富,骄侈而难治;贫者益贫,饥寒而犯法。"这些盐商应是包商。"猗顿用盬盐起。"①他应是这些盐商中的杰出代表。秦国可能也实行包商政策。文献记载,"秦穆公使贾人载盐"②。这样的贾人应是包商。

关于冶铁业,齐国在决定实行什么政策时,曾有很大的争议。衡曾建议齐桓公实行国营政策,"以令断山木,鼓山铁"。他认为,实行这样的政策之后,"可以毋籍而用足"。可是管仲却坚决反对实行这样的政策,他认为如果搞冶铁国营,"发徒隶而作之,则逃亡而不守;发民,则下疾怨上;边竟有兵,则怀宿怨而不战。未见山铁之利而内败矣"。他主张实行包商政策,其具体办法是"与民量其重,计其赢,民得其十(当为七),君得其三。有杂之以轻重,守之以高下。若此,则民疾作而为上房矣"③。管仲是小商人出身,对于经商营利是有丰富经验的。他不采用定租制,而采用分租制,即置十抽三,是一个高明的措施。他对这项措施足以调动包商们的积极性的估计,也是正确的。

《史记·齐太公世家》记载:"桓公既得管仲,与鲍叔、隰朋、高傒修齐国政,连五家之兵,设轻重鱼盐之利,以赡贫穷,禄贤能,齐人皆说。"齐桓公就是依靠这样的政治、经济条件,"九合诸侯,一匡天下",成为春秋前期的霸主。"管仲卒,齐国遵其政,常强于诸侯。"④

---

① 《史记·货殖列传》。据《孔丛子·陈士义》曰:"猗顿,鲁之穷士也……闻陶朱公富,往而问术焉。"当为春秋末年人。
② 《七国考》卷二《秦食货·载盐》引《太平御览》。
③ 《管子·轻重乙》。十或作"七",亦通。
④ 以上所引均见《史记·管仲列传》。

战国时期,土地私有制度已基本确立,但各诸侯国内的山林川泽仍是国有制,这时对于盐铁资源的发现更多。如用司马迁的话来说:"山东食海盐,山西食盐卤,领南、沙北固往往出盐。""铜铁则千里往往山出棋置。"①可是这时的私营工商业也有进一步发展,各国各地拥有巨量财力的大商人相当多。"天下熙熙,皆为利来;天下攘攘,皆为利往。"商人们"趋时若猛兽鸷鸟之发"②,无处不用其智巧。他们不仅利用强大的经济力量从事一般的商业投机,还大量地兼并土地,并开始向山林川泽的国有制度挑战。

秦在商鞅变法时,利用早期的中央集权政治的力量,排除了一切私人对于山林川泽的争夺,实行"壹山泽"政策。高亨注《商君书·垦令》有:"《穀梁传》僖公九年范注:'壹,专也。'此壹即专有独占之意。官家独占山泽之利,不许人民采矿打柴打猎打鱼。"③这个说法是正确的。秦在盐铁的经营方式上,是采取了包商政策。《盐铁论·非鞅》记大夫说的"昔商君相秦也……外设百倍之利,收山泽之税"中的"山泽之税",就是"顾租",是秦国财政的重要来源之一。秦国有了这样巨大的财政支援,"征敌伐国,攘地斥境,不赋百姓而师以赡"。商鞅认为"壹山泽"还有另外一个重要作用,就是"重农抑商"的作用。他说:"壹山泽,则恶农慢惰倍欲之民无所于食;无所于食则必农,农则草必垦矣。"④我认为商鞅的"壹山泽"政策的"重农抑商"作用是有的,但不能估计过高。董仲舒说秦"用商鞅之法,改帝王之

---

① 《史记·货殖列传》。
② 同上。
③ 高亨《商君书注译·垦令》注〔29〕。
④ 《商君书·垦令》。

制,除井田,民得卖买,富者田连阡陌,贫者亡立锥之地。又颛川泽之利,管山林之饶,荒淫越制,逾侈以相高;邑有人君之尊,里有公侯之富"①。这说明了商人的势力不是被抑制住了;相反地,却有很大的发展。"颛川泽之利,管山林之饶"的大商人中,一定有不少盐铁包商在内。

从文献记载来看,秦政府为管理盐政和铁政,设有专门的机构和官吏。如《华阳国志·蜀志》记载,秦惠王二十七年,张仪与蜀守张若"城成都","置盐铁市官并长丞"。又载:昭王时,蜀郡守李冰"穿广都盐井"。秦始皇时,司马昌"为秦主铁官"②。秦中央的九卿之一——少府,"掌山海池泽之税,以给共养"③。秦的地方上的盐铁官归所在郡县的守、令统辖,收盐铁顾租与市税,汇之于少府,以供皇帝享用。

关东六国的政治改革很不彻底,旧制度、旧事物残存比较多。诚如韩非对于韩国的评论所说:"韩者,晋之别国也。晋之故法未息,而韩之新法又生;先君之令未改,而后君之令又下。"④六国虽也实行中央集权制,但比起秦国来要软弱得多。在实行盐铁包商政策方面可能比较宽缓,包商们也相对比较活跃。《史记·货殖列传》记载了当时的四个大冶铁商人:"邯郸郭纵以铁冶成业,与王者埒富";赵之卓氏,"用铁冶富";魏之孔氏,"用铁冶为业";山东之程氏,也是冶铁家。这些人是所谓"天下豪富"⑤。

---

① 《汉书·食货志上》。
② 《史记·太史公自序》。
③ 《汉书·百官公卿表序》。
④ 《韩非子·定法》。
⑤ 《史记·秦始皇本纪》。

秦在统一六国之后，盐铁业沿用秦国原有的政策。可是为了巩固它对全国的统治，曾把关东六国的大盐铁商作为"天下豪富"的一个组成部分强制迁到了咸阳、南阳、巴蜀等地，以削弱他们的势力。这些人被迁之后，和一般六国旧贵族不同，没有因此而漂沉汩没，却利用他们的知识和经验，因地制宜，重整家业。如卓氏被迁，"独夫妻推辇，行诣迁处。诸迁虏少有余财，争与吏求近处，处葭萌。唯卓氏曰'此地狭薄。吾闻汶山之下沃野……民工于市易贾'，乃求远迁。致之临邛，大喜。即铁山鼓铸，运筹策，倾滇蜀之民"。其他被迁的铁冶家也多如此。

西汉初年有关山林川泽的政策，和秦朝的基本相同。各郡县的山林川泽的税收归少府，诸侯王国封域之内的山林川泽的税收归诸侯王享用。《史记·平准书》曰："山川园池市井租税之入，自天子以至于封君汤沐邑，皆各为私奉养焉，不领于天下之经费。"可是刘邦建国之初，社会经济凋敝，国家财政困难，"自天子不能具钧驷，而将相或乘牛车，齐民无藏盖"。商人们却不遵法度，"蓄积余业，以稽市物，物踊腾粜，米至石万钱，马一匹则百金"①。刘邦为了稳定他的统治，较快地恢复封建秩序，就采取了"重农抑商"的政策：设山林川泽之禁，商人不得衣丝乘车，商人及其子孙不得仕宦为吏，还加重征收商人的租税。这个政策的实行，在一定时间内和一定程度上起过节制商人们的投机活动的作用。但对盐铁业的发展来说，也有消极的作用。

这时的民间盐铁商人仍是包商，但富商大贾不多。从资料来看，诸侯王中倒是有些在经营盐铁，并发家致富。例如刘邦的

---

① 《史记·平准书》。

侄子吴王濞,王三郡五十三城。到国之后,"招致天下亡命者,益铸钱,煮海水为盐。以故无赋,国用富饶"①。《盐铁论·禁耕》记大夫说:"异时,盐铁未笼,布衣有朐邴,人君有吴王。"刘濞后来发动"七国之乱"时,在告各诸侯书中说:"寡人节衣食之用,积金钱,修兵革,聚谷食,夜以继日,三十余年矣。凡为此,愿诸王勉用之。能斩捕大将者,赐金五千斤,封万户;列将,三千斤,封五千户;裨将,二千斤,封二千户;二千石,千斤,封千户;千石,五百斤,封五百户,皆为列侯。其以军若城邑降者,卒万人,邑万户,如得大将;人、户五千,如得列将;人、户三千,如得裨将;人、户千,如得二千石;其小吏,皆以差次爵、金。佗封赐皆倍常法。……寡人金钱在天下者,往往而有,非必取于吴,诸王日夜用之弗能尽。有当赐者告寡人,寡人且往遗之。"②从刘濞所开列的这份赏赐名例来看,他所积累的财富一定是不小的。

刘邦的长庶男、齐王肥"食七十城",他和他的子孙也经营盐铁。传世的封泥有"琅邪左盐"、"齐铁官印"、"齐铁官长"、"齐铁官丞"、"临淄铁丞"③、"临淄采铁"④等;铜印有"琊左盐印",《十钟山房印举》第28页有"海右盐丞"印⑤。这些遗物说明了齐国当时设有专门经营盐铁生产、销售的官府机构。

当时的赵国也"以冶铸为业"。直到汉武帝实行盐铁国营之前,还是如此。《史记·酷吏列传·张汤传》记载,武帝时,赵"王数讼铁官事,汤常排赵王",就是证明。

---

① 《史记·吴王濞列传》。
② 同上。
③ 参看陈直:《两汉经济史料论丛》,中华书局,1980年,第239页。五枚封泥现藏北京大学历史系。
④ 同上。
⑤ 见北京大学历史系考古专业编《中国考古学》,1960年印初稿本,第45页。

西汉"齐铁官印"封泥

"抑商"政策在刘邦时执行得比较严格。"孝惠高后时,为天下初定,复弛商贾之律;然市井之子孙,亦不得仕宦为吏"①,政策有所放宽。到文帝时,"开关梁,弛山泽之禁"②,"纵民得铸钱、冶铁、煮盐"③。这不仅解除了商人们头上的紧箍咒,使他们还如虎添翼,于是很快就出现了"富商大贾周流天下,交易之物莫不通,得其所欲"④的局面,盐铁业也有进一步的发展。文帝对于租赋、徭役都一再减轻,将田租十五税一减为三十税一,后又在十二年中全免田租;算赋由人一百二十钱减为四十钱;丁男

---

① 《史记·平准书》。
② 《史记·文帝本纪》。
③ 《盐铁论·错币》。
④ 《史记·货殖列传》。

徭役"三年而一事"①。对于包商的顾租是否也有所减轻，文献没有记载。《盐铁论·非鞅》记文学说："昔文帝之时，无盐铁之利而民富。"《华阳国志·蜀志》记载文帝将临邛的铁、铜矿山"赐侍郎邓通，通假民卓王孙，岁取千匹。故王孙货累巨万亿，邓通钱亦尽天下"。邓通从卓王孙处所收取的"假租"及其数量，应就是卓氏原来输纳给官府的"顾租"及其数量。从这两条记载来看，文帝时的顾租也是相当轻的，通常为产值的十分之一左右。

从文帝时起，盐铁包商很活跃，也是盐铁业的大发展时期。可以说商人们"各任其能，竭其力，以得所欲"②。大盐商如齐的刁间，使用奴仆"逐渔盐商贾之利……起富数千万"③。东郭咸阳亦"致生累千金"④。铁冶家如蜀的卓氏，"即铁山鼓铸，运筹策，倾滇蜀之民，富至僮千人，田池射猎之乐，拟于人君"⑤。"滇蜀之民"中有不少是西南夷人。《后汉书·西南夷传·冉駹》曰："夷人冬则避寒，入蜀为佣，夏则违暑反其邑。"《华阳国志·蜀志》曰："夷人冬则避寒入蜀，庸赁自食；夏则避暑反落，岁以为常。"这些夷人是不是奴隶身份呢？我认为不是，都是雇佣劳动者。其他一些汉族人口在那里做工的也不是奴隶，有些也是一般雇佣劳动者，有些则是由于各种原因而逃亡来的。他们与卓氏的关系，基本上也是雇佣关系。《盐铁论·复古》记大夫说："往者，豪强大家得管山海之利，采铁石鼓铸，煮海为盐。一

---

① 《汉书·贾捐之传》。
② 《史记·货殖列传》。
③ 同上。
④ 《史记·平准书》。
⑤ 以上均见《史记·货殖列传》。

家聚众或至千余人,大抵尽收放流人民也。"卓氏的情况也应如此。至于卓氏的"僮千人",《华阳国志·蜀志》作"家僮千数"。"僮"在汉代,还是"奴仆"的一种称谓,这当与上述佣工有所区别。蜀之另一位铁冶家是程郑,他亦"贾椎髻之民,富埒卓氏"①。《史记·西南夷列传》曰:"西南夷君长以什数,夜郎最大;其西,靡莫之属以什数,滇最大;自滇以北君长以什数,邛都最大,此皆魋结,耕田,有邑聚。""魋结"与"椎髻"同。可见程郑所雇人工,和卓氏相类似。南阳的孔氏也是大铁冶家,"规陂池,连车骑,游诸侯,因通商贾之利……家致富数千金"。后来在武帝时,官至大司农的大铁冶家孔仅就是南阳孔氏的一个成员。鲁的大铁冶家曹邴氏,"起富至巨万"②。

以上数人,只是当时盐铁业的代表人物,也即司马迁所说的,是"当世千里之中,贤人所以富者"。司马迁对这些豪富也有所指责,他说:"至于蜀卓、宛孔、齐之刁间,公擅山川、铜铁、鱼盐、市井之入,运其筹策,上争王者之利,下锢齐民之业。"③这就是说,大盐铁商们的谋利行为对于社会经济的发展、对于人民的生活来说,也有消极的作用。

当时的小的盐铁商人的社会作用是不能低估的,他们基本上是自食其力的劳动者。他们为了生活,为了使生意兴隆,为了在竞争中不至于失败,多依靠夫妻父子的勤劳操作,尽量做到物美价廉,方便顾客,体现了工商行业应有的道德。《盐铁论·水旱》记贤良说小铁冶者"家人相一,父子戮力,各务为善器,器不善者不集。农事急,挽运衍之阡陌之间。民相与市买,得以财货

---

① 《史记·货殖列传》。
② 同上。
③ 同上。

五谷新弊易货,或时贳。民不弃作业,置田器,各得所欲"。在农忙季节,把制作的农具运到田间地头出售,可用货币购买,亦可用新、旧五谷换取,甚至还可赊购。这样的经营态度对于广大贫苦农民来说,是很受欢迎的。

总之,汉文帝进一步推行并改进了盐铁包商政策,其社会经济效果是明显的。《水旱》记贤良说:"民得占租、鼓铸、煮盐之时,盐与五谷同贾,器利而中用。"汉文帝还实行了一些其他的政策,例如"贵粟"和"修马复令"等政策,都有积极的意义。据说当时"百姓无内外之徭,得息肩于田亩。天下殷富,粟至十余钱"①。景帝基本上遵循其父制定的各项政策,促进了农业、手工业和商业的继续发展。至武帝即位之时,西汉的社会经济的发展达到了高峰。《史记·平准书》曰:"汉兴七十余年之间,国家无事,非遇水旱之灾,民则人给家足,都鄙廪庾皆满,而府库余货财。京师之钱累巨万,贯朽而不可校;太仓之粟,陈陈相因,充溢露积于外,至腐败不可食。众庶街巷有马,阡陌之间成群。"从文帝即位到此时,大约有四十年的时间,是历史上盛称的"文景之治"时期。

当然在我们研究汉文帝的政策时,在评价当时包括盐铁商在内的商人的积极的社会作用时,首先应当充分肯定秦末农民大起义的社会推动作用和西汉前期广大农民同其他劳动者为恢复发展社会生产而做出的贡献。至于文帝的政策,毕竟是封建统治者的阶级政策,归根结底,是为巩固地主阶级的统治服务的。至于当时的商人、地主利用财势,兼并土地,广大人民贫困破产,乃至流亡异乡的情况,也是严重的。关于这一方面,司马

---

① 《史记·平准书》。

迁说："当是之时，网疏而民富，役财骄溢，或至兼并，豪党之徒，以武断于乡曲；宗室有土，公卿大夫以下争于奢侈，室庐舆服僭于上，无限度。物盛而衰，固其变也。"①我认为司马迁的评论很有道理。

西汉中后期的盐铁国营政策

这里所说的西汉中后期，是指从武帝元狩四年至新莽地皇四年（公元前119—公元23年），共约一百四十二年的时间。在这一时期，西汉政府主要实行盐铁国营政策。

西汉政府实行盐铁国营政策的经济基础，是山林川泽国有制。实行盐铁国营政策的重要政治条件，是有强大的中央集权的政权为保障。导致盐铁政策由包商制改变为国营制的主要原因，是为了解决封建国家的财政困难的问题。

这时的山林川泽的所有权，属于封建国家是毫无疑问的；山林川泽出产的利益也归国家，这也是毫无疑问的。这些利益就包括盐铁资源的利益在内。山林川泽的利益原归少府，供皇帝享用；武帝时，转归大司农，以充实财政。所以，《盐铁论·复古》记大夫说："山海之利，广泽之畜，天下之藏也，皆宜属少府。陛下②不私，以属大司农，以佐助百姓。"既然盐铁资源的所有权属于封建国家，封建国家包给商人经营，还是由官府自营，权力在于国家。这是实行盐铁国营政策的经济基础，也就是所有制基础。

---

① 《史记·平准书》。
② 应为"先帝"。

汉武帝时的中央集权的政权是强大的。其父汉景帝时,实行"削藩策",后又平定了吴楚"七国之乱",取消了诸侯王治国的权力。武帝又下"推恩令",制定"左官之律"和"附益之法",诸侯王的权力一再受到削弱,诸侯王或列侯有罪,常常被除国,或被处死。《汉书·诸侯王表·序》:"诸侯惟得衣食税租,不与政事。至于哀、平之际,皆继体苗裔,亲属疏远。生于帷墙之中,不为士民所尊,势与富室亡异。"权力全部集中在中央。在中央,又由于丞相权力的削弱、尚书权力的加强、刺史制度的设置,以及期门等军的创建,大权更集于皇帝一身。可以这样说,中国古代的中央集权制度发展到汉武帝时已相当完备,而且力量也是相当强大的。这样一个政权,是实现盐铁国营政策的重要政治保证。

那么汉武帝为什么要放弃行之多年的盐铁包商政策,而另创行盐铁国营政策呢?我所说的财政困难到底是一个什么样的问题呢?简单地说,主要是解决对匈奴作战的军费问题,当然还有其他的重要开支。

西汉与匈奴的关系问题,在刘邦即位之时,即已发生。高祖七年(前200年),刘邦曾亲率大军三十二万人北击入侵之匈奴,但被匈奴四十万骑兵围困于白登山,被迫缔结了"城下之盟"性质的"和亲之约"。汉朝多次"奉宗室女公主为单于阏氏,岁奉匈奴絮缯酒米食物各有数"①。可是匈奴的入侵和杀掠,几乎连年不断。有时烽火通于甘泉②和长安,威胁西汉王朝的统治。

---

① 《史记·匈奴列传》。
② 汉宫名,在今陕西淳化县甘泉山上。

汉和匈奴彻底决裂的时间,是在武帝元光二年(前133年),即"王恢谋马邑,匈奴绝和亲"①之时。此后十多年间,汉、匈之间的大规模的战役共有三次,小的战役有无数次。仅以第三次大战为例:时在元狩四年(前119年),一路以大将军卫青为统帅,出定襄郡(今内蒙古和林格尔);一路以骠骑将军霍去病为统帅,出代郡(今河北蔚县)。各将骑五万,步兵数十万,另有志愿从征者四万匹马,粮食辎重等还未计在内。这次的战果:卫青大破单于军,追至寘颜山赵信城(今蒙古国杭爱山南)而还;霍去病出代二千里,大破左贤王部,追至狼居胥山(今蒙古国乌兰巴托东),临瀚海而还。汉对匈奴作战,汉军损失士卒数万人、马十余万匹,其他财物的耗费不计其数。如果把十几年的战争耗费全部统计起来,其数量之大是惊人的。此外,与对匈奴作战有关的其他开支也相当巨大。如匈奴人有数万投降汉朝,"皆得厚赏,衣食仰给县官。县官不给,天子乃损膳,解乘舆驷,出御府禁臧以澹(赡)之"。这时山东被水灾,国家虚郡国仓廪以赈贫困,又募豪富相假贷,仍不能相救,武帝又下令徙贫民七十万余口于西河、朔方等地区,以充实边郡。可是衣食等"皆仰给于县官,数岁,贷与产业,使者分部护,冠盖相望,费以亿计,县官大空"②。此外,汉武帝的个人生活也是穷奢极欲的,广开上林苑,大造千门万户宫,举鱼龙、角抵之戏。这项开支也是极大的。总之,武帝即位二十年,耗尽了他的父、祖之积蓄,把国家财政推到了崩溃的边缘。桑弘羊说:"匈奴背叛不臣,数为寇暴于边鄙。备之则劳中国之士,不备则侵盗不止。先帝哀边人之久患,苦为虏所

---

① 《汉书·食货志下》。
② 以上所引均见《汉书·食货志下》。

系狨也,故修障塞,饬烽燧,屯戍以备之边。用度不足,故兴盐铁,设酒榷,置均输。蕃货长财,以佐助边费。"①当然这只是说了造成财政困难和所以实行盐铁国营政策等的一个主要的原因。其他原因,文献也多有记述。《盐铁论·禁耕》记文学说:"山海者,财用之宝也。"②谁掌握并充分利用了山海之资源,谁就可能获得巨富。这时的封建国家下令废除盐铁包商政策,实行国营政策,以剥夺盐铁商们的权益,充实国家财政,是必然的。

当时的封建国家剥夺盐铁商们这份权益是很容易的,只要他们强加给盐铁商们以经济的,尤其是政治的罪名,再加之以暴力手段,足以达到。例如《汉书·食货志下》说:"而富商贾或滞财役贫,转毂百数,废居居邑,封君皆氐首仰给焉。冶铸煮盐,财或累万金,而不佐公家之急,黎民重困。"《盐铁论·复古》记桑弘羊说:"往者,豪强大家得管山海之利,采铁石鼓铸,煮海为盐,一家聚众或至千余人,大抵尽收放流人民也。远去乡里,弃坟墓,依倚大家,聚深山穷泽之中,成奸伪之业,遂朋党之权,其轻为非亦大矣。"这都是给整个盐铁商人阶层强加的重大政治罪状。就是这样的"莫须有"之罪,却成为汉武帝废除盐铁包商政策、实行国营政策的重要根据。用桑弘羊的话来说:"令意总一盐铁,非独为利入也。将以建本抑末,离朋党,禁淫侈,绝并兼之路也。"③

汉武帝有一个很大的长处是知人善用。他所重用的政治、军事、法律、文化人才,在中国古代史上,都是杰出的。所重用的

---

① 《盐铁论·本议》。
② 郭沫若《盐铁论读本》:"'宝路',路字原夺,据《通典》十引,补。"据《左传》成公六年载:"山林泽盬,国之宝也。"故"财用之宝"亦通。
③ 以上所引均见《盐铁论·复古》。

经济、财政人才,尤其如此。可以这样说,汉武帝重用了专家,重用了热心事业、精明强干的专家。他为搞盐铁国营,在中央主要用了三个专家,就是东郭咸阳、孔仅和桑弘羊。司马迁在介绍这三个人的出身和才能时说:"咸阳,齐之大煮盐;孔仅,南阳大冶,皆致生累千金,故郑当时进言之。弘羊,雒阳贾人子,以心计,年十三侍中。故三人言利事,析秋毫矣。"

首先倡议搞盐铁国营的就是东郭咸阳和孔仅。他们当时在大司农郑当时的推荐下,任大农丞,领盐铁事。桑弘羊当时是侍中。东郭咸阳和孔仅上书武帝,关于盐的生产,建议"募民自给费,因官器作煮盐,官与牢盆"。如淳注:"牢,廪食也。古者,名廪为牢也。盆者,煮盐盆。"苏林说:"牢,价直也。今世人言雇手牢盆。"小颜说:"苏林是。"我也认为苏说是对的。这是一种雇佣劳动。关于铁的生产,《史记·平准书》所录东郭咸阳和孔仅的上书很不完备。只说"郡不出铁者,置小铁官,便属在所县"。小铁官主收集废铁回炉,改铸器具。产铁之地则设铁官,

西汉铁器陶范

直属于大司农属下的盐铁丞,主要以刑徒和士卒为劳动力,开山鼓铸。他们两位建议制定的有关禁令,也是极严酷的:"敢私铸铁器、煮盐者,钛左趾,没入其器物。"①

废除盐铁包商制,实行国营政策,其阻力是很大的,斗争也是激烈的。反对者固然有安于习惯势力的保守派,但也有相当多的反映或代表商人利益的人物。因为从权益上来看,这次政策的改变就是"笼天下盐铁,排富商大贾"②。必然有人站出,为商人说话。在东郭咸阳、孔仅上书时,就讲到过"其沮事之议不可胜听"③。桑弘羊后来也说当时"浮食豪民好欲擅山海之货,以致富业,役制细民,故沮事议者众"④。但斗争的结果,商人们还是失败了,他们经营盐铁的权益被剥夺了。不仅这样,汉武帝还于次年(元狩四年,前119年)实行算缗钱,即征收财产税。不久,又公布告缗法,鼓励揭发隐瞒财产,不肯缴纳缗钱者。对被揭发者,严加惩办。《史记·平准书》说:"杨可告缗遍天下,中家以上大抵皆遇告,杜周治之,狱少反者。……得民财物以亿计,奴婢以千万数,田大县数百顷,小县百余顷,宅亦如之。于是商贾中家以上大率破。……而县官有盐铁、缗钱之故,用益饶矣。"这样的情况也只有在封建国家的中央政权十分强大的情况下,才能出现。

东郭咸阳、孔仅所引荐的官吏,多是"故盐铁家富者",他们都是经营盐铁的行家。汉武帝为了他的事业,竟然"祖宗不足法"⑤,彻底废除了"市井之子孙亦不得仕宦为吏"的禁令,不能不说有

---

① 以上所引均见《史记·平准书》及《集解》《索隐》。
② 《史记·酷吏列传·张汤传》。
③ 《史记·平准书》。
④ 《盐铁论·复古》。
⑤ 《宋史·王安石传》。

相当的革新精神。孔仅实行盐铁国营三年,即升任大司农,位列九卿。桑弘羊由侍中一跃而为大农丞,至元封元年(前110年)更升任治粟都尉,领大司农,尽代孔仅管天下盐铁事。至此,商人或商人子弟在朝廷上的权势达到了高峰。

据《汉书·地理志》记载,西汉在地方上设的盐官,分布于二十六郡(国),共三十二处,主要是在滨于渤海、黄海之区和西北、西南的产池盐、井盐之地。铁官分布于四十郡(国),共四十五处,几乎遍于全国的东南西北。武帝"使孔仅、东郭咸阳乘传举行天下盐铁作"①,国库从此又充实起来。"当此之时,四方征暴乱,甲车之费,克获之赏,以亿万计,皆赡大司农。"②

盐铁国营的积极作用当然很大,充实了当时的财政,支援了汉武帝经略四方的雄图,为奠定祖国南方、西南和西域的疆域,起到了重要的作用。此外,以国家之人力、财力、物力,进一步勘察盐铁资源,扩大开发、经营业务,推动盐铁业进一步发展。在这些方面,都非个体商人所能比拟的。《华阳国志·蜀志》记载,宣帝时,"又穿临邛、蒲江盐井二十所,增置盐铁官",就是一例。

当然,盐铁国营也是有严重问题的。最根本的问题,就是在以私有制为基础的阶级社会中,对民用经济实行垄断性的国营政策,是极易违犯价值法则、危害经济发展的。在国营经济或其机构中所出现的各种弊端,都根源于此。主要弊端有三:

1. 盐铁经营者官僚化

在封建时代,"建皇帝之号,立百官之职"③,以权位相高下。

---

① 《史记·平准书》。
② 《盐铁论·轻重》。
③ 《汉书·百官公卿表·序》。

就是经济部门,其官、其长、其丞、其史,大大小小都是"官"。即使他们原为盐铁商人,而且曾兢兢业业于自己的事业;可是此时既成了官,其地位、思想就发生了变化。他们乘公家之车,谋私人之利,上下勾结,穷奢极欲。桑弘羊在谈到这个问题时,是轻描淡写的。他说:"吏或不良,禁令不行,故民烦苦之。"①可是文学们揭露的情况却远非如此。他们说:"自利害之设、三业之起,贵人之家云行于涂,毂击于道;攘公法,申私利,跨山泽,擅官市,非特巨海鱼盐也;执国家之柄以行海内,非特田常之势、陪臣之权也;威重于六卿,富累于陶、卫,舆服僭于王公,宫室溢于制度,并兼列宅,隔绝闾巷,阁道错连足以游观,凿池曲道足以骋骛;临渊钓鱼,放犬走兔,隆豺鼎力,蹋鞠斗鸡;中山素女抚流徵于堂上,鸣鼓巴俞作于堂下;妇女被罗纨,婢妾曳绨纻;子孙连车列骑,田猎出入,毕弋捷健。"②王莽统治时期,也用商人经营盐铁,可是他们利用职权、图谋私利的情况,更加严重。《汉书·食货志下》曰:"羲和置命士督五均六斡,郡有数人,皆用富贾。洛阳薛子仲、张长叔、临菑姓伟等,乘传求利,交错天下。因与郡县通奸,多张空簿,府臧不实,百姓俞病。"可见图谋私利的专家,是更易坏事的。

2. 工人情绪涣散,工作消极,阶级斗争激烈

铁冶工人主要是刑徒和士卒。在这里劳作的刑徒也叫作铁官徒。他们背井离乡,在穷山深林之中,过着艰苦的生活,受着非人的待遇,干着劳累的工作。他们心情烦乱,精神不振,不想

---

① 《盐铁论·复古》。
② 《盐铁论·刺权》。

出力。诚如《盐铁论·水旱》所说:"今县官作铁器,多苦恶,用费不省,卒徒烦而力作不尽。"铁官们虽捶楚笞责,也无济于事。可是铁官们为了保证生产进度,按期完成生产定额,不得不扩大征调郡县徭役的名额,用徭役劳动的形式以帮助完成生产任务。《水旱》记贤良说:"卒徒作不中程,时命助之。发征无限,更徭以均剧,故百姓疾苦之。"当然这样的更徭也不会积极生产。不仅如此,他们还会作为铁官徒的组成部分,进行积极的阶级斗争。成帝阳朔三年(前22年),颍川(今河南禹县)铁官徒申屠圣等一百八十人起义,捕杀地方官吏,夺取兵库武器,自称将军,转战九个郡。永始三年(前14年),山阳(今山东金乡)铁官徒苏令等二百二十八人起义,杀东郡太守和汝南都尉,转战十九个郡国。总之,铁官奴役下的劳作者群是一个很不稳定的因素,实际是西汉中后期的农民的阶级斗争、农民的起义和农民的战争的一支重要同盟军。

3. 产品低劣,依靠官势,欺压用户

盐铁官中虽有大量的盐铁专家,由于他们已官僚化了,也就丧失了原来为个人逐利求财时曾有的积极性,不再深入工地或作坊行监督之责。他们满足于数员计程,届时上报;至于产品质量,全不过问。这给劳动人民制造了极大的痛苦。《盐铁论·水旱》记贤良说:"县官鼓铸铁器,大抵多为大器,务应员程,不给民用。民用钝弊,割草不痛。是以农夫作剧,得获者少,百姓苦之矣。"《史记·平准书》也说:"郡国多不便县官作盐铁,铁器苦恶。"[集解]引瓒说:"谓作铁器,民患苦其不好。""不给民用"的大器有无事例可举呢?我认为是有的。1955年在辽宁辽阳三道壕西汉晚期遗址中发现的一件犁铧,长40厘米,宽42厘米,高13厘米,断面作三角形。按原规格复制,重约42斤。这件巨犁,不能说绝对无用。如用壮牛"二牛抬杠",在一些土质松软的地区还是可以用于开沟窨垡的。但此种犁毕竟不是广泛使用之物,使用最多的犁,其宽度为10厘米、20厘米和30厘米左右的小、中型犁。如铁官一味盲目生产这种巨型犁,农民在生产时必然遇到巨大的困难。

就是这样一些产品,百姓能不能随时买到呢?那也不一定。因为商人原有的一些"殷勤"顾客的品质,在这些大小官僚身上,早已不存在了。他们把"市门"变成"官府",愿卖就卖,不愿卖就不卖。因为他们是官,"朝觐""述职"之事很多,"市门"虽设而常关。这也给百姓们制造了许多不便,对生产造成危害。另一方面,这些低劣的器具销售困难,官僚们又强制推销,而且要高价。百姓们迫于压力,不得不买。《盐铁论·水旱》记贤良说:"吏数不在,器难得。家人不能多储,多储则镇(锈)生。弃膏腴之日,远市田器,则后良时。盐铁贾贵,百姓不便。贫民或木耕手耨,土耰淡食。铁官卖器不售,或颇赋与民。"《史记·平准书》亦记载有:"铁器苦恶,贾贵,或强令民卖买之。"

盐铁国营的不良后果引起各个方面的关注。劳动人民的不满自不必说,在统治集团内部也有反映。例如武帝时的董仲舒就向武帝建议,"盐铁皆归于民"[1],武帝未采纳。卜式也主张罢盐铁国营,遭到贬官。后天旱,武帝令官求雨。卜式又上言:"县官当食租衣税而已。今弘羊令吏坐市列肆,贩物求利。亨弘羊,天乃雨。"[2]至昭帝时,朝廷请到的六十多位贤良、文学,更对盐

---

[1] 《汉书·食货志上》。
[2] 《史记·平准书》。

铁国营政策的弊端揭露得淋漓尽致。桑弘羊十分愤怒。叵见斗争之激烈。虽然如此,盐铁国营政策在西汉武帝之后,仍为既定的国策。除在元帝初元五年至永光二年(前44—前42年)的三年间,由于灾异关系,一度"罢盐铁官"外,其他时间基本上是贯彻执行国营政策的。只是到了王莽末年,天下已大乱之时,王莽迫于形势,下令"除井田、奴婢、山泽、六筦之禁"①,政策才有变化。

东汉时期的盐铁私营政策

这里所说的东汉时期,是从光武帝建武元年至灵帝中平六年(25—189年),共约一百六十五年。东汉政府主要实行盐铁私营政策。盐铁从国营到私营这一政策的变化,主要是受山林川泽国有制瓦解、私有制产生这一历史性的变化制约的。西汉末年的农民大起义和东汉初年的政权的一度软弱,对这一政策的变化带来了比较便利的条件,或者说起了促进的作用。

山林川泽受私有制的冲击,开始于战国中期以后。董仲舒说商鞅变法之后,秦国的大商人"颛川泽之利,管山泽之饶,荒淫越制,逾侈以相高"②,应是指包商们的情况。西汉前期,有些大商人地主或官僚地主占田很多,其中也有山泽或陂池。如蜀之卓氏,有"田池射猎之乐";宛之孔氏,"规陂池";官僚灌夫,"陂池、田园、宗族、宾客为权利,横颍川"。孔仅、东郭咸阳上书:"浮食奇民欲擅管山海之货,以致富羡,役使细民。"③这些材料

---

① 《汉书·王莽传下》。
② 《汉书·食货志上》。
③ 《史记·平准书》。

说明私有制对于较小的山林川泽的进攻已经开始了。西汉中期以后,官僚、地主、商人三位一体,民间比较强大的经济势力以不同于前的面貌在发展着。至西汉后期,这一势力进一步向山林川泽进攻。例如大地主兼商人的樊重,"开广田土三百余顷,其所起庐舍,皆有重堂高阁,陂渠灌注,又池鱼牧畜,有求必给"①。《水经注》说樊氏陂"东西十里,南北五里"。这样大的陂池在此时以前,是不可能归私有的。

关于土地所有权的标志,马克思说:"土地所有权的前提是,一些人垄断一定量的土地,把它作为排斥其他一切人的、只服从自己个人意志的领域。"②个人意志,指种植、建筑、赠送、抵押、典当、遗留给子孙以及出卖等等,但其中最主要的标志是"出卖"。所以,马克思又说:"土地所有者可以像每个商品所有者处理自己的商品一样去处理土地。"③这一标志对于鉴别山林川泽所有权的形式也是适用的。公元前68年的遗物《扬量买山刻石》应是记录了我国古代山林川泽买卖的最早的证据。其文:"地节二年□月,巴州民扬量买山,直钱千万,作业□,子孙永保其毋替。"④扬量所买之山,应是私有的。又《汉书·孙宝传》:"帝舅红阳侯立,使客因南郡太守李尚,占垦草田数百顷,颇有民所假少府陂泽,略皆开发,上书愿以入县官。有诏,郡平田予直,钱有贵一万万以上。"王立所侵夺的巨量田地,不仅有草田,还有陂泽,而且又出卖给了国家。在这时,盐铁资源也有转为私人所有的迹象。《汉书·货殖传》:"至成、哀间,成都罗裒訾至巨

---

① 《后汉书·樊宏传》。
② 依次见马克思:《资本论》第3卷,人民出版社,1975年,第695页、696页。
③ 同上。
④ [清]陆增祥:《八琼室金石补正》卷二。

万,……擅盐井之利,期年,所得自倍,遂殖其货。"罗裒不像包商,应是私商。此时实行盐铁国营政策,也不应有包商。罗裒之所以能据有一些盐井,可能和扬量一样,是由于远在巴蜀地区,封建国家对山林川泽等资源的控制力量薄弱,同时与土地私有制在进一步发展有关。

王莽改制,名天下田为"王田",不得买卖;名山大泽不得采集捞捕。隗嚣在起兵反莽时,传檄郡国,数莽之罪说:"田为王田,卖买不得;规固山泽,夺民本业。……此其逆地之大罪也。"①可见山林川泽向私有转化,已是历史的趋势。

东汉时期,山林川泽私有制进一步发展,买卖关系也更多。公元78年的遗物《大吉买山地记》刻石曰:"昆弟六人,共买山地。建初三年,造此冢地,直三万钱。"②就是一个证明。许多有权有势的人在霸占山林川泽,据为己有。例如桓帝时,黄纲依仗程夫人的权力,"求占山泽,以自营植"。颍川太守种拂问功曹刘翊:"程氏贵盛,在帝左右。不听则恐见怨,与之则夺民利,为之奈何?"翊曰:"名山大泽不以封,盖为民也。明府听之,则被佞倖之名矣。若以此获祸,贵子申甫(种拂子)则自以不孤也。"③又中常侍苏康、管霸得倖于桓帝,"遂固天下良田美业、山林湖泽,民庶穷困,州郡累气"。刘祐为大司农,"移书所在,依科品没入之"。这个行动本来是维护了"山林川泽不以封"的国有制原则,对于封建国家,尤其是对于皇帝最有利;可是桓帝得

---

① 《后汉书·隗嚣传》。
② [清]陆增祥:《八琼室金石补正》卷三。
③ 《后汉书·独行列传·刘翊传》。程氏,程夫人,桓帝的乳母。种拂子,名劭,字申甫。

知此事以后,却大怒,"论祐输左校"。① 这就是说,到了此时,连皇帝也不再维护山林川泽国有制的原则了。

山林川泽国有制的破坏,动摇了盐铁国营政策的基础。新莽统治的覆灭,实际废除了西汉行之百年以上的盐铁国营政策,为盐铁转向私营创造了很有利的条件。刘秀建立东汉王朝之初,封建国家的问题很多,始则忙于消除割据势力,继又镇压由于"度田"而引起的叛乱。用刘秀自己的话来说:"即位三十年,百姓怨气满腹。"②在民族关系上,问题也很大。如匈奴,"单于骄踞,自比冒顿",侵扰不已。而刘秀只能"赂遗金币,以通旧好"③,无力抗击。这些事实都说明了当时的政权确实相当软弱。文献记载,王莽末年至东汉明帝时,封建国家都不曾实行盐铁国营政策。相反的,却有不少盐铁私营的记录。例如《东观汉记·第五伦传》说:"王莽末,盗贼起……(伦)遂将家属客河东,变易姓名,自称王伯齐,尝与奴载盐,北至太原贩卖。"同书《宋弘传》说:光武时,弘为司空,"尝受俸得盐,令诸生粜,诸生以贱不粜。弘怒,悉贱粜,不与民争利"。《后汉书·彭宠传》说:"是时北州破散,而渔阳差完,有旧盐铁官,宠转以贸谷。"《后汉纪》卷四作"有盐铁之积"。宋弘、彭宠出卖盐铁,不是国营性质,相反的却属私商性质。又《后汉书·循吏列传·卫飒传》:"耒阳县出铁石,他郡民庶常依因聚会,私为冶铸。"后来卫飒为桂阳太守,用政权的力量,夺占了这个矿山,"上起铁官,罢斥私铸,岁所增入五百余万"。这是地方官府侵夺私商的事例。当时是有些官办盐铁业,但总的说来,还是以盐铁私营为主。

---

① 《后汉书·党锢列传·刘祐传》。
② 《后汉书·祭祀志上》。
③ 以上所引均见《后汉书·南匈奴传》。

东汉政权从制度上来说,是进一步加强中央集权的。三公权力的削弱,尚书台的建立和加强就是一个重要标志。《后汉书·仲长统传》引《昌言·法诫》曰:"光武皇帝愠数世之失权,忿强臣之窃命,矫枉过直,政不任下,虽置三公,事归台阁。自此以来,三公之职备员而已。"可是中央集权毕竟是一种政权形式,至于政权是否强大则不一定。政权的强大,要具备多种条件。东汉政权的逐渐强大,是在社会秩序逐渐稳定、社会生产逐渐由恢复而发展之后,时间约在明帝在位(58—75年)的后期。到章帝时(76—88年),就东汉一代来说,是比较强大的时候,但与西汉武帝、昭、宣之世相比,差距还是很大的。从明帝后期到章帝时,东汉与匈奴的斗争相当激烈,尤其是争夺西域的斗争更加尖锐,国家的财政又相当窘迫。就是在这样的政治形势和财政需要之下,章帝一度下令,恢复盐铁国营政策。此事的建议始于建初六年(81年),真正实行大约在元和年间(84—87年)。《后汉书·和帝纪》记载:"昔孝武皇帝,致诛胡、越,故权收盐铁之利,以奉师旅之费。自中兴以来,匈奴未宾,永平末年,复修征伐。先帝即位,务休力役,然犹深思远虑,安不忘危。探观旧典,复收盐铁,欲以防备不虞,宁安边境。"说的就是这一情况。

此时"复收盐铁",与汉武帝时的条件已大不相同了。山林川泽国有制已在瓦解之中,山林川泽的相当部分已成为私有财产,其中就包括一些盐铁资源;新建的中央集权的政权并不很强大。因此,"复收盐铁"之议一提出,朝廷上就发生了激烈的争论,连章帝本人也参加到争论之中。《后汉书·郑兴传》附《郑众传》中记载:"建初六年,(众)代邓彪为大司农。是时,肃宗议复盐铁官,众谏以为不可。诏数切责,至被奏劾。众执之不移,帝不从。"但从文献记载来看,盐铁国营政策在此后几年中,并未

东汉盐场画像砖

真正实行。至元和中,争论再起。《后汉书·朱晖传》说:"是时谷贵,县官经用不足,朝廷忧之。尚书张林上言:'……盐,食之急者,虽贵,人不得不须。官可自煮……'于是诏诸尚书通议。晖奏:'据林言,不可施行。'事遂寝。后陈事者复重述林前议,以为于国诚便。帝然之,有诏施行。晖复独奏曰:'《礼记·王制》:天子不言有无,诸侯不言多少,食禄之家不与百姓争利。……盐利归官,则下人穷怨。……诚非明主所当宜行。'帝卒以林等言为然。得晖重议,因发怒,切责诸尚书。晖等皆自系狱。"郑众时为大司农,朱晖时为尚书仆射,前者是直接管盐铁事的最高长官,后者是中枢机构的第二号人物。他们那样坚决地反对实行盐铁国营,是有相当的道理的。大约就在此时,章帝强制实行盐铁国营政策,他还于元和三年(86年)"秋八月乙丑,幸安邑,观盐池"①。

---

① 《后汉书·章帝纪》。

章帝的盐铁国营政策虽实行了,看来不久就发生了严重问题。《后汉书·马援传》附《马棱传》:"章和元年(公元87年),(棱)迁广陵太守。时谷贵民饥,奏罢盐官,以利百姓,赈贫羸……"崔寔《政论》:"旧时永平、建初之际,去战攻未久,朝廷留意于武备,财用优饶,主者躬亲,故官兵常牢劲精利。……顷,主者既不敕慎,而诏书又误;进入之宾,贪饕之吏,竞约其财用;狡猾之工,复盗窃之。至以麻枲被弓弩,米粥杂漆,烧铠铁焠醯中,令脆易治。铠孔又褊小,不足容人;刀牟悉钝。故边民敢斗健士,皆自作私兵,不肯用官器。"①《后汉书·和帝纪》:"吏多不良,动失其便,以违上意。先帝(章帝)恨之,故遗戒郡国,罢盐铁之禁,纵民煮铸,入税县官,如故事。"这时盐铁国营出现的问题比西汉时怎样呢?我认为参照军用铁冶业的情况来看,可能有过之而无不及。

　　东汉废除盐铁国营政策,是在章帝死、和帝即位那年(章和二年,公元88年)。和帝遵从章帝的遗诏,下令全国废除盐铁国营政策,实行私营政策,由国家征收盐铁税。东汉的盐铁政策从此时到东汉末,未再有大的变化。例如《后汉书·史弼传》记载:史弼任河东太守,"中常侍侯览果遣诸生赍书请之,并求假盐税"。《集解》引沈钦韩说:"案河东有两盐池,则后汉仍榷其税。"这是官府就场征税的一个事例。铁官在个别地区,随着官府财政的需要,设废无常。如和帝永元十五年(公元103年),因连年灾害,人民流离失所,封建国家财用不足,"复置涿郡故盐铁官"②。这是在个别地区临时恢复盐铁国营的事例。

---

① 《群书治要》卷四十五。
② 《后汉书·和帝纪》。

关于东汉一代盐铁问题的综合资料以《续汉书·百官志》较详,其三"大司农"条本注:"郡国盐官、铁官,本属司农,中兴皆属郡县。"其五"边县有障塞尉"条:"其郡有盐官、铁官、工官、都水官者,随事广狭,置令、长及丞,秩次皆如县、道,无分士,给均本吏。本注曰:凡郡县出盐多者置盐官,主盐税;出铁多者置铁官,主鼓铸。……在所诸县,均差吏更给之。置吏随事,不具县员。"在和帝以后,东汉王朝日益衰弱,政治走向黑暗,更无大规模搞盐铁国营的可能,而主要是私营。在重要的盐铁产地设盐铁官,监督生产,就场征税。在重要的盐铁销售地亦设盐铁官,监督买卖,以征市税。朝廷为了保征税收,还往往派遣"使者"对盐铁官进行监督。东汉末年,在曹操和袁绍对峙之时,卫觊与荀彧书说:"夫盐,国之大宝也。自乱来放散。宜如旧,置使者监卖,以其直益市。""彧以白太祖,太祖从之,始遣谒者仆射监盐官。"① 这个"使者"监卖的"旧"制,当然不是献帝时才有的,而应是黄巾起义以前就存在的制度。

我所说的秦汉时期的三种盐铁政策,是指与民用盐铁直接有关的政策。任何朝代,在民用盐铁之外,都有用于军事和皇室、官府的官用盐铁。盐有食用、牲畜用、工业用等。铁有兵器、车马具、生产工具、生活用具等。这类盐铁在包商政策和国营政策时期,是由国家或官府直接生产供用。在私营政策时期,盐则多用征购的办法供用;铁器则由封建国家占有的部分矿山直接驱使刑徒、士卒开采、冶铸供用。上引崔寔《政论》中所谈"刀牟悉钝"的"官器",就是这类国营工场制造出来的。一般说来,这类的工场为皇室、朝廷制作的器物的质量可能比较好一些,有的

---

① 《三国志·魏志·卫觊传》。

很精致,因为标准高,督责严,不惜工本。为地方守令等主要官僚制作的也可能好一些。至于一般军事、公家用具,属于大路货,督者不严,做者不精,恐怕"刀牟悉钝"是通常的情况。

两汉国营手工业中的弊端与救弊措施[*]

两汉是我国古代国营和由国家专卖的手工业种类最多、规模最大的时期。国营和专卖手工业政策在相当长的时间中,是国家的御用物资、军备和财政的重要支柱,对社会经济的发展也有所推动。可是在封建时代,由国家大规模地经营手工业虽有一定成效,但弊端也很多,有些弊端还很严重。汉武帝实行盐铁专卖不久,御史大夫卜式即主张取消专卖,恢复民营,武帝"由是不悦卜式"[①]。董仲舒也建议"盐铁皆归于民"[②]。武帝亦未采纳。昭帝时,以御史大夫桑弘羊为首的专卖派和以贤良唐生、文学万生为代表的六十余位民营派还在朝廷中进行过长时间的激烈争论,使专卖与民营之争达到高潮。此后,争议时有发生,但西汉中后期主要行专卖政策,东汉一代主要行民营政策;当然少数官府亦有经营盐铁者。关于国营手工业中存在弊端一事,两汉的统治者不是一无所知或是视而不见,而是很有所知,并希望能消除弊端,正常营业,因之也曾采取过一些重大措施,力求救弊。只是,办法虽多,却收效甚微,这是国营手工业前途不佳的重要原因之一。今就此问题谈一点初步意见。

御用与军用手工业中的弊端

御用与军用手工业都是非商品性生产的手工

---

[*]《文史》总第 50 辑(中华书局出版),2000 年第一辑。
[①]《史记·平准书》卷三〇,中华书局,1982 年,第 1440 页。
[②]《汉书·食货志上》卷二四,中华书局,1983 年,第 1137 页。

业。其生产目的,主要是为了满足皇室生活和国家军事需要。在封建时代,这样的手工业是非常重要而且高度严肃的,然而其弊端也是严重的。今分别就两类手工业的情况评述如下。

（一）御用手工业及其弊端——两汉时期的御用手工业很多,主要生产皇室、贵族的被服、生活用具、车马饰物、葬具等。主持管理这些手工业的最高机构是中央的九卿之一——少府。少府之下,在西汉,有东织室、西织室、考工室、东园匠和尚方,每个机构都设有令、丞、员吏、从官等。东汉的情况基本相同。西汉时,东、西织室设在长安,专为皇家生产锦绣衣物。在郡国也设有服官。如在齐国的临淄设三服官,每年为皇室制作春（秋）、冬、夏三季的服装。《汉书·元帝纪》:初元五年(前44年),罢"齐三服官"。颜注引李斐曰:"齐国旧有三服之官,春献冠帻縰,为首服,纨素为冬服,轻绡为夏服,凡三。"如淳曰:"《地理志》曰:'齐冠带天下。'胡公曰:'服官,主作文绣,以给衮龙之服。'"在陈留郡襄邑(今河南睢县)设置的服官,专织锦,为皇帝和贵族、大臣制作礼服。晋左思《魏都赋》:"锦绣襄邑。"《南齐书·舆服志》:"衮衣,汉世出陈留襄邑所织。"《论衡·程材》:"齐郡世刺绣,恒女无不能。襄邑俗织锦,钝妇无不巧。"① 可见两汉时期的临淄、襄邑都是丝织业发展、刺绣织锦技术有名于全国之地。这些地区所产的锦、绣、纨、绡及所做服装的具体情况,今已无法得知。但从考古发现中,可见一斑。例如 1972—1974 年在长沙相继发掘的马王堆一、三号汉墓中,出土大量的丝织品,其中有锦、绣、绢、绮、罗纱等,都极精美。其花色有茶褐、绛

---

① "齐郡世刺绣",原作"齐部世刺绣"。黄晖:《论衡校释·程材》,卷一二,商务印书馆,第541页:"《意林》《御览》八一五引'部'并作'郡'。当据正。"

红、黄棕、浅黄、棕、青、绿、朱、灰、白等,纹饰有动物、云纹、卷草、变形云纹、几何纹等,织作技术有织、绣、刺、绘画等。有的质料轻如浮云,薄如蝉翼,可与今天的某些特制尼龙产品相媲美。其中有些可能来自民间,或是说民间也有可能织出这样的产品来,如《西京杂记》所记"巨鹿陈宝光家"的织品,不过那也只是凤毛麟角。应当说主要技术水平还是在服官,上述织室和服官代表了最高水平。

考工室、东园匠和尚方,亦在长安,主要为皇室、贵族、官府制作生活用具或皇族丧葬用具等。《汉书·百官公卿表上》记载有考工室、东园匠和尚方,颜注引臣瓒曰:"冬官为考工,主作器械也。"师古曰:"东园匠,主作陵内器物者也。"又曰:"尚方主作禁器物。"《董贤传》:"东园秘器,珠襦玉柙,豫以赐贤,无不备具。"此外,在各郡国亦广设工官。如《贡禹传》颜注引如淳曰:"《地理志》:河内怀、蜀郡成都、广汉,皆有工官。工官主作漆器

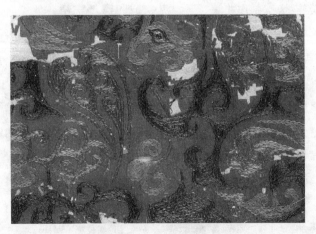

马王堆汉墓出土的"长寿绣"绢

物者也。"工官们不论官大小,都清楚地知道,由他们管辖下所造出器物的好坏,直接关系到他们的命运的休咎。因此,工官造物是不惜人力物力的,只要能极尽精巧,从而博得皇上、贵族们的欢心,便不管人民的死活。《汉书·贡禹传》载贡禹曾向汉元帝说工官的情况:"故时,齐三服官输物不过十笥。方今齐三服官作工各数千人,一岁费数巨万;蜀、广汉主金银器,岁各用五百万;三工官官费五千万;东、西织室亦然,厩马食粟将万匹。臣禹尝从之东宫,见赐杯案,尽文画金银饰,非当所以赐食臣下也。东宫之费亦不可胜计。天下之民所为大饥饿死者,是也。"《盐铁论·散不足》亦曰:"一杯用百人之力,一屏风就万人之功。"各织室、服官、工官为博得皇上和贵族、大臣们的喜好,不惜工本,不恤民力,争奇斗胜,花费无限;再加贪污中饱,损公肥私,其弊端日益严重,以致成为加剧社会关系恶化的重要原因之一。

(2) 军用手工业及其弊端——两汉的军用手工业也由国家经营,主要生产各种铜、铁兵器、车马具等。封建国家在中央和郡县亦设有若干相应的管理机构。如少府的属官"尚方"亦是一个重要的制造皇家御用兵器的机构。《后汉书·百官志》三:"尚方令一人,六百石。本注曰:掌上手工作御刀剑诸好器物。丞一人。"注引《汉官》:"员吏十三人,吏从官六人。"可见此机构是颇具规模的。尚方制造的兵器,历代金石学家多有著录,在考古工作中亦时有发现。如《金石索·金索》卷二上:《汉元康弩䥭铭》:"元康元年考工工贤作六石䥭,主令长平,丞义,右尚方乘,廿三。"《汉建始弩䥭铭》:"建始三年六月尚方所作。"《左尚方弩机铭》:"兒(倪)十四左尚方十一。"①尚

---

① 以上依次见冯云鹏、冯云鹓:《金石索·金索》(影邃古斋藏本),卷二上,商务印书馆,1934年,第55、58、64页。

方所作兵器为御用器物,买卖违法。《史记·绛侯周勃世家》:"条侯(周亚夫)子为父买工官尚方甲楯五百被,可以葬者。"为人告发到景帝面前,周亚夫被逮入狱,呕血而死。

少府属官考工室、若卢都有令、丞,均制作兵器。考工有员吏百九人。中尉的属官武库更是制作兵器的重要机构。《史记·平准书》:"边兵不足,乃发武库工官兵器以赡之。"武库不仅制造兵器,还是主要兵器储藏处。

可是,国营军用手工业中所造兵器的质量并不是都很好的,有的质量就不很高,甚或很低劣。其原因自然是多方面的,但不能回避的一个最主要的原因,就是官僚主义与贪污盗窃。如在造兵器时,偷工减料,料中掺假,粗制滥造,上下盗窃,致使所造兵器存在着严重的问题。崔寔《政论》:"旧时,永平、建初之际,去战攻未久,朝廷留意于武备,财用优饶,主者躬亲,故官兵常牢劲精利。有蔡太仆之弩及龙亭九年之剑,至今擅名天下。顷,主者既不敕慎,而诏书又误,进入之宾,贪饕之吏,竞约其财用;狡猾之工,复盗窃之,至以麻枲被弓弩,米粥杂漆,烧铠铁焠醯中,令脆易治。铠孔又褊小,不足容人,刀牟悉钝。故边民敢斗健士皆自作私兵,不肯用官器。"①桑弘羊说:"铁器、兵刃,天下之大用也,非众庶所宜事也。"②所以官府对兵器的制作、管制是很严格的。可是由于官造兵器的质量大有问题,因之民间私造兵器的情况就一直存在。有些以造卖兵器而著名的手工业者也有不少。如《史记·货殖列传》:"洒削,薄技也,而郅氏鼎食。"《集解》引《汉书音义》曰:"治刀剑名。"《索隐》引《方言》云:"剑削,

---

① [清]严可均:《全上古三代秦汉三国六朝文·全后汉文》,卷四六,中华书局,1985年影1958年本,第724页下。
② 郭沫若:《盐铁论读本·复古》,卷一,科学出版社,1957年,第13页。

关东谓之削。"《汉书·游侠传》:"箭张回。"颜注引服虔曰:"作箭者姓张名回。"张回是京都长安地区的豪侠,是私造弓箭的名家。又传世的弩机上有镌"薛""宛仁""王卅九"等字,当是私家制作兵器者的姓或姓名。

民用手工业中的弊端

民用手工业是商品性生产的手工业。其生产目的,主要是通过市场以供应民间的生产和生活需要。不过两汉的国营民用手工业是对某些产品的生产和流通全过程实行完全的垄断,其主要目的还是为了利用专卖的垄断价格,以获取高额的财政收入;或是控制物价,以安定社会秩序。这样的手工业对封建国家来说,固然有时有其必要性,但其流弊亦很严重。今分为两类评述如下:

(一)盐铁专卖及其弊端——两汉时期的国营民用手工业中最重要的是对盐、铁、酒的专卖,这样的专卖在当时叫作"榷",这样的"榷"不是只对产品的生产或只对产品的买卖进行垄断;如上所述,是对产品的生产和流通全过程加以垄断。如《汉书·武帝纪》天汉三年(前98年):"初榷酒酤。"颜注引应劭曰:"县官自酤榷卖酒,小民不复得酤也。"又引韦昭曰:"谓禁民酤酿,独官开置,如道路设木为榷,独取利也。"西汉榷酒的政策实行不久,便放弃了;而对盐铁的专卖,长期实行而不变。所以这样,是因为盐铁对于社会生产和人民的生活至关重要,而专卖盐铁之利对于西汉王朝的财政尤为重要。关于此事,古代文献多有记载。

如《管子·海王》:"十口之家,十人食盐;百口之家,百人食盐。"同书《地数》："恶食无盐则肿。"《后汉书·朱晖传》引张林上言："盐,食之急者,虽贵人不得不须。"再如铁,《管子·轻重乙》："一农之事,必有一耜一铫一镰一耨一椎一铚,然后成为农;一车必有一斤一锯一釭一钻一凿一銶一軻,然后成为车;一女必有一刀一锥一箴一铁,然后成为女。"《盐铁论·水旱》："农,天下之大业也;铁器,民之大用也。"同书《禁耕》："铁器者,农夫之死士也。"即使榷酒,也有利可图。如《汉书·食货志下》："酒,百药之长,嘉会之好。"

在西汉前期,盐、铁、酒的经营是自由的,国家只收其税。至武帝元狩四年(前119年)前后,收盐铁归国家专卖;天汉三年(前98年)又"初榷酒酤",均禁止民营。汉武帝实行这些政策的主要原因,是为了解决当时国家的财政困难。关于此事,桑弘羊说得十分清楚。他说西汉前期,"匈奴背叛不臣,数为寇暴于边鄙。备之则劳中国之士,不备则侵盗不止。先帝哀边人之久患,苦为虏所系获也,故修障塞,饬烽燧,屯戍以备之。边用度不足,故兴盐铁,设酒榷,置均输,蓄货长财,以佐助边费"①。于是在中央大司农之下设盐铁丞,总领盐铁事。在郡县,设盐官或铁官,以管区内盐铁的产销。据《汉书·地理志》记载,在二十六郡国中,设有盐官三十二处,主要设在渤海、黄海沿岸和西北、西南的产池盐、井盐的地区。在四十郡国中,设有铁官四十五处,几乎遍于全国的东西南北。不产铁的地区设小铁官,收集废铁,改铸农具。为了保证封建国家的垄断权益,武帝还下令:"敢私铸铁器、煮盐者,釱左趾,没入其器物。"②

---

① 《盐铁论读本·本议》,卷一,第1页。
② 《史记·平准书》,卷三〇,第1429页。

汉武帝实行盐铁专卖政策的效果十分明显,国家财政迅速好转,府库充实。《盐铁论·轻重》:"当此之时,四方征暴乱,甲车之费,克获之赏,以亿万计,皆赡大司农。"这对汉武帝抗击匈奴的侵扰并最后取得胜利起了积极的作用。

可是盐铁专卖过程中,暴露出了许多严重的弊端,主要有四个方面:

(1) 盐铁专卖政策阻滞了盐铁业的发展——在阶级社会中,社会经济发展的状况是与生产者或经营者之间的竞争分不开的。马克思说:"社会分工则使独立的商品生产者互相对立,他们不承认任何别的权威,只承认竞争的权威,只承认他们互相利益的压力加在他们身上的强制。"①在两汉时期的社会经济关系中,竞争意识是很突出的。《史记·货殖列传》:"无财,作力;少有,斗智;既饶,争时。此其大经也。"《正义》:"言少有钱财则斗智巧而求胜也。""既饶足钱财乃逐时争利也。"竞争意识是推动文、景时期乃至武帝前期社会经济发展繁荣的重要原因之一。可是,汉武帝实行盐铁专卖政策后,盐铁行业原有的市场机制几乎已不存在了,因之来自市场竞争的动力亦被取消了。不仅这样,还在地域上也大大缩小了经营范围,这对盐铁业的发展是很不利的。以盐业为例,《史记·货殖列传》:"人民谣俗:山东食海盐,山西食盐卤,领南沙北固往往出盐。"可是,西汉官府只在二十六郡国中设了三十二个盐官。如盛产盐的扬州,包括今苏南及浙江、福建两省的全部沿海地区在内,却不设盐官。再以铁业为例,《货殖列传》:"铜铁则千里往往山出棋置。"几乎每个郡国都藏有铁矿。可是,西汉官府只在四十郡国设了四十五个铁

---

① 马克思:《资本论》,第1卷,人民出版社,1975年,第394页。

官,实在太少。不设盐铁官的地区则为"封锢"区。在封锢区内,官府不搞开发经营,也不许人民开发经营。如人民擅自开发经营,以违禁乃至谋逆论罪。御史大夫桑弘羊多次这样讲:"今山川海泽之原,非独云梦、孟诸也。鼓金、煮盐,其势必深居幽谷,而人民所罕至。奸猾交通山海之际,恐生大奸,乘利骄溢,敦朴滋伪,则人之贵本者寡。大农盐铁丞咸阳、孔仅等上请:愿募民自给费,因县官器煮盐予用,以杜浮伪之路。"①由于用政治高压手段打击民营盐铁者,一般平民自然不敢以身试法,于是往日如蜀之卓氏、程郑,宛之孔氏,鲁之丙氏,齐之刁氏等,都曾以经营盐铁而家累千金者,这时已难寻求;而那些弃商从政的新贵如"齐之大煮盐"东郭咸阳、"南阳大冶"孔仅等,则"乘传举行天下盐铁"②,是全国盐铁的产、运、销的最高主宰。

盐铁官设置不多的主要原因有二:其一,汉武帝实行盐铁专卖的主要目的既非为了民生,亦非为了发展社会经济,而是为了解决财政上的燃眉之急,因之对盐铁业的布局与发展,就没有长远观点和全面、合理的规划。其二,盐铁官们回避艰苦,贪于安乐。《盐铁论·禁耕》:"盐冶之处,大校皆依山川,近铁炭,其势咸远而作剧。"这样的去处,其工作和生活条件当然是极艰苦的。如果没有皇帝的命令,谁都不会想去受罪。

(2) 盐铁官的官僚化及其徇私舞弊——盐铁官也是官,而且是"肥缺",一旦权在手,贪赃枉法、徇私舞弊者极多。就是盐铁专卖政策的坚定捍卫者与执行人桑弘羊也不得不承认,在盐铁专卖过程中,存在着"吏或不良,禁令不行,故民烦苦之"③的

---

① 《盐铁论读本·刺权》,卷二,第19页。
② 《史记·平准书》,卷三〇,第1429页。
③ 《盐铁论读本·复古》,卷一,第12页。

情况。这些情况如由反对派们说出,则要具体、深刻得多。如他们说:"有司之虑远而权家之利近,令意所禁微而奢僭之道著。自利害之设、三业之起,贵人之家云行于涂,毂击于道,攘公法,申私利,跨山泽,擅官市,非特巨海鱼盐也;执国家之柄以行海内,非特田常之势、陪臣之权也;威重于六卿,富累于陶、卫,舆服僭于王公,宫室溢于制度,并兼列宅,隔绝闾巷,阁道错连足以游观,凿池曲道足以骋骛,临渊钓鱼,放犬走兔,隆豺鼎力,蹋鞠斗鸡,中山素女抚流徵于堂上,鸣鼓巴俞作于堂下,妇女被罗纨,婢妾曳绨纻,子孙连车列骑田猎出入,毕弋捷健。"①这些人当中不一定都是盐铁官;但既指明因盐铁、酒榷、均输"三业之起",其中的盐铁官及其子弟自然不会太少。这些人利用职权,损公肥私,十分严重。再如《汉书·食货志下》记载王莽统治时期,盐铁官们"乘传求利,交错天下。因与郡县通奸,多张空簿,府臧不实,百姓俞病"。这就是说,自中央主管盐铁官到地方有关官吏,上下勾结,通同作弊,编造假账,化公为私,性质多么严重。

地方小铁官也有问题。小铁官本来隶属于所在县道,主要任务是收集废铁回炉,改铸器具。这个设计应当说是合理的,可为不出铁的郡国解决部分铁器需要。可是在当时的社会制度下,小铁官虽小,也是一官之长;权力不大,也足以为所欲为,假公济私、损公利己是经常的事。所谓"有司之虑远而权家之利近,令意所禁微而奢僭之道著"的评论,正指出了上下相违的特点。《盐铁论·禁耕》中引文学所说,有这样的话:"县邑或以户口赋铁,而贱平其准。良家以道次发僦运盐铁,烦费,百姓病苦之。"这是关于小铁官以低价计户口以强收所谓废铁的记录。良

---

① 《盐铁论读本·刺权》,卷二,第19页。三业:盐铁、酒榷、均输。

家,在汉代指医、巫、商贾、百工以外的人家,后世称之为清白人家。强征这样的人家"以道次发僦运盐铁",超出了一般的官商的做法。这种做法既有大盐铁官所为,亦有小盐铁官所为。由此看来,大小盐铁官的问题都很严重。《盐铁论·禁耕》:"一官之伤千里,未睹其在胸邴也。"胸邴即鲁之丙氏。这就是说在民营盐铁时不见有国营盐铁之害。

(3) 工人劳苦,阶级矛盾尖锐——《史记·平准书》记载盐业生产,由官府"募民自给费,因官器作煮盐,官与牢盆"。《集解》引如淳曰:"牢,廪食也。古者名廪为牢也。盆者,煮盐盆。"这是一种承包煮盐的制度,和后代盐场灶民承包生产相似,生产者是自由人的身份。铁官所用工人有少量刑徒,多数是服徭役者。他们抛妻弃子,背井离乡,劳作于深山大川中,苦不堪言。《盐铁论·禁耕》:"郡中卒践更者,多不勘(堪),责取庸代。"同书《水旱》:"卒徒作不中程,时命助之。发征无限,更徭以均剧,故百姓疾苦之。"又曰:"今县官作铁器,多苦恶,用费不省,卒徒烦而力作不尽。"在这样的情况下,铁官内部的阶级矛盾和斗争不断发展,后来在不少地区发生铁官徒起义。如阳朔三年(前22年),颍川(今河南禹县)铁官徒申屠圣领导起义,捕杀铁官及地方官吏,夺取兵库武器,自称将军,转战九郡。永始三年(前14年),山阳(今山东金乡)铁官徒苏令领导起义,杀东郡太守及汝南都尉,转战十九个郡国。情况至此,铁官的生产自然也就谈不到了。

(4) 产品低劣,价格昂贵——在盐铁自由经营时期,大盐铁家为了追求更多的利润,比较重视改善与劳动者的关系,注意产品质量,降低成本,尽量做到价廉物美,以使在竞争中不致失败。所以《盐铁论·水旱》引贤良曰:"故民得占租鼓铸煮盐之时,盐与五谷同贾,器利而中用。"尤其是个体生产者,生产的积极性和服务态度是更好的。同书又云:"家人相一,父子戮力,各务为善器,器不善者不集。农事急,挽运衍之阡陌之间,民相与市买,得以财货五谷新弊易货,或时贳。民不弃作业,置田器各得所欲,更徭省约。"铁农具的好坏优劣,是关系到农业生产好坏的大事。"器用便利,则用力少而得多,农夫乐事劝功。用不具,则田畴荒,谷不殖,用力鲜,功自半。器便与不便,其功相什而倍也"。可是盐铁官的产品,质量低劣,其价格还很高。如《史记·平准书》:"郡国多不便县官作盐铁,铁器苦恶,贾贵。或强令民卖买之。"《集解》引瓒曰:"谓作铁器,民患苦其不好。"《索隐》:"言盐既苦而器又恶,故买卖贵也。"《盐铁论·水旱》亦曰:"县官鼓铸铁器,大抵多为大器,务应员程,不给民用。民用钝弊,割草不痛。是以农夫作剧,得获者少,百姓苦之矣。"又曰:"今总其原,壹其贾,器多坚硬,善恶无所择。吏数不在,器难得。家人不能多储,多储则镇生。弃膏腴之日,远市田器,则后良时。盐铁贾贵,百姓不便。贫民或木耕手耨,土耰淡食。铁官卖器不售,或颇赋与民。""或颇赋与民"与《史记·平准书》所说的"或强令民卖买之"同义。这些揭露是系统、全面且深刻的,从生产到销售,到以高价摊派给老百姓,充分说明了官商弊端的严重性。

（二）货币专铸及其弊端——货币不是普通商品,是充当一般等价物的特殊商品。我国古代从战国时期开始,通用的货币多是用青铜铸造的。

两汉时期,封建国家的货币政策分为三个时期。

第一个时期为自汉高祖刘邦建国到文帝四年(前176年),共约二十六年。起初,刘邦"以为秦钱重,难用,更令民铸荚钱"。秦半两重十二铢,荚钱重三铢。禁民伪铸。高后二年(前186年),又行用八铢钱;六年,改行五分钱。这一时期由封建国家垄断货币铸造权、严禁民间伪铸是应当的。问题在于国家造币规格不定,质量低劣,虽禁止伪铸,可是伪铸者多,社会经济领域中货币混乱。

第二个时期为自文帝五年(前175年)至武帝元狩四年(前119年),共约五十七年。文帝认为,现行货币如荚钱等,"益多而轻",于是下令废除旧币,另制定"四铢钱","其文为半两"。为有别于"秦半两",史称"小半两"。国家铸造了标准"小半两"颁行于全国。这一切做法本来是可取的,可是文帝却同时废除了《盗铸钱令》,准许地方官府、地主、商人均可租赁矿山,自由仿铸。他虽有关于仿铸不许于铜中掺入杂质的规定,可是并无约束力。于是,仿铸者各用其巧,以图谋暴利。所铸货币名为"半两",实大小不一,轻重不等,质量低劣,因之这次币制改革不仅未获成功,反而使货币更加混乱。贾谊对文帝说:"法使天下公得顾租铸铜锡为钱,敢杂以铅铁为它巧者,其罪黥。然铸钱之情,非殽杂为巧,则不可得赢。而殽之甚微,为利甚厚。夫事有召祸而法有起奸。今令细民人操造币之势,各隐屏而铸作,因欲禁其厚利微奸,虽黥罪日报,其势不止。"①这说明了货币放任仿铸政策是一个严重的错误。他认为,"铜布于天下,其为祸博矣"!他主张由国家垄断铜矿资源,垄断货币铸造权,这样可使"官富实而末民困"。可是文帝未采纳这个建议,私家竞相铸钱,"吴以诸侯即山铸钱,富埒天子,后卒叛逆。邓通,大夫也,以铸钱,财过王者。故吴、邓钱布天下"。武帝即位之初,收铸钱权

---

① 《汉书·食货志下》,卷二四下,中华书局,1983年,第1153页。

归国家,销毁半两钱,更铸三铢钱。并下令,"盗铸诸金钱,罪皆死。而吏民之犯者不可胜数"。在五年间,"而吏民之坐盗铸金钱死者数十万人。其不发觉相杀者不可胜计,赦自出者百余万人。然不能半自出,天下大氐无虑皆铸金钱矣"!① 后来,武帝又令京师铸赤仄钱,即以赤铜为钱郭,防止伪铸。行用三年,又废而不行。

第三个时期自武帝元狩五年(前118年)至东汉末,共约三百余年。这是封建国家垄断货币铸造,改革币制,实行五铢钱的时期。《汉书·食货志》下:元狩五年,"悉禁郡国毋铸钱,专令上林三官铸。钱既多,而令天下非三官钱不得行。诸郡国前所铸钱皆废销之,输入其铜三官。而民之铸钱益少,计其费,不能相当;唯真工大奸乃盗为之"。上林三官在上林苑,为钟官、技巧、辨铜,各设令、丞,以司铸事。所造五铢钱,总的说来,币有周郭,式样规整,轻重得宜,面文"五铢"重如其文,盗铸不易,流通方便。自行五铢钱后,西汉中后期的百余年间,币制一直稳定。直到王莽篡汉,为了自己的政治需要,竟废五铢钱,乱改货币,又使货币混乱了十余年。到刘秀建立东汉,又废莽币,恢复使用五铢钱,币制基本稳定。

两汉四百年间,货币制度的正反两方面的经验都极丰富。汉武帝行五铢钱所以成功,有三个主要原因:1.铸币权集中在中央,实行完全垄断的政策,不许地方政府和民间仿铸、伪铸;2.中央设专职机构监铸,讲求工艺,保证原料质量,币形、面文规范化,以杜绝伪造;3.货币轻重适度,面文与重量一致,便于

---

① 以上分别见《汉书·食货志下》,卷二四下,第1155、1156、1157、1164、1168页。

流通，以取信于民。由于两汉时期行五铢钱获得成功，魏晋南北朝和隋乃至唐武德四年(621年)以前，都造五铢钱以行用。可是所造新币形制不严，大小不一，造成混乱。当然这不是说西汉造五铢钱的手工业中毫无问题，而是弊端亦很严重。如《盐铁论·错币》曰：三官作币，"吏匠侵利，或不中式，故有薄厚轻重"。

救弊措施及其效果

两汉国营手工业中的弊端归纳起来，主要有四个方面，即贪污、浪费、官僚主义和产品低劣，其直接后果是国家受害，人民痛苦。有些统治者曾采取过一些救弊措施并付诸实行，其中有些措施还是取得了一些效果的，但有些措施则无甚效果。同样的措施，其效果也往往因时、因地、因人而异。现将几项主要救弊措施及其实行情况评述如下：

（1）以商人主盐铁官——西汉初年，刘邦以"重农抑商"为基本国策。抑商有多方面的内容，其中最主要的是"市井子孙亦不得(宦为吏)[为官吏]"①。吕后、文、景时期虽屡"弛商贾之律"，甚至实行"入粟拜爵"政策，但是商贾及其子孙不能为官吏的律条一直没有取消。可是至武帝时，由于国家财政的需要，大农令(大司农)郑当时首先对这条祖宗之法提出了修正意见，他向武帝推荐齐的大盐业家东郭咸阳和南阳的大铁冶家孔仅为他的主要属吏大农丞，主管全国的盐铁产销事务，后来主盐铁的大农丞即称盐铁丞。当时还有个桑弘羊，其父为洛阳商贾，他工于

---

① 《汉书·食货志下》，卷二四下，中华书局，1983年，第1153页。

心计,十三岁即为侍中,在武帝身边。此"三人言利事,析秋毫矣"!东郭咸阳与孔仅都不是一般的大商人,"皆致生累千金"。他们上台之后,奉武帝之命,"乘传举行天下盐铁,作官府,除故盐铁家富者为吏,吏道益杂,不选,而多贾人矣"!刘邦创行"抑商政策"是适应当时的社会政治需要的。当时,国家草创,"而不轨逐利之民,蓄积余业以稽市物,物踊腾粜。米至石万钱,马一匹则百金"。这一社会背景是刘邦实行抑商政策的主要原因,武帝废除此条,又是在新的形势下的社会政治需要。当时由于长期对匈奴战争,府库空虚,财政困难;"而富商大贾或蹛财役贫,转毂百数,废居居邑,封君皆低首仰给。冶铸煮盐,财或累万金,而不佐国家之急,黎民重困"①。这就是武帝断然废除了盐铁自由经营政策,代之以国家专卖政策的主要原因,郑当时推荐东郭咸阳、孔仅任大农丞,是要以"专家"主管全国的盐铁事。这两位确是业务内行,忠于武帝,有强烈的事业心。东郭咸阳主盐事,孔仅主铁事。三年,孔仅升任大农令,位列九卿;桑弘羊出任大农丞。由于他们的努力,迅速改善了国家的财政状况,府库又得充实。

可是,汉武帝虽精明强干,但其所用商人并不是人人如孔仅、东郭咸阳、桑弘羊那样忠于皇帝,忠于他们的事业。由于有些人私心未改,以权谋私的情况随时发生。《盐铁论·刺复》:"东郭咸阳、孔仅建盐铁,策诸利,富者买爵贩官,免刑除罪,公用弥多而为者徇私,上下兼求,百姓不堪。"王莽的个人才能远不及汉武帝,他所重用的大臣亦不能与武帝的大臣相比;可是,他也大量地用商人为官,主持国营经济,其弊端十分严重。

---

① 以上分别见《史记·平准书》,卷三〇,第1164、1429、1417、1162页。

《汉书·食货志下》:"羲和置命士督五均六斡,郡有数人,皆用富贾。洛阳薛子仲、张长叔,临菑姓伟等,乘传求利,交错天下。因与郡县通奸,多张空簿,府臧不实,百姓俞病。"此事成为西汉末年社会经济恶化、阶级矛盾日益尖锐、最后爆发了农民大起义的重要原因之一。由此可见,专家是可贵的,但是专家也有一个为公为私,或是道德品质的问题。以权谋私的专家虽多,有害无益。

（2）健全机构,立法防禁——两汉国营手工业都设有专门的机构负责管理。在中央,不少九卿或列卿之下设有服官、工官或其他工程管理机构,其中最主要的是少府和大农令(大司农)。少府的下属机构考工室,主作器械;左、右司空,主工程;东、西织室,主被服;东园匠,主作陵内器物;尚方,主作禁器物。各有令、丞及掾属。大农令的主要属吏为盐铁丞,主管全国的盐铁事,权力极大。中尉为掌管京师治安的长官,所属武库,主制作和收藏兵器,亦有令、丞。各郡县亦有相应的管理机构,已如前述。各级管理机构从初设到比较健全,要经历一个相当长的过程,这是一个不断适应、不断调整的过程。如《史记·平准书》记载桑弘羊任治粟都尉领大农事时,代孔仅主管天下盐铁事,就曾全面调整机构。文曰:"以诸官各自市,相与争,物故腾跃,而天下赋输或不偿其僦费。乃请置大农部丞数十人,分部主郡国,各往往县置均输、盐铁官……"西汉时,各郡的盐铁官归大农令(大司农),东汉归郡。《后汉书·百官志》五:"其郡有盐官、铁官、工官、都水官者,随事广狭,置令、长及丞,秩次皆如县、道。无分士,给均本吏。"本注曰:"凡郡县出盐多者置盐官,主盐税;出铁多者置铁官,主鼓铸;有工多者置工官,主工税物;有水池及鱼利多者置水官,主平水收渔税。在所诸县,均差吏更给之,置吏随事,不具县员。"这些记载反映了管理国营手工业机构自中央至郡县自成系统,得与地方官吏相配合。又在传世或考古发现的器物上,有铭文令、丞、掾、啬夫、护工等大小工官名称,可知其机构或组织比较严密。

关于立法防禁,文献亦有记载,即所谓"抗弊而从法","故憯急之臣进,而见知废格之法起。杜周、咸宣之属以峻文决理贵,而王温舒之徒以鹰隼击杀显"①。由张汤、赵禹之属条定的"律令凡三百五十九章,大辟四百九条,千八百八十二事,死罪决事比万三千四百七十二事"②。其中有关国营手工业立法项目当亦很多。《汉书·食货志下》:"每一斡(筦)为设科条防禁,犯者罪至死。"

上述这些管理机构的建立和防禁律令科条的制定都起过相当的积极作用。问题是由封建官僚来管理或执行,其弊端必然很大。他们一方面不认真管理生产或笃行法纪;另一方面,则利用职权,夤缘为奸,损国害民,以谋私利。如《史记·酷吏列传·张汤传》:官僚们"舞文巧诋以辅法"。《汉书·食货志下》:"奸吏猾民并侵,众庶各不安生。"官僚执法,"所欲活则傅生议,所欲陷则予死比,议者咸冤伤之"③。至宣帝时,为防止执法之流弊,曾对某些律令有所蠲除、整理,又设廷尉平四员,以辅助皇帝、廷尉决平狱刑,可是其作用不大。

(3) 实行产品质量责任制度——为了保证产品质量,国营手工业中采用了产品质量责任制度。具体做法是在产品的适当部位刻以各级主管吏员和工序责任者的名字,以便于检

---

① 《盐铁论读本·刺复》,卷二,第22页。
② 《汉书·刑法志》,卷二三,第1101页。
③ 《汉书·刑法志》,卷二十三,第1101页。

查。《礼记·月令·孟冬之月》:"命工师效功……必功致为上。物勒工名,以考其诚。功有不当,必行其罪,以穷其情。"①此一记载,在传世或出土文物铭文中得到印证,而且不仅刻有工名,还刻有生产单位、吏员及产品规格等。如《骨董续记》著录一漆器铭文:"永始元年,蜀郡西工造乘舆髹洰画纻黄扣饷槃,容一升。髹工黄,上工广,铜扣黄涂工政,画工聿,洰工威,清工东,造工林,造扩工卒史安,长孝,丞畕,掾谭,守令史通主。"②在贵州清镇出土的一件耳杯上所刻铭文,与上件漆器的铭文相类似。文曰:"元始三年,广汉郡工官造乘舆髹洰画木黄耳桮,容一升十六籥。素工昌,休工立,上工阶,铜耳黄涂工常,画工方,洰工平,清工匡,造工忠造,护工卒史恽,守长音,丞冯,掾林,守令史谭主。"③洰、洰当是"雕"字,桮当是"杯"字,休当是"髹"字。铜扣黄涂、画木黄耳均为扣器之属。成帝永始元年为公元前 16 年,平帝元始三年为公元 3 年。乘舆,皇帝用的器物。蔡邕《独断》上:"车马衣服器械百物曰乘舆。"上两件器物是分别由蜀郡工官和广汉郡工官为皇帝制造的御用漆器。御用铜器上亦有类似的铭文。如《汉绥和黄涂壶铭文》:"绥和元年,供王昌为汤官造卅炼铜黄涂壶,容二斗,重十二斤八两。涂工乳,护级,掾临主,守右丞同,守令宝省。"④成帝绥和元年为公元前 8 年。汤官属少府,有令、丞,主饼饵等。刻名

---

① 《全后汉文》,卷四十六,第 725 页,引文"勒"作"刻","考"作"覆"。
② 邓之诚:《骨董琐记全编·骨董续记·汉漆署款》,卷一,生活·读书·新知三联书店,1955 年,第 290 页。
③ 贵州省博物馆《贵州清镇平坝汉墓发掘报告》(北京:中国科学院考古研究所),《考古学报》1959 年 1 期,第 99 页。
④ 冯云鹏、冯云鹓:《金石索·金索》,卷二下,商务印书馆,1934 年影邃古斋藏本,第 118 页。

制度在保证产品质量方面一定会有作用。但执行这一制度的不是制度自身,而是人,是官僚、吏员和工匠。崔寔在《政论》中又说:"今虽刻名之,而赏罚不能,又数有赦赎,主者轻玩,无所惩畏。"不仅在御用手工业中存在这样的问题,就是在兵器制造业中亦严重地存在着这样的问题。

铁官所造民用铁器上亦有简单的文字标记。如渔阳铁官所铸铁犁带有一个"渔"字,蜀郡铁官所铸农具上带有"蜀郡"二字,山阳铁官所用陶范上带有"山阳二"三字。王莽改山阳郡为巨野郡,同处所出陶范带有"巨野二"三字。"二"当是作坊序号。此类标记对保证质量的作用更要小于"刻名"了。

国营手工业的历史趋势

两汉国营手工业虽有不少救弊措施做保障,但不可能解决其先天性的根本问题,就是其社会制度以私有制为基础、官僚们的人生观以私有制为主导的问题。所以其发展的趋势必然是日趋没落。一般说来,御用手工业、军用手工业没落的速度缓慢,民用手工业没落的速度较快。例如西汉元帝初元五年(前44年),诏罢"齐三服官"[1]。成帝河平元年(前28年),"省东织,更名西织为织室"[2]。哀帝初即位,下诏曰:"齐三服官、诸官织绮绣,难成,害女红之物皆止,无作输。"[3]东汉和帝元兴元年(105年),邓太后下诏:"其蜀汉扣器、九带佩刀,并不复调。止画工三十九种。又御府、尚方、织室锦绣、冰纨、绮縠、金银、珠

---

[1] 《汉书·元帝纪》,卷九,第285页。
[2] 《汉书·百官公卿表上》,卷十九上,第732页。
[3] 《汉书·哀帝纪》,卷十一,第336页。

玉、犀象、瑇瑁、雕镂玩弄之物,皆绝不作。"①当然御用手工业是供皇室需要,其没落特点只是削减,不可能取消。

民用手工业的情况则不同。在国家财政孔急之时,国营民用手工业只要有利于财政,即令大力兴办,虽有弊端,一般人不敢评议。可是一旦财政好转,此弊端就突显出来,成为众矢之的,削减乃至取消这些国营民用手工业则成为历史的必然趋势。如在汉武帝去世不久,盐铁专卖和榷酤等事就顿时成为许多人反对的目标。昭帝始元六年(前81年)二月,官民之间在"盐铁会议"上展开了一场激烈的大辩论。当年七月,即"罢榷酤官,令民得以律占租,卖酒升四钱"②。至元帝初元五年(前44年),又罢盐铁官。才过三年,即永光三年(前41年),"以用度不足,民多复除,无以给中外徭役",又"复盐铁官"③。直到王莽末年,天下已大乱,王莽迫于形势,下令"除井田、奴婢、山泽六筦之禁"④。六筦包括盐铁专卖。东汉前期,实行盐铁自由经营。至章帝元和元年至四年(84—87年)之间,一度又恢复专卖。其原因也是由于"是时谷贵,县官经用不足,朝廷忧之"⑤。章和二年(88年),又遗诏罢盐铁官,归民营。《后汉书·和帝纪》载,和帝即位,下诏曰:"吏多不良,动失其便,以违上意。先帝恨之,故遗戒郡国,罢盐铁之禁,纵民煮铸,入税县官,如故事。"此后又行民营政策,直至东汉末年。

本文所说的民营,并非只有庶民才可经营,官僚、贵族或官

---

① 《后汉书·皇后纪·和熹邓皇后纪》,卷十上,第422页。
② 《汉书·昭帝纪》,卷七,第224页。
③ 《汉书·元帝纪》,卷九,第291页。
④ 《汉书·王莽传下》,卷九九下,第4179页。
⑤ 《后汉书·朱晖传》,卷四三,第1460页。

府就不能经营,而是不论官府、民众都可自由经营。东汉虽行盐铁民营政策,但官营盐铁的情况仍存在。如《后汉书·循吏列传·卫飒传》记飒任桂阳太守,"耒阳县出铁石,佗郡民庶常依因聚会,私为冶铸,遂招来亡命,多致奸盗。飒乃上起铁官,罢斥私铸,岁所增入五百余万"。《和帝纪》:永元十五年(103年),国家财用不足,"复置汲郡故盐铁官"。但总的趋势是盐铁官的设置或盐铁专卖,在重重矛盾中逐渐式微。

两汉大铁犁研究[*]

近几年来,在有关"中国封建社会经济结构"的学术讨论中,不少同志由于论述当时的社会生产力而谈到两汉的大铁犁问题,有些同志还试图对这种大铁犁的性能做出合理说明或估计。但总的来说,目前已有的这类说明或估计尚属于一般性的推论,缺乏必要和有力的论证,因之意见也有分歧。我为了对这些大铁犁的性能求得较具体的了解,曾在北京大学、中国历史博物馆、北京农业机械化学院(今中国农业大学东区管理工程学院)等有关单位的协助下,对大铁犁进行了复制、模拟试耕和初步研究。现将所做工作和初步看法述下,请同志们批评指正。

为什么要对两汉大铁犁进行复制和模拟试耕

两汉是我国古代农业生产大发展的时期。这种大发展的重要原因之一是铁制犁铧的使用和推广。因此,结合文献和考古资料,对两汉铁犁的形体、规格、牵引力和使用范围等情况进行研究,有助于对当时的社会生产力发展水平乃至对当时的社会经济结构或生产关系进行比较准确的估计。在考古工作中已发现的属于两汉时期的铁犁很多,就其个体来说,有大、中、小之分。学术界对中、小型铁犁的解释无甚困难,亦无甚分歧;但对

---

[*] 《北京大学学报》(哲学社会科学版)1985年第1期。

西汉铁犁铧

大型全铁犁的性能的解释,难度既大,分歧也很大。对这样的大铁犁的研究,可以说是中国犁耕史上的一个重要课题。

两汉的第一个大铁犁是于 1955 年在辽宁辽阳三道壕发现的,为西汉后期的遗物,底长 40 厘米,后宽 42 厘米,后高 13 厘米,犁面和銎部断面均作等腰三角形,犁锋尖锐,以下称为"辽阳犁"。1958 年在山东滕县长城村发现了属于东汉时期的大铁犁,斜长 48 厘米、后宽 45 厘米、高 13 厘米,犁面和銎部亦均作等腰三角形,犁锋较钝,以下称"滕县犁"。在这期间和以后,还发现了不少类似的大铁犁。

这些犁出土以后,有不少同志进行过研究,并提出看法。例如黄展岳《近年出土的战国两汉铁器》一文说:这件大铁犁"显然是畜拉犁丈使用的"①。《新中国的考古收获》第 76 页说:"巨

---

① 《考古学报》1957 年第 3 期。

型犁铧的使用也较前普遍,山东的滕县、安丘,安徽的寿县,河北的保定、石家庄、承德和甘肃的天祝(原古浪)等地也都有发现。这批犁铧,都作一面板平,一面凸起,犁底的空槽加大,头部的锐角缩小,估计可以提高划土开沟的效率。"陕西省博物馆与文物管理委员会《陕西省发现的汉代铁铧和鐴土(以下称犁壁)》一文说:"这种大铧,要用两人拉是绝对拉不动的,只有用牛拉才可能。但据老农民谈,像这样重大的铧,一条顶好的牛也拉不动,最少也需两条牛。"①张振新《汉代的牛耕》一文说:"出土汉代犁铧中,有一种巨型铧……这类巨型铧显然不是一般耕地做垄的,也不是一二牛力所能挽拉的,而是适应水利灌溉的需要,用来开沟做渠的,王祯称之为'溽铧',往往需用数牛牵引。"②杨一民《汉代豪强经济的历史地位》一文说:"巨型犁铧出现后,必然带来灌溉网进一步发展、密集。"③上面这些意见各有异同,总的说来,可分为两大派:一派认为这种大铁犁是耕地用的,是用一牛或"二牛抬杠"牵引的;另一派认为是"开沟做渠"用的,一二条牛拉不动,"需用数牛牵引"。除此之外,还有第三种意见,就是认为这种大铁犁是无法使用的废物,是两汉时期国家垄断铁冶业时的产物。主要根据是《盐铁论·水旱》引贤良的一段话:"县官(国家)鼓铸铁器,大抵多为大器,务应员程,不给民用。民用钝弊,割草不痛。是以农夫作剧,得获者少,百姓苦之矣。"过去,我也曾有过这样的看法,主要根据也是这一段话。我当时虽未把这种大铁犁看作无用的废物,但也认为此物难以使用。其实这也等于把这种大铁犁的作用基本上否定了。

---

① 《文物》1966年第1期。
② 《文物》1977年第8期。
③ 《历史研究》1983年第5期。

为了了解有关对大铁犁的研究及复制、试验的情况,我于1980年1月写信向中国历史博物馆陈列部副主任洪廷彦同志请教。廷彦同志于同月28日回信说:"收到13日来信,就所示问题,与张振新同志(陈列部秦汉部分负责人)商量了一下。据他说,陈列室里汉代的犁头(大铁犁),并未经农具厂翻制进而试用。从汉代画像砖中所看到的犁头,似乎也不小。因而我们对于出土犁头是否为实用之物,从未置疑。《盐铁论》这几句话值得注意。此问题当更向一些有农业知识的同志请教。"廷彦同志的回信对我是一个很大的推动,我从那时开始,决定一面研究有关文献和考古资料,以了解这种大型犁在犁耕史中的地位和作用;同时也想对已发现的大铁犁进行复制和试验,以取得文献和考古资料中所没有的必要资料和研究数据。

大铁犁的复制情况

在已发现的两汉大铁犁中,我挑选了两件进行复制,这两件就是辽阳犁和滕县犁。

附一:辽阳大铁犁
1955年辽宁辽阳三道壕出土

附二：滕县大铁犁

1958 年山东滕县长城村出土

附三：辽阳犁滕县犁形体测量数据表

犁名	历次测量	面长	底长	斜直长	后宽	后高	面厚	底厚	底翘	銎深	犁锋	重量
辽阳犁	原测		40		42	13						
	新测		40.2		40.6		1	1.2	0.4	33.2	55°	
	复制品	42.2	41	45.5	40	13.5	1	1.2	0.4	33.2	55°	21
滕县犁	原测		48		48	45						
	新测	46.5	44	49	47	13	1.2	1.9	1.3	33	70°	
	复制品	46.5	45	50	47	13	1.2	1.9	1.3	33	70°	27

为复制大铁犁而绘制蓝图的工作是从 1980 年春天开始的。这年的 10 月 27 日，我到中国历史博物馆。根据我的要求，由张振新和保管部白淑兰同志打开陈列橱柜，取出辽阳犁和滕县犁，进行详细的实测。这次主要解决如下三个问题：一、通过实测，直接取得有关两件大铁犁的各边长度、各面厚度和各角度数的具体数字；二、直接临摹两件大铁犁的轮廓和形体；三、检验已绘蓝图草图的形象。辽阳犁锈蚀严重，犁面已不存在，犁底尚完整，口刃虽有损缺，尚不严重。滕县犁锈蚀较轻，除犁锋、边刃略

有顿峡外,整个犁体基本完好。

附四:辽阳犁新测示意图

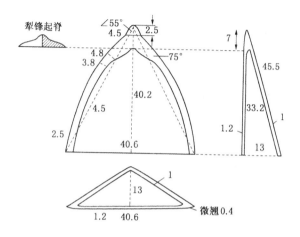

附五:滕县犁新测示意图

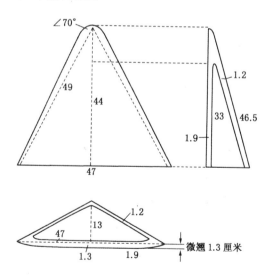

制模工作是由北京大学仪器厂木工车间承担的,主要制作者是七级模型工苗力华师傅。大铁犁的两张蓝图是 1980 年 10

月30日送仪器厂的，两个月后制成模型。经厂内有经验的师傅和北京大学历史系的专家评定，模型完全符合蓝图的要求，与原件的形体也很相似。铸造工作是由北京大学仪器厂委托北京缝纫机零件厂承担的。次年2月下旬铸成，为灰铸铁制品，与原件基本相似，尺寸基本无误。辽阳犁复制品重21千克，滕县犁复制品重27千克。今将两件大铁犁的原测、新测及复制的尺寸、重量等的具体数字列表如上（见附三）。测量的长厚度均以厘米为单位，重量以千克为单位。原测是指原件出土后的初次发表数字，新测是指我们在博物馆实测的数字，复制品是指我们制模、翻铸的复制新件的数字。新测数字力求精确，复制品各部数字也与原件基本符合。

大铁犁复制品的模拟试耕

模拟试耕工作是由北京农业机械化学院农机教研室承担的。具体组织领导这一工作的是教研室主任李自华副教授，主要协助工作的为讲师阎立忠同志。1981年6月15日，我将两件大铁犁复制品运送到农机学院。

为了模拟试耕，首先需要配制犁架。配架是在李副教授的指导下，由该教研室有丰富经验的木工参照我国传统的畜力犁架制作的，共制了两台：一为双扶手犁架，扶手高600毫米，上宽800毫米，牵引点高330毫米，牵引点至犁锋为950毫米，犁架重26.5千克。此架配辽阳犁，犁和架共重47.5千克，犁脊向下，犁底板向上。另一为单扶手犁架，扶手高850毫米，牵引点高330毫米，牵引点至犁锋为950毫米，犁架重21千克。此架配滕县犁，犁和架共重48千克，犁脊向上，犁底板向下。

附八:辽阳犁配架示意图

附七:滕县犁配架示意图

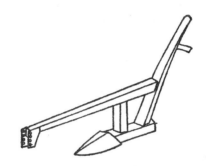

模拟试耕共进行了三次。第一次是在 1981 年 10 月间。这是一次观察性试耕,主要是察看大铁犁配架后能否正常工作,有哪些问题需要解决或改进。这次使用的是辽阳犁,由拖拉机牵引,试耕地点是在农业机械化学院室外实验用土槽。第二次试耕是在次年 6 月 6 日。两架新配犁具都进行了试耕,由拖拉机牵引,试耕地点仍是在室外实验用土槽。这次主要是检验两个犁架的性能和初步测定拉力。两次所用土槽的土壤的绝对湿度均为 18% 左右。第三次试耕是于同年 11 月 23 日在该学院的试验地,土质为耕后砂壤松土,土壤的绝对湿度约为 12%~15%。用福格森 165 拖拉机牵引,一人扶犁,用弹簧拉力计测拉力。这次是严格按照预定的要求,对两架犁具进行全面试验。考虑到

犁头很大,原件并无犁壁伴出,因之试耕时亦均未加犁壁,按照窜堡型犁具的要求,重点测定入土能力、拉力和沟形。试耕结果如下:

辽阳犁　用双扶手犁架,犁板面向上,脊面向下,牵引线仰角20°左右,入土深度为15.5厘米左右,垂直间隙约为2.5厘米。平均拉力为60千克左右,速度为0.5米/秒左右。

附八:辽阳犁试耕后沟形示意图(单位为厘米)

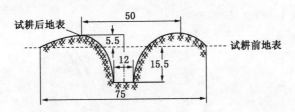

附九:滕县犁试耕后沟形示意图(单位为厘米)

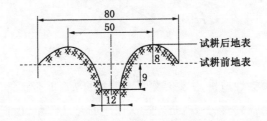

滕县犁　用单扶手犁架,犁脊向上,板面向下,牵引线仰角20°左右。入土深度9厘米左右,垂直间隙约为2厘米。平均拉力为80千克左右,速度为0.5米/秒左右。

我们还用两架犁具在生地(未耕地)上试耕,亦用拖拉机牵引,一人扶犁。试耕结果是辽阳犁虽有一定的入土能力,但入土很浅,约3厘米~4厘米。滕县犁在生地上无法入土,后减少仰角试验,仍无法入土。

对两千年来铁犁宽度的考察

为了进一步研究两汉大铁犁的性能,我对我国两千年来所用铁犁的规格进行了较系统的考察,以便于对两汉大铁犁在我国犁铧史上的地位做出比较准确的估计。这一考察兼用文献和考古两个方面的资料。两汉的铁犁是由周代的耒耜发展演变而来的,考察两汉铁犁的宽度,应当从考察耒耜的宽度着手。

耒耜是我国较原始的农耕工具,是由新石器时代的掘土木棍发展来的。《易·系辞下》:"神农氏作,斫木为耜,揉木为耒。"最早的耒与耜为两种不同的农具,是各自单独成器的。后来合而为一,耒为其柄,耜以起土。诚如《国语·周语》中韦昭注所说:"入土曰耜,耜柄曰耒。"大约到战国时期,耜也叫作畚,耒耜也叫作耒畚。如《管子·度地》:"以冬无事之时,笼、畚、板筑各什六。"《韩非子·五蠹》:"禹之王天下也,身秉耒畚,以为民先。"至西汉时期,由于各地方言的不同,畚又有各种名称。扬雄说:"畚,燕之东北、朝鲜洌水之间谓之斛,宋、魏之间谓之铧或谓之䩉,江、淮、南楚之间谓之畚,沅、湘之间谓之畚,赵、魏之间谓之㮟,东齐谓之梩。"①

大约在商代中期,我国的先民已开始在耜的端部安装金属口刃,即青铜口。今天所见最早的遗物是在湖北黄陂盘龙城发现的,后人称之为铜畚,或写作铜锸②。至西周时期,铜锸的使用范围更广,今天在江西奉新、河南三门峡③等地都有这类遗物

---

① 扬雄《輶轩使者绝代语释别国方言》卷五。
② 湖北省博物馆《盘龙城商代二里冈期的青铜器》,《文物》1976年第2期。
③ 分别见江西省博物馆等《近年江西出土的商代青铜器》,《文物》1977年第9期。按:奉新一件,原作商代遗物,江西省中国农业考古研究中心陈文华、张忠宽编《中国古代农业考古资料索引》第二编"生产工具",归入西周。见《农业考古》1981年第2期;《上村岭虢国墓地》第19页一二。

发现。如山东省博物馆等还收藏有传世的西周铜锸。春秋时期，又有铁锸出现①。战国时期，铁锸的使用已相当普遍。《礼记·月令》郑玄注："耜者，耒之金也。"在考古发掘工作中，属于战国时期的铁锸发现很多。如在今之河南、河北、湖北、陕西、山东、浙江、辽宁等省都有发现。据孙常叙和刘仙洲两先生研究，认为早期的耜在后来发展为两种作用不同的农具：一为锸和锹，一为犁铧。前者以间歇动作的耦耕为其作业特点，后者以连续向前运动的犁耕为其作业特点②。因此，耒耜或臿的出现，标志着耦耕的产生；犁的出现，标志着牛耕的开始。牛耕发展以后，犁逐渐成为主要耕具，耒耜也逐渐不用于耕田，主要用于挖掘土壤或开沟渠。如《汉书·沟洫志》引民谣："田于何所？池阳谷口。郑国在前，白渠起后，举臿为云，决渠为雨。"师古注："臿，鍫也，所以开渠者也。"

关于耒耜的尺寸，《礼记·月令》：季冬之月，"修耒耜"。贾公彦疏："耒者，以木为之，长六尺六寸，底长尺有一寸，中央直者三尺有三寸，勾者二尺有二寸。底谓耒下向前曲接耜者，头而著耜。耜，金铁为之。"关于耜（臿）的宽度，《周礼·考工记》："匠人为沟洫，耜广五寸，二耜为耦。一耦之伐（垡），广尺深尺，谓之畎（圳）。"《论语·微子》："长沮、桀溺耦而耕。"何晏《集解》引郑玄曰："耜广五寸，二耜为耦。"这些说法是一致的，当是反映了战国时期的耜的宽度。这个宽度与当时的耕作制度或要求如圳、陇的宽度等是相应的。也有些记载略有差距，如《吕氏春

---

① 江西九江大王岭出土，江西省博物馆藏。见上引《中国古代农业考古资料索引》第二编"生产工具"。
② 参看孙常叙《耒耜的起源及其发展》三《耜的两种发展》。刘仙渊《中国古代农业机械发明史》第一章《整地机械》八。

秋·任地》："六尺之耜，所以成亩也。其博八寸，所以成甽也。"此说自东汉至现代学者，多所考证。我认为即使所记"八寸"无误，与"一耦之伐"（十寸）的差距亦不很大。两汉时期，犁耕虽有很大的发展，但由于耕作制度或要求没有大的变化，因之，人们大体仍按照原来耜的宽度设计犁的宽度。如汉武帝时，赵过规划代田法，以犁头的宽度二倍于耜的宽度为理想的耕具。即所谓"二耜为耦"。《汉书·食货志上》记赵过推行代田法说："代田，古法也，后稷始甽田，以二耜为耦，广尺深尺曰甽，长终亩。一亩三甽，一夫三百甽，而播种于甽中。苗生叶以上，稍耨陇草，因隤其土，以附根苗。"陇亦宽一尺。《氾胜之书·区田法》说："沟一尺，深亦一尺，积壤于沟间，相去亦一尺。"只是这时耕田不再叫作"耦耕"；由于用犁耕，而且以二牛牵引，即二牛抬杠，所以叫作"耦犁"，即《食货志》上所说："用耦犁，二牛三人。"关于耜和甽陇的阔度，据万国鼎先生考证，秦汉一尺等于23.1厘米，"晚周尺和秦尺的长度相同"①。也就是说，"耜广五寸"，合今11.55厘米；"二耜为耦"，或是"一耦之伐"，合今23.1厘米，这也就是甽的广度和深度，或陇的广度。在考古工作中，发现了不少属于汉代的形体轻巧、宽度约略与"二耜"的宽度相当的小型铁犁铧，都是实用之物。《汉书·食货志上》：赵过推行代田法，"其耕、耘、下种田器，皆有便巧"。上述犁铧可能就是赵过推广的"皆有便巧"的耕具之一。辽阳犁的宽度为耜的四倍，为上述铁犁（耦犁）的二倍，滕县犁更要宽大，但文献对这类大铁犁缺乏记载。

唐人陆龟蒙著《耒耜经》，对于犁具的记载颇详。所记犁头

---

① 万国鼎：《秦汉度量衡亩考》，见《农业遗产研究集刊》第二册，第141页。

的宽度:"镵长一尺四寸,广六寸。"①镵就是犁头。唐尺的长度差别较多。据万国鼎考证,"唐大尺的标准长度在 0.2949 米与 0.2959 米之间……(唐)后期渐有放长,有长到 0.31 米左右的"②。据此,唐犁宽为 20 厘米左右。与上述西汉赵过规划的汉犁相比较,其宽度略小,但亦足起"一耦之伐"。唐代并无使用大犁的记载。元代曾有大铁犁,叫作"浚铧"。王祯《农书》卷十九《农器图谱・利用门》曰:浚铧,"其制大倍常铧,鐴亦称是。凡开田间沟渠及作陆堑,乃别制箭犁,可用此鐴斫犁底为胎,锻铁为刃,犁辕贯以横木,二人扶之,可使数牛挽行。插犁既深,一去复回,即成大沟。挑浚之力,日省万数"。书上画有此种犁铧的图形。"其制大倍常铧",如"常铧"近于唐犁,则浚铧的宽度与两汉大铁犁的宽度相仿。明代的徐光启在《农政全书》卷二十一《农器》中记载有关犁铧的情况:"老农云:开垦生地宜用镵,翻转熟地宜用铧。盖镵开生地著力易,铧耕熟地见功多。然北方多用铧,南方皆用镵。虽各习不同,若取其便,则生熟异气,当以老农之言为法。"此书上亦绘有铧的图形,与《农书》上的浚铧基本相似;但未记载其规格大小,用途也与浚铧不同。可是,根据此种犁铧与浚铧的形体基本相似和"耕熟地见功多"等情况来看,此种犁铧可能也是很大的。如是这样,则大铁犁至少有两种主要用途,即既可用于"开田间沟渠",亦可用于"翻转熟地"。

从考古资料来看,我国已有两汉犁铧出土的省份,自北而南,有辽宁、内蒙古、河北、山西、陕西、甘肃、山东、河南、安徽、江

---

① [唐]陆龟蒙:《耒耜经》,见《五朝小说》第二十二册。
② 万国鼎:《唐尺考》,见《农史研究集刊》第一册,第 100 页。

苏、福建、四川、云南、贵州等十余个省区,出土犁铧有数百件之多。这些犁铧的形制有别,大小不一,专家们用名、归类也有不同。为了研究上的方便,我采用黄展岳同志的意见,分为三类(V形锋铧冠除外):"小铧形体轻巧,上下两面凸起,銎扁圆形或菱形,前端钝角或锐角。长宽各20厘米左右。""中铧舌形,前端锐角,上面凸起,中有凸脊,底面板平。三角形銎。长宽各30厘米左右。""大铧V形似中铧,长宽均在40厘米以上。"①小铧与中铧的发现都比较多,足见此两种类型的犁是当时的主要耕具。我认为大铁犁的长宽,宜各以40厘米左右为标准。此类大铁犁的发现亦不少。除了辽阳犁和滕县犁之外,还有如下的几件有代表性的。如在河北石家庄东岗头村出土的一件,长41厘米,后宽46厘米,重12.5千克;在陕西陇县高楼村出土的三件,前端带有V形冠,通长39.5厘米,后宽37.7厘米,高14.3厘米;在修汉惠渠时出土的三件,有一件长34厘米、宽38厘米、高12.5厘米,另两件基本相同。这些大犁每件约重9千克。在福建崇安出土的一件残重15千克②。在甘肃古浪出土的一件,长42厘米,后宽38.5厘米,重12千克。此外,据说在陕西神木和山东莱西等县,也都有汉代大铁犁出土③。

王祯《农书》记唐和元代都发现过古代大铁犁。该书对唐朝发现古代大铁犁是这样记载的:"《唐书》:天宝初,开砥柱之险以通流,石中得古铁犁铧,上有'平陆'二字,因改河北县为平陆县,此盖先开险时所遗器也。"《唐书》有新、旧两种。《旧唐

---

① 黄展岳:《古代农具统一定名小议》,《农业考古》1981年第1期,第40页。
② 《考古》1959年第7期,陕西省博物馆、文物管理委员会《陕西省发现的汉代铁铧和鐴土》,《文物》1966年第1期,《考古》1960年第10期。
③ 分别由陕西省博物馆卢桂兰和山东大学历史系黄冕堂教授见告。

书》是五代后晋刘昫等于天福五年至开运二年(940—945年)间撰的。该书《地理志》一记载:"平陆,隋河北县……天宝三载(744年),太守李齐物开三门,石下得戟,大刃,有'平陆'篆字,因改为平陆县。"同书《玄宗纪》:天宝元年,改"陕州河北县为平陆县"。《新唐书》是北宋欧阳修等于仁宗庆历四年至嘉祐年间(1044—1060年)撰的。该书《地理志》二"平陆"条本注:"天宝元年,太守李齐物开三门以利漕运,得古刃,有篆文曰'平陆',因更名。"从这两部《唐书》看来,在三门峡发现的不是"古铁犁铧",而是"戟"或"古刃"。《农书》所据,似不应是《唐书》,而是北宋太平兴国间(977—984年)由乐史撰的《太平寰宇记》,该书卷五《河南道》六《陕州·平陆县》:"唐天宝元年,陕州太守李齐物凿三门山路,所通深,便于漕运。于所开渎中得古铧锄甚大,上有古篆'平陆'二字,由是,其年二月改为平陆焉。"《资治通鉴·唐纪》玄宗天宝元年春正月:"陕州刺史李齐物穿三门运渠。辛未,渠成。"二月,"州为郡,刺史为太守。"从上引各记载来看,李齐物开三门,时在天宝元年,而非天宝三载,他时为刺史,而非太守。所得古物是否为"铁犁铧",似难断定。因在此时之前的古"平陆"没有资料证明曾铸造过此类铁农具。《农书》又记载,在元朝时,"泰山下旧有旷野,其地下,不任种莳,土人呼曰淳于泊。近于耕劚之际,得旧铧,大可尺余。故老云:闻昔有大铧,用开田间去水沟堑,当是此器"①。这个"大可尺余"的"大铧"的大小与当时的浚铧相当,亦和现在发现的两汉大铁犁近似。其"用开田间去水沟堑"之功用,亦与浚铧相同。

---

① [元]王祯:《农书》,卷十九《农器图谱·利用门》。

对两千年来犁耕牵引力的考察

较系统地考察两千年来犁耕的牵引力,对进一步研究两汉大铁犁的性能,尤其是对这种大铁犁使用的可能性做出比较准确的估计是很必要的。这一考察以牛耕为主,亦兼用文献和考古两个方面的资料。

文献关于我国古代用牛耕的记载,最早可追溯到西周的祖先叔均[1],亦有人从甲骨文字上推断,认为"殷人已知牛耕"[2]。关于这些说法,学术界并未肯定。一般认为,中国的牛耕开始于春秋时期,这与犁的出现是分不开的。《国语·晋语》九:窦犨曰:"夫范、中行氏,不恤庶难,欲擅晋国,令其子孙将耕于齐,宗庙之牺为畎亩之勤。"《论语·颜渊》:"司马牛。"注引孔安国曰:"牛,宋人,弟子司马犁。"《史记·仲尼弟子列传》"司马牛"作"司马耕,字子牛"。又"冉耕,字伯牛"。两汉时期,既用牛耕,亦用马耕。如《盐铁论·未通》曰:"农夫以马耕载。"同书《散不足》曰:马"行则服枙,止则就犁"。

关于耕田的用牛制度,西汉时是用二牛,就是所谓"耦犁"。《汉书·食货志上》:代田法,"亩五顷,用耦犁,二牛三人,一岁之收常过缦田亩一斛以上,善者倍之"。耦犁在当时,就是用二牛抬杠的方式耕田。东汉时,一牛(单畜)拉犁的技术已在推

---

[1] 《山海经·海内经》:"后稷是播百谷。稷之孙曰叔均,始作牛耕。"郭璞云:"始用牛犁。"袁珂校注:"经文'叔均始作牛耕',《大荒西经》作'叔均始作耕',无'牛'字;《御览》卷八二二引此经亦无'牛'字。"
[2] 胡厚宣《甲骨学商史论丛》初集。郭沫若《奴隶制时代》:"殷人已经发明了牛耕。"

广。《说文解字》"牛部":"辈,两壁耕也。"段注:"谓一田中两牛耕,一从东往,一从西来也。"这当是一牛拉犁的情况。但二牛抬杠仍在使用。崔寔《政论》:"今辽东耕犁,辕长四尺,回转相仿,既用两牛,两人牵之,一人将耕;一人下种,二人挽耧。凡用两牛六人,一日才种二十五亩。"①这里有两个问题值得提出,第一个问题是,崔寔所谓的"今辽东耕犁……既用两牛",是否说在东汉时,中原地区已广泛地使用一牛拉犁了?只有在边远地区如辽东等地才仍用二牛抬杠?第二个问题是,崔寔所谓的"辕长四尺"是长辕还是短辕?关于第一个问题,留待后面探讨。这里先研究一下有关辕的问题。一般说来,用二牛拉犁者,往往采用二牛抬杠的形式,犁辕为单长辕,长达250厘米以上;辕的下端连犁柄(梢),上端接一横木,谓之杠(格),架于两牛颈椎之上,用以耕田。从汉代遗留下来的壁画、画像石等所载牛耕图来看,这种耕田形式是普遍的主要的形式。而崔寔所说的"辕长四尺",约合今92.4厘米,不足长辕的一半,与今之传统犁的短直辕的长度约略相当。如崔寔所记无讹,则说明了在东汉时已有短辕犁出现。短辕较长辕轻便,利于操作、回转、搬动。短辕犁的出现,是犁架结构的一大改进。但文下注认为此"辽东耕犁"是"长辕犁"。注说:"今自济州已西,犹用长辕犁。……长辕耕平地尚可,于山涧之间则不任用,且回转至难,费力。"从其他文献和考古资料来看,在两汉时期还不曾出现"短辕犁"。由此看来,《政论》所记"辽东耕犁"的辕的长度可能有误,或后人传抄有误。

三国时期,长江下游仍用二牛耕田,谓之"耦犁",简称为

---

① 《全后汉文》卷四六。

"耦",以二牛抬杠为主,是否为短辕,记载不明。如《三国志·吴书·孙权传》:黄武五年(226年),"是时,陆逊以所在少谷,表令诸将增广农亩。权报曰:'甚善。今孤父子亲自受田,车(军)中八牛以为四耦。虽未及古人,亦欲与众均等其劳也。'"

根据《耒耜经》记载,唐代的江东地区已用一牛耕田,犁为曲辕,"辕修九尺,梢得其半……犁之终始丈有二"。唐代九尺,合280厘米左右,约为今之曲辕长度的二倍(今之曲辕长一般在130厘米左右),与长直辕的长度约略相当。但从辕端有挡足的部件来看,还是属于短辕性质。在使用时,于辕端另加硬套或软套。唐代的云南属边远地区。据樊绰《蛮书》卷七《云南管内物产》:"每耕田用三尺犁,格长丈余,两牛相去七八尺,一佃人前牵牛,一佃人持按犁辕,一佃人秉耒。"《新唐书》卷二百二十二上《南诏传》:"犁田以一牛三夫,前挽、中压、后驱。"向达先生认为:"《新唐书》所云一牛三夫疑是二牛三夫之误。二牛三夫乃汉族耕田古法。"①也就是"二牛抬杠"。上引《蛮书》所谓"格长丈余",大约就是"架于二牛颈上之长木"②。所谓"三尺犁",合90厘米左右,只当《耒耜经》所记曲辕犁的三分之一,和今之传统短辕犁的辕长差不多,是典型的短辕犁。由此可见,二牛抬杠既可用长辕犁,亦可用短辕犁。如上引崔寔在《政论》中所记辽东犁的尺寸不误,或与此种犁相似。

在汉唐文献中不见有用三头以上的牛拉犁的记载。据《农书》记载,在元代,凡开田间沟渠及作陆堑而用"浚铧"时,"犁辕贯以横木,二人扶之,可使数牛挽行"。后附"诗云":"九牛力挽

---

① 《蛮书校注》卷七《云南管内物产》,向达注。
② 同上。

即成渠。"说用"九牛"不一定是真用九牛,是极言用牛之多。但其数超过两牛是可以肯定的。可是必须指出,用这样多的牛不是一般耕田,而是"开田间沟渠及作陆塈",所用犁也不是一般犁铧,而是"大倍常铧"的浚铧。

在考古资料中所反映的有关汉唐明清的耕田用牛情况,与文献所记一致,形象更明确具体生动。两汉魏晋南北朝时期,仍以二牛抬杠为主,但用一牛的也不少。二牛抬杠的图像有山西平陆枣园村王莽时期的壁画墓牛耕图①、江苏睢宁双沟东汉画

甘肃嘉峪关魏晋画砖农耕图

---

① 山西省文物管理委员会《山西平陆枣园村壁画汉墓》,《考古》1959年第9期。

像石牛耕图①、陕西米脂东汉画像石牛耕图②、内蒙古和林格尔东汉墓壁画的三幅牛耕图③、甘肃嘉峪关魏晋画砖墓牛耕图④、新疆天山南路拜城县古孜尔175号石窟二幅晋代牛耕图、辽宁朝阳袁台子东晋壁画墓牛耕图⑤等。山东滕县黄家岭的东汉牛耕画像石，是用两头牲畜牵引的；但不是二牛抬杠，而是一牛驾辕，另有一马在牛之右拉边绳⑥。这是马耕在画像石中难得的一个事例。用一牛的，有甘肃武威磨咀子出土的西汉末年的木牛犁模型⑦、陕西绥德东汉画像石牛耕图⑧、山东滕县宏道院东汉画像石牛耕图⑨、广东佛山澜石东汉墓出土的陶水田模型也"不是二牛抬杠耦犁方法"⑩，而是一牛耕田。甘肃嘉峪关市属于东汉时期的新城3号墓"屯垦"画像砖的牛耕图⑪、甘肃敦煌290窟牛耕图⑫等。在这些图像中，凡是用两牛拉犁的，只要画面清晰的，几乎都是用单长辕犁，二牛抬杠。凡是用一牛拉犁的，多

---

① 《江苏徐州汉画像石》，科学出版社，1959年。
② 陕西省博物馆、陕西文管会《米脂东汉画像石墓发掘简报》，《文物》1972年第3期。
③ 内蒙古文物工作队、内蒙古博物馆：《和林格尔发现一座重要的东汉壁画墓》，《文物》1974年第1期。
④ 甘肃省博物馆等：《嘉峪关魏晋墓室壁画的题材和艺术价值》，《文物》1974年第9期。
⑤ 分别见阎文儒：《新疆天山以南的石窟》，《文物》1962年第7、8合期；辽宁省博物馆文物队等：《朝阳袁台子东晋壁画墓》，《文物》1984年第6期。
⑥ 蒋英炬：《略论山东画像石的农耕图像》，《农业考古》1981年第2期。
⑦ 甘肃省博物馆：《武威磨咀子三座汉墓发掘简报》，《文物》1972年第12期。
⑧ 《陕北东汉画像石刻选集》。按：此图犁辕在牛右，似为二牛抬杠而省者。
⑨ 《汉代画像全集》初编，巴黎国家图书馆版。
⑩ 广东省文物管理委员会：《广东佛山市郊澜石东汉墓发掘报告》，《考古》1964年第9期。
⑪ 《嘉峪关汉画像砖墓》，《文物》1972年第12期，图版陆:4屯垦。
⑫ 敦煌文物研究所编《敦煌壁画》佛教故事部分——耕作。

数用双长辕犁。上引这些图像的用牛情况已具体生动地回答了前边提出的问题,即在东汉时,中原地区也是以二牛抬杠为主。

唐宋时期的牛耕图多数亦为二牛抬杠,少数用一牛。二牛抬杠的图像有陕西三原初唐李寿墓壁画牛耕图①,敦煌445窟盛唐时期的牛耕图②,205窟③和安西榆林窟25号壁④中唐时期的牛耕图,敦煌12和85、196三窟的三幅晚唐时期的牛耕图⑤,61窟的五代时期的两幅牛耕图⑥,38和55两窟的两幅北宋时期的牛耕图⑦等。用一牛的,有敦煌23窟的盛唐时期的牛耕图⑧,盛唐时期的《过去现在因果经》附图⑨,南宋刘松年的《耕织图》⑩等。在这些图像中,也和汉魏南北朝一样,凡是用两牛的,都是二牛抬杠,而且多数是用单长辕犁;只有敦煌445窟为曲辕犁。三幅用一牛的,其中两幅唐代的,都是用双长辕;一幅南宋的,是用短直辕,软套绳(索套)。

附十:中国古代主要牛耕图表

朝代	图像名称	牛数	套类	辕型	犁形
西汉末	山西平陆枣园村西汉末年壁画墓牛耕图	2	二牛抬杠	单长	大等腰三角形
西汉末	甘肃武威磨咀子西汉末年木牛犁模型	1	硬套	单长	小犁

---

① 陕西省博物馆、文管会:《唐李寿墓发掘简报》,《文物》1974年第9期。
② 《农业考古》1981年第2期封四图片。
③ 敦煌文物研究所《敦煌莫高窟》四第50图。
④ 参看傅玫《河西的犁》,丝绸之路考察队《丝路访古》。
⑤ 《考古》1964年第7期图版玖。
⑥ 《敦煌莫高窟》五第67、69图。
⑦ 《敦煌莫高窟》五第95图。
⑧ 《考古》1964年第7期图版玖。
⑨ 转引自傅玫《河西的犁》。
⑩ 乾隆御题《耕织图》。

(续表)

朝代	图像名称	牛数	套类	辕型	犁形
东汉	江苏睢宁双沟东汉画像石牛耕图	2	二牛抬杠	单长	大等腰三角形
东汉	陕西米脂东汉画像石牛耕图	2	二牛抬杠	单长	大等腰三角形
东汉	内蒙古和林格尔东汉壁画墓牛耕图(一)	2	二牛抬杠	单长	小犁
东汉	内蒙古和林格尔东汉壁画墓牛耕图(二)	2	二牛抬杠	单长	小犁
东汉	内蒙古和林格尔东汉壁画墓牛耕图(三)	2	二牛抬杠	单长	小犁
东汉	陕西绥德东汉画像石牛耕图	2	二牛抬杠	单长	小犁
东汉	山东滕县宏道院东汉画像石牛耕图	1	硬套	双长	—
东汉	广东佛山澜石东汉墓陶水田模型	1	—	—	—
东汉	山东滕县黄家岭东汉牛耕画像石	1牛1马	二牛抬杠	单长	中等腰三角形
魏晋	甘肃嘉峪关魏晋画砖牛耕图(5号墓)	2	二牛抬杠	单长	—
魏晋	甘肃嘉峪关魏晋画砖牛耕图(3号墓一)	1	硬套	单长	—
魏晋	甘肃嘉峪关魏晋画砖牛耕图(3号墓二)	1	硬套	单长	—
魏晋	甘肃嘉峪关新城公社6号墓牛耕图	2	二牛抬杠	单长	—
魏晋	同上7号墓牛耕图	2	二牛抬杠	单长	—
魏晋	同上8号墓牛耕图	2	二牛抬杠	单长	—
晋	新疆天山南路拜城县古孜尔175号石窟犁耕图	2	二牛抬杠	单长	—

(续表)

朝代	图 像 名 称	牛数	套类	辕型	犁形
东晋	辽宁朝阳袁台子东晋壁画墓牛耕图	2	二牛抬杠	单长	
十六国	甘肃酒泉丁家闸画像砖墓牛耕图	1	—	单长	
北魏	敦煌290窟牛耕图	1	—	单长	
初唐	陕西三原李寿墓壁画牛耕图(一)	2	二牛抬杠	单长	
初唐	同上(二)	2	二牛抬杠	单长	
盛唐	敦煌23窟牛耕图	1	—	单短	
盛唐	敦煌445窟牛耕图	2	二牛抬杠	曲辕	
盛唐	《过去现在因果经》附牛耕图	1	—	双长	
中唐	敦煌25窟牛耕图	2	二牛抬杠	单长	
中唐	敦煌205窟牛耕图	2	二牛抬杠		
中唐	安西榆林窟25号壁牛耕图	2	二牛抬杠	单长	
晚唐	敦煌196窟牛耕图	2	二牛抬杠	—	
晚唐	敦煌12窟牛耕图	2	二牛抬杠		
晚唐	敦煌85窟牛耕图	2	二牛抬杠		
五代	敦煌61窟牛耕图(一)	2	二牛抬杠	单长	
五代	敦煌61窟牛耕图(二)	2	二牛抬杠	单长	
北宋	敦煌55窟牛耕图	2	二牛抬杠	单长	
北宋	敦煌38窟牛耕图	2	二牛抬杠	单长	
南宋	刘松年《耕织图·牛耕图》	1	软套	单短	
清	康熙《耕织图·牛耕图》	1	软套	曲辕	
清	台湾风俗图·牛耕图	1	软套	曲辕	

这里有一个问题值得提出,就是从上引自初唐到南宋的十六幅图像中可以看出,这一时期的犁,无论用二牛还是用一牛牵引,几乎都是用直辕犁,只有一幅是用曲辕犁。牵引曲辕的不是一牛,而是二牛抬杠。这种现实生活的实际与学术界通常对曲辕犁的估计相差太远了。不少人认为曲辕犁便于耕作,比较省

力,速度较快,一头牛即可牵引。因此,曲辕犁的出现是农业技术上的一大革新,有的人甚至把唐朝农业的大发展,把盛唐的经济繁荣都与曲辕犁联系起来。应当说,这一估计过高,与事实很不相符。我们应当肯定曲辕犁确实有不少优点,主要如犁辕上躬,便于深耕;牵引点低,犁架平稳;如犁辕缩短(不是如《耒耜经》所说"辕修九尺"),自然较长直辕犁要轻便得多。但就犁具的基本原理来说,与短直辕没有什么不同,耕作效率不会有显著的提高。再加制作曲辕的木料有其特殊的要求,不比制作直辕的木料容易找到。因此,木质曲辕犁是会有推广的;但要全部取代木质直辕犁,尤其是取代木质短直辕犁,是不太可能的。这就是为什么在当时的现实生活中,直辕犁的数量远远超过曲辕犁的数量的主要原因。

也许有人会认为,上述图像都是边远地区的遗物,所反映的也是边远地区的情况。这个看法是不正确的。因为李寿墓所在地三原,靠近唐朝的国都长安,不属边远地区。又李寿本人是皇族,封司空公、上柱国、淮安王。在他的墓中,壁画很多,满布于墓道、过洞、天井、甬道、墓室等处。主要内容有农耕和牧养、杂役图,建筑图,仪仗出行图及寺院、道观图等四大类。在这样的壁画群中,绘制牛耕图不反映通常的耕作形式而反映边远地区的落后技术,这是不可能的。敦煌石窟画像情况也是如此。敦煌在唐至北宋前期,尤其是在初唐、盛唐和中唐时期,是西北地区的军事重镇,经济、文化相当发展,因此,不能把这里作为一般的边远地区看待。莫高窟等处的壁画,都是当时的达官贵人、财势之家或上层僧侣所为,不同于一般绘画。认为这里所绘牛耕图都是反映落后的耕作,也不可思议。

明清时期,用一牛耕田的情况有很大的发展,曲辕犁和软套绳的使用范围也日益扩大，后来还有铁曲辕犁出现。康熙御制《耕织图》①中的牛耕图就是一牛耕田，用曲辕犁和软套绳。清人绘制的《台湾风俗图》②中的牛耕图和康熙图基本相似，也是一牛、曲辕、软套绳。虽是这样，这时中国的不少地区还有二牛抬杠和长辕犁，而且为数不少。此情况一直延续到现代，乃至1949年以后。

上述文物图像不仅为我们提供了各有关时代的用牛情况和犁架结构，还向我们显示了所用犁铧的形体及其规格。值得注意的是，属于两汉时期的图像，凡是二牛抬杠的，只要犁铧部分清晰，几乎都是用等腰三角形大犁铧。如平陆枣园村壁画、睢宁双沟画像石、米脂画像石都是如此。甘肃嘉峪关魏晋5号墓砖画和新疆拜城县克孜尔175号石窟的牛耕图，也是画出一个相当宽大的二等边的锐角三角形犁头。可见，二牛抬杠与大犁铧是有密切联系的。可惜的是这些图像上的大犁铧的规格只给人以相对的概念，不能提供绝对的数据，无法帮助我们判断这些犁铧的具体尺寸。不过，它对我们研究两汉大铁犁这一问题还是有参考价值的。今将现存的中国古代有代表性的牛耕图像按照时代先后列表于上（见附十），以供参考。

对大铁犁性能的几点认识

通过对两汉大铁犁的模拟试耕和对我国两千年来铁犁宽度和犁耕牵引力的考察，我对两汉大铁犁的性能有如下几点初步

---

① 康熙御制《耕织图》。
② 中国历史博物馆藏。参看刘如仲：《台湾高山族的耕牛和牛车》，《中国农史》1984年第1期。

认识：

1. 大铁犁是实用之物。我认为，两汉的大铁犁是实用之物，是应当时的农田作业的某种需要铸作的。所以做出这样的判断，有如下四点根据：一、这些已发现的大铁犁都有明显的使用痕迹，例如犁锋和两侧刃部多有因长期使用而磨光或因碰撞而损伤的痕迹。有人认为这种大铁犁是用于祈年的礼器，不是实用之物。此说没有根据。二、发现两汉大铁犁一事不是个别现象，而是在各地相继出现。除上面举出的以外，与之大小相近的还有很多。又每件大铁犁出土，往往伴有其他铁器共出，其中有小铁犁、中铁犁、锸、镰等等。可见大铁犁不是孤立存在的神物，而是成套农具中的一种，是有其特定功用的。三、画像石、壁画上的大犁形象与大铁犁极相似。四、王祯《农书》关于"浚铧"的记述值得注意，浚铧"大倍常铧"，用于"开田间沟渠及作陆堑"事半功倍。浚铧也不是一般的常用耕地犁，而是属于有特定功用的器具。此种器具是否只有到元代才出现，在汉唐时期还未有，很难这样说。如果《农书》所记在唐和元代发现了古代大铁犁是事实，我认为最大的可能是两汉的遗物。两汉时期很重视农田水利，为了这一需要而制作类似于浚铧的器具是可能的。两汉大铁犁也许就属于这类器具，其小者，用于起"一耦之伐"，大者用于"田首倍之"之遂。这些甽、遂都是田间的沟堑。两汉时期的大铁犁用于开沟修渠，只是其用途之一种。

王祯《农书》上说的浚铧是用一种特制的犁架安装的，犁铧固定在犁架上。犁的嘴部另加V形犁冠。这就是所谓的"别制箭犁"，"斫犁底为胎，锻铁为刃"。"锻铁为刃"可能就是制作V形犁冠。这样的犁冠既易于更换，以保持犁刃的锐利性，又可免除因常常装卸大铁犁而损坏犁架。现在发现的东汉大铁犁有不少铁犁冠与之共出。如在陕西陇县高楼村出土的三件大铁犁前端就带有V形冠。由此可以推知，两汉带有犁冠的大铁犁可能也有特制的固定犁架，有专门的用途。

2. 关于大铁犁的用牛问题。如上所述，从文献和考古资料所反映的情况来看，两汉时期的牛耕多用二牛，极少数用一牛。据今天的科学实验测定：一头壮牛，平时耕地，正常与持久的牵引力约为80千克至100千克，一匹壮马的正常与持久的牵引力为30千克至40千克。这里所说的壮牛是指我国南方的大水牛，即所谓乌犍；或北方的大黄牛，即所谓黄犍。持久时间以连续作业两小时为限。根据我们进行的模拟试耕认为：辽阳犁用二牛抬杠在耕后砂壤松土上进行窜垡可以作业；如加犁壁，则困难甚大。如用滕县犁，亦用二牛抬杠，在上述土壤中进行窜垡，亦可作业，但入土较浅；如加犁壁或土质较硬，则困难很大；如耕土质较硬的生地，虽二牛抬杠亦不可能作业。

从大铁犁出土地点的分布和有关文物图像上的用牛及犁形来看，此种大铁犁的作用不仅限于开沟修渠，在有些土质松软的地区，也可用于窜垡、活地。但是总的说来，这种大铁犁本身很笨重，所配特制犁架也很笨重，又要架长辕，套两头或两头以上的壮牛，这在使用上是很不方便的。因此，在当时，大铁犁不可能是主要耕具，主要耕具应是中、小犁铧。魏晋以后，此种大铁犁几乎不用了。

3. 对"县官鼓铸铁器，大抵多为大器"的认识。"县官鼓铸铁器，大抵多为大器，务应员程，不给民用。民用钝弊，割草不痛。是以农夫作剧，得获者少，百姓苦之矣。"这段话是西汉昭帝时，在由朝廷召开的"盐铁会议"上，贤良们批评汉武帝的盐铁国营政策所说的。汉武帝在世时，曾为了解决国家财政困难，在桑弘羊等的协助下,实行盐铁国营政策,大大增加了国库收入,改善了财政状况。可是由于经营部门的官气太重,也出现了一些问题,因而招致了不少批评,主张放弃国营的也很多。见于文献记载的,除上引这段话以外,还有两人在武帝时就是激烈的批评者。一是董仲舒,他乘对策之机,直接向武帝提出"盐铁皆归于民"①的主张,武帝未采纳。二是御史大夫卜式,他"见郡国多不便县官作盐铁,铁器苦恶贾贵,或强令民买卖之",因之建议武帝放弃国营。甚至在天旱,武帝"令官求雨"时,他说:"今弘羊令吏坐市列肆,贩物求利。亨(烹)弘羊,天乃雨。"②这些主张或言论使汉武帝很不高兴,后来撤了卜式的御史大夫之职,降为太子太傅。从这些批评来看,盐铁国营后产生的问题是严重的。最主要的问题是官僚主义,不负责任,经营不善,粗制滥造。表现在产品上,主要有三个问题:一是"多为大器",二是"铁器苦恶",三是"贾贵"。"多为大器"这一问题与本文所研究的问题有密切关系。通过上面一系列的探讨,我认为这里所说的"大器",就其规格来说,不应理解为大得无法使用的"大器",而应是合于生产作业要求的大、中、小一系列规格的器具的一类。贤良所批评、农民所抱怨的,不在于器大,而在于铁官们不管社会、农民的实际需要,不管产品种类是否平衡,而是盲目地"多为大器",而且质量太差,价钱又贵。农民买不到中、小型号的产品,就不得不用这种笨重的"大器"干活,于是出现了"民用钝弊,割草不痛。是以农夫作剧,得获者少,百姓苦之矣"等情况。在这些"大器"中,肯定有本文所谈的大铁犁存在。因为迄今为止,

---

① 《汉书·食货志上》。
② 《史记·平准书》《汉书·卜式传》。

在文献和考古资料中,还未发现比这些大铁犁更大的铁农具。

西汉的大铁犁大约是铁官铸造的。东汉的大铁犁大约是私营冶铁作坊铸造的。所以这样说,是因为西汉自武帝实行盐铁国营政策后,只有在元帝初元五年至永光二年(前44—前42年)的三年间,由于灾异关系,一度"罢盐铁官",其他时间基本上是实行国营政策的。到王莽末年,由于天下已大乱,王莽迫于形势,又下令"除井田、奴婢、山泽、六筦之禁"①,其中就包括废除盐铁国营政策,盐铁才又得私营。东汉的盐铁政策与西汉恰恰相反。自刘秀建国到东汉灭亡,基本上实行盐铁私营政策。在此期间,国家即使经营一些铁冶作坊,也主要是生产兵器和车马具等,不生产农具。只有在章帝元和年间(84—87年),曾一度实行盐铁国营,为时很短。可是,今天已发现的大铁犁,属于东汉的比属于西汉的多,而且有的更大一些,绵亘时间很长,绝不是集中在东汉搞国营的那几年中。因此,说大铁犁是官商的官僚主义的产物是不妥当的,东汉大铁犁可能主要是私商制作的。

在对大铁犁的复制、试耕和研究过程中,有不少农业机械专家和文物、考古专家参加了工作,贡献了意见,在此谨致谢意。

---

① 《汉书·王莽传下》。

关于王昭君的几个问题*

——读翦老《王昭君家世、年谱及有关书信》

翦伯赞同志的《王昭君家世、年谱及有关书信》均写于1961年春,共有四篇,即《王昭君家世》《王昭君年谱》《复郭沫若同志》《复张名彦同志》。《复郭》信是1978年12月8日我到郭家看望于立群同志时,她让秘书王廷芳同志给我看的。次年我们编辑《翦伯赞历史论文选集》时,经庶英、平英同志协助,将该信拍照制版,刊于书中。其他三稿是近来清理旧箧时发现的,均是初稿。

翦老对王昭君这个历史人物有很浓厚的兴趣。他为研究王昭君,阅读了大量的资料,其中包括正史、文集、诗集、剧本、方志、汉简、敦煌资料、碑刻、砖瓦文字等。写过专论文章如《从西汉的和亲政策说到昭君出塞》,写过不少赞扬王昭君的诗,又在一些学术讲演或座谈会上,多次讲到王昭君,并给予很高的评价。所以这样,固然与翦老重视"昭君出塞"这个故事在中华民族的历史上很有群众性和戏剧性有关;但最主要的并不在此,而是在于王昭君以一个女子,在两千年前我国的民族关系史上,立下了不朽的功勋。正如翦老所说:"王昭君在过去的史学家眼中是一个渺小人物,在现在的史学家眼中还是一个渺小人物;然而在这个渺小人物身上,却反映出西汉末叶中国历史的一个重要侧面,民族关系的这个侧面。从她的身上,我们可以看出公元前1世纪下半期汉与匈奴之

---

* 《北京大学学报》(哲学社会科学版)1982年第6期。

《昭君出塞图》（明代仇英绘）

间的关系的全部历史。"①翦老研究王昭君，做过一些读书札记，《家世》和《年谱》两篇就是札记之一。这次检出，并上述两信，通读之后，感到内容较翔实，观点鲜明，文字简洁，对研究王昭君这个历史人物，或创造王昭君的艺术形象，都有参考价值。这次发表，《年谱》根据翦老生前的意见，在基本不动的情况下，略有增补；其他各篇只是略加校饬、注释，一切仍旧。

此四篇文章原非为发表而作，因之对不少问题，或"述而不作"，或语焉未详，我想就其中的几个主要问题较深入地谈一下自己的认识。

---

① 《从西汉的和亲政策说到昭君出塞》，《翦伯赞历史论文选集》第475页。下引本文不再注。

昭君的侄儿王歙与王飒

《家世》一稿用了八百字,概述了昭君的祖籍、出身和其亲属情况。关于亲属,史书记载很少。《家世》说:"她有两个侄儿,一名王歙,一名王飒。王莽时,皆封侯。歙封和亲侯,飒在王莽时任骑都尉,封展德侯。天凤元年(14年),王莽派他二人出使匈奴;二年,又派王歙使匈奴。更始二年(24年),刘玄又曾派飒出使匈奴。一直到东汉光武帝建武六年(30年),刘秀还派飒出使匈奴。"从这个简单概述中,我们可以看出,昭君有哥哥,还有两个侄儿。两个侄儿在王莽时,都封为侯。他们的封国都不是取县邑或乡聚之名,而是取与"和亲"有关的嘉名。还可看出,这一对弟兄在自天凤元年至建武六年的十七年间,曾四次共同或分别荣任汉朝出使匈奴的使节。此事说明了这对弟兄在当时的汉朝(包括新莽及东汉)和汉、匈民族关系中,所处的地位和所起的作用是多么重要。

文献关于王歙的记载没有问题。但关于王飒的记载,却有很大的问题存在。如《汉书·匈奴传下》记载更始二年使匈奴者,为"中郎将、归德侯飒",无姓,可以理解为王飒。但同书《陈遵传》则记作"归德侯刘飒"。《后汉书·南匈奴传》记建武六年(30年)使匈奴者亦为"归德侯刘飒",与《陈遵传》同姓名。刘飒是否为王飒之误呢?古代学者已有争论。现代学者亦无统一的意见。如清代周寿昌主刘飒为"降胡"之后说。他说:"《功臣表》:归德侯先贤掸以匈奴日逐王率众降侯,其孙讽嗣侯,此殆即其人。飒、讽字近,又缘上展德侯飒而误。下称刘飒者,必赐姓,史失载也。以故侯从光武得绍封复国,建武六年使匈奴,见《后汉书》。"①钱大昕不同意这种看法。他说:"或云:汉宣帝时,匈奴日逐王先贤掸率众降,封归德侯,其孙讽袭封。五十六年至建武初,尚存。讽、飒字形相涉,即一人。然据《班表》,建武二年,讽子襄已嗣侯,则讽当卒于建武元年,安得于六年更奉使乎?且先贤掸出于匈奴,不闻赐姓刘氏也。"②那么刘飒到底是谁呢?他没有说。翦老认为刘飒是王飒之误,我赞同这个意见。当然直接证据是没有的,但这可以从如下三个方面来推定。其一,从《汉书·匈奴传下》的书名体例来看,凡记述王昭君的亲属,都言名不言姓,记述其他使者则姓名全具。如天凤元年(14年)作"莽遣歙、歙弟骑都尉、展德侯飒使匈奴"。二年作"莽复遣歙与五威将王咸"使匈奴。五年作"莽遣和亲侯歙与奢等俱至制虏塞下"。更始二年(24年)作"遣中郎将、归德侯飒、大司马护军陈遵使匈奴"。王咸与陈遵为姓名全具者。因此,更始二年之"飒"当为王飒。《陈遵传》记作"刘飒",可能有误。其二,从派遣使节的重要性来看,始建国四年(12年)王莽杀匈奴右犁汗王咸之子登于长安,后咸立为单于,对莽极怨恨。王莽为了改善汉、匈关系,于天凤二年遣王歙为使,"送归登之尸体"。匈奴亦遣昭君之长女云、婿须卜当及云、当之子奢"至塞迎之"。这表明双方都很郑重。又平帝元始二年(2年),王莽为了取悦王太后,曾设法让单于"遣王昭君女须卜居次云入侍太后"③。可是云未来。天凤五年,单于遣云与当为使至塞下时,王莽佯遣王歙

---

① 《汉书·匈奴传下》,王先谦《补注》引。
② 《后汉书·南匈奴传》,王先谦《集解》引。
③ 《汉书·匈奴传下》颜注引李奇曰:"居次者,女之号,若汉言公主也。"文颖曰:"须卜氏,匈奴贵族也。"云嫁与须卜当。王先谦《补注》引沈钦韩曰:"居次是其王侯妻号……非公主之比。"

与其表妹、表妹夫相会,暗地却部署兵力,将云、当劫持到长安,并强立当为须卜单于,企图分裂匈奴。王莽的用心是险恶的,但他之所以以王歙出面,正是因为王歙在汉、匈关系中是一位很有影响的人物。更始二年使匈奴的任务更加艰巨,因为须卜当被劫持到长安后的第三年就病死了。又过两年,云与其子奢在绿林军破长安时亦死去。这时汉、匈间的民族关系很紧张,匈奴人不断侵扰汉的北边各郡。刘玄以新立皇帝之名义,遣使匈奴,送还云、当在长安的遗属和从者,欲修复旧好。这个使者更加重要。既书作"飒",于情理推之应是王飒。东汉初年,刘秀"方平诸夏,未遑外事",遣王飒使匈奴,以修旧好,也是理想的人选。其三,刘玄时之侯如无特殊功勋于刘秀,而能在东汉时仍为侯,这是不可能的。王飒因有特殊的政治作用而绍封复国是可能的。根据以上的分析,我亦认为刘飒应是王飒之误。

《王昭君年谱》的起止时间

《王昭君年谱》始于西汉宣帝甘露元年(前53年),止于东汉光武帝建武六年(30年),我认为有道理。

从政治形势来说,甘露元年前后,是汉、匈关系的一个重要转变时期。从王昭君个人来说,这一年可能是她的生年或接近于生年。《后汉书·皇后纪·序》曰:"《汉法》常因八月算人。遣中大夫与掖庭丞及相工,于洛阳乡中,阅视良家童女年十三以上,二十以下,姿色端丽,合法相者,载还后宫,择视可否,乃用登御。"西汉之制相同。假定昭君十六七岁入宫,入宫后四五年"不得见御,乃请掖庭令求行"①,于是"出塞"。自此年(竟宁元

---

① 《后汉书·南匈奴传》。

年,前33年)上推二十年,正是甘露元年(前53年)。又据《琴操》载,昭君十七岁入宫,五六年未得幸御,因有出塞之请。《琴操》之说虽多虚构,但其成书时间不会迟于东晋时,于选宫女的制度来说,汉晋基本相同。所以《琴操》关于昭君的入宫、出塞的年龄,可以参考。据此,《年谱》始于甘露元年是比较适当的。

止于建武六年,显然超出了作"年谱"的常例。一般年谱只限于记述"谱主"的生平事迹。谱主去世或不知所终,年谱当即终结。我们所知王昭君最后的事迹,是汉成帝鸿嘉元年(前20年)复株累若鞮单于死,她从此寡居。此后,对她再无所知。为王昭君作年谱,可以止于此时。但王昭君的情况要特殊一些。我们研究王昭君的目的不在于仅仅了解王昭君本人的一史一事,诚如翦老所说:"从她的身上,我们可以看出公元前1世纪下半期汉与匈奴之间的关系的全部历史。"实际这个历史还应包括公元1世纪的前三十年。因此,就有必要在谱述了她的为汉和匈奴之间的和平友好事业而献身的事迹之后,还应当接着谱述继承、发展由她开创的事业的她的侄儿、女儿、女婿、外孙等亲属的主要事迹。东汉建武六年以后,不再见有关这一方面的记载,因之《年谱》亦就止于是年。

昭君及其亲属的历史作用

王昭君是汉、匈民族和平的象征。这样的看法,在当时的汉、匈两大民族的朝野,都是如此。此后两千年间,在汉和北方民族中,只要民族偏见不重的人,亦都持这样的看法。至于今天,我们更应当承认这一点。当然,汉、匈之间由战争转向和平,绝不能完全归功于王昭君个人的作用,应当说这是汉和匈奴在经过长期的战争折磨之后,两大民族的社会、政治各方面发展和变化决定的。宣帝甘露三年(前51年),匈奴呼韩邪单于"来朝"。黄龙元年(前49年)又来朝。这些事实都是汉、匈关系转向和平、友好的标志。可是无论怎么说,元帝竟宁元年(前33年),呼韩邪单于第三次来朝和"昭君出塞",毕竟是这一历史倾向发展的最高标志。而且在此后的若干年中,这一历史倾向正是通过王昭君的关系体现出来。因此,评价王昭君就不应把她简单地看作一个"个人",而应把她与时代联系在一起。汉、匈关系从汉武帝元光二年(前133年)"王恢谋马邑,匈奴绝和亲",到元帝竟宁元年昭君出塞,其间整整一百年。翦老说:"昭君出塞之年,正是匈奴绝和亲一百周年,很明白寄托在她身上的政治使命是恢复中断了一百多年的汉与匈奴之间的友好关系。"这个看法是符合历史实际的。

关于"和平的象征"一事,从如下的一些事实可以看出。就汉朝来说,昭君出塞之年,本应是建昭六年(前33年)。由于昭君出塞,汉、匈和亲,汉元帝改建昭六年为竟宁元年。元帝的诏书曰:"虖(呼)韩邪单于不忘恩德,响慕礼义,复修朝贺之礼,愿保塞传之无穷,边陲长无兵革之事。其改元为竟宁,赐单于待诏掖庭王樯(嫱)为阏氏。""竟宁"的含意,应劭曰:"虖韩邪单于愿保塞,边竟(境)得以安宁,故以冠元也。"①再就匈奴来说,《汉书·匈奴传》下记载:元帝以"昭君赐单于,单于驩然,上书愿保塞上谷以西至敦煌,传之无穷。请罢边备塞吏卒以休天子人民"。又号昭君为"宁胡阏氏"。"宁胡"的含意,颜师古注曰:"言胡得之,国以安宁也。""阏氏"是单于之妻的尊称。1949年

---

① 《汉书·元帝纪》及颜注。

汉代"单于和亲"瓦当

以来,考古工作者在今内蒙古包头附近,发掘出土印有"单于和亲""千秋万岁""长乐未央"等文字的瓦当①,传世的"单于和亲砖"上印有"单于和亲,千秋万岁,长乐未央"②等吉祥语。这些都是西汉末年的遗物。西汉末年,汉、匈之间只有一起和亲事件,就是昭君出塞。这些遗物应是匈奴人为庆贺"昭君出塞"而制作的纪念品,也是汉、匈文化交流高度发展的重要物证。根据以上事实,说王昭君是汉、匈民族和平的象征,并不夸大。

昭君的前夫呼韩邪单于对汉一直是友好的。她的后夫复株累若鞮单于对汉也一直很友好。他一即位,即派遣了两个儿子"入侍",后来又多次遣使"朝献"。他本人于河平四年(前25年)正月亲自"来朝"。二月始归。王昭君的亲属对于汉、匈友

---

① 《文物参考资料》1955年第10期。
② 邵适庐《专门名家》第二集《广仓砖录》,原物藏中国历史博物馆。

好,也做出了巨大的贡献。如王莽始建国五年(13年),匈奴乌珠留若鞮单于死,时昭君长女云之婿右骨都侯须卜当掌权,立了与汉亲善的伊栗置支侯咸为单于,以维护并发展与汉的友好关系。当与云还建议新立单于与汉的"和亲侯"昭君之侄王歙会面,并将此事"遣人告塞吏"。王莽得知后,果然遣歙和他的弟弟飒"使匈奴,贺单于初立",进一步加强了汉、匈友好关系。昭君的女儿、女婿、外孙和她的侄儿一样,多次充任匈奴的重要使节至汉,以促进友好关系的发展。王莽统治时期,实行歧视少数民族的反动政策,如改"匈奴单于"为"降奴服于"或"恭奴善于"等;又一再阴谋分裂匈奴;还大发军队,准备对匈奴进行一场大规模的战争;匈奴人也一再扰边。形势相当紧张,大有一触即发之势。可是就是这样,大战始终不曾发生;作为两个民族来说,也一直不曾发展到激烈对抗的地步,而且双方使节仍往来不断。所以如此,这和汉、匈之间已有数十年的亲密关系分不开。此外,还有一个很重要的因素,就是王昭君的亲属的作用,尤其是她的女儿、女婿和外孙等,处于匈奴统治集团中,可是一直在为汉、匈和平友好而奔走,也有相当的成效。一家三代,包括亲戚在内,在六十多年中,为两个曾长期对抗的偌大民族间的和平事业而献身的事例,在中国历史上并不多见,就是在世界历史上也是少有的。

昭君的晚年及其子孙的命运

王昭君的晚年及其子孙的命运都是不太好或很不好的。这只能归咎于时代和剥削制度,也和当时汉、匈两个民族的统治集团中的个别野心家的破坏或陷害分不开。昭君出塞两年半,呼韩邪单于就死了,留下一个儿子名叫伊屠知牙师。她因遭遇不幸,曾"上书求归";可是汉成帝命令她"从胡俗",就改嫁给呼韩邪的匈奴妻之子、新立的复株累若单于,又生了两个女儿。长女名云,后嫁与须卜当,称为须卜居次(夫人)。次女史失其名,后嫁与当于氏,称为当于居次。云生一子名奢,后为大且渠;次女生一子即醯椟王。王昭君再婚十一年,复株累又死,昭君从此寡居,时三十三四岁。她的儿子伊屠知牙师原封右日逐王,后为右谷蠡王。天凤五年(18年),其异母兄舆立为呼都而尸道皋若鞮单于,按照呼韩邪在世时的规约,伊屠知牙师应晋升为左贤王,为单于储副。舆死后,"传国与弟",由他继为单于。可是舆为了传位与子,竟把伊屠知牙师杀掉。如昭君尚在,当是又一个极大的打击。昭君的外孙奢和醯椟王都是以和亲使者到了长安。昭君的长女云和女婿当以和亲使者在与其表兄、汉朝使者王歙会于塞下时,被劫持到长安。事先,大司马严尤曾劝谏王莽,不要这样做。他说:"当在匈奴右部,兵不侵边……此方面之大助也。于今迎当置长安槀街,一胡人耳,不如在匈奴有益。"①可是王莽不听。如上所述,当和云及其子奢先后都死在长安,这也是很不幸的。

　　史书关于醯椟王的交代是不明的。《汉书·匈奴传下》记载,在云与当被劫持时,"云、当小男从塞下得脱归匈奴"。这个小男既是云与当的,应是奢之弟。可是醯椟王是否仍在长安呢?抑或王莽"遣和亲侯歙与奢等,俱至制虏塞下"时,其中亦有他呢?王先谦《补注》谓此小男即醯椟王。不管小男是谁,是王昭君的外孙之一是无疑的。问题在于他逃归匈奴后,将是怎样

---

① 《汉书·王莽传下》。

处境？可以肯定，在匈奴当时的社会、政治情况之下，这个小孩的命运是直接受到他的父母兄弟的政治状况的影响的。当时的匈奴单于是呼都而尸道皋若鞮单于，他在这年正月，杀害了昭君之子、小男之舅伊屠知牙师。后来王莽立当为须卜单于，要以"大兵以辅之"，与呼都而尸道皋对抗。"匈奴愈怒，并入北边，北边由是坏败。会当病死，莽以其庶女陆逯任妻后安公奢，所以尊宠之甚厚，终为欲出兵立之者。"①小男在这一情况下逃回，单于对他是不会高兴的。这一不幸，王莽亦不能辞其咎。

《汉书·匈奴传下》说昭君与呼韩邪"生一男"，即伊屠知牙师。《后汉书·南匈奴传》说昭君与呼韩邪"生二子"，未提名。可能"二子"为"一子"之误。史书对当于居次的记载极少。她的亲戚多遭不幸，很难想象她的命运会怎样好。

与王昭君有关的两封信

复郭老的信主要谈到话剧《王昭君》问题。这个话剧是郭老在1923年写的，共两幕。郭老根据《后汉书·南匈奴传》等对王昭君事迹的简单记述，以其特有的才华，对昭君事迹予以合理的艺术构思，将主人公塑造成为一位在两千多年前的封建专制主义制度下的富有叛逆性的女性。翦老写这封信，是在看了田汉同志新编的话剧《文成公主》和昆曲《文成公主》以后，也是在他发表了《给文成公主应有的历史地位》和《从西汉的和亲政策说到昭君出塞》两文以后。翦老在信中高度评价了郭老早在20

---

① 《汉书·匈奴传下》。又颜注引李奇曰："陆逯，邑也。莽改公主曰任。"王先谦《补注》："钱大昭曰：陆当作睦，睦逯任名捷，莽侍者开明所生女。"《王莽传》下曰："捷为睦逯任。"

年代就写出了观点基本正确的话剧《王昭君》来,他还希望剧作家们能在新的社会条件下,在新的认识的基础上,像创作新的剧本《文成公主》一样,创作一部或多部观点更加正确、艺术水平更高的《王昭君》剧本来。

复张名彦的信主要谈了《琴操》的作者和对洪亮吉诗句中的"尺组"一词的解释①。《琴操》一书中有伪托昭君作的《怨旷思惟歌》(后称为《昭君怨》)一首,所以张名彦同志对翦老提出询问。《琴操》旧题汉蔡邕撰,分上下两卷。南朝宋临川王刘义庆撰《世说新语》即持此说。唐朝的类书如《艺文类聚》《北堂书钞》等相沿不改。可是《后汉书·蔡邕传》只著录《叙乐》一部,别无《琴操》。又《隋书·经籍志》一著录"《琴操》三卷,(东)晋广陵相孔衍撰"。翦老认为说《琴操》是蔡邕所作一事,"是六朝时人伪托的",很有道理。

---

① 诗曰:"奇童请尺组,奇女请和戎。莫信无稽说,妍媸出画工。"见《北江诗话》卷四。

旷古奇才、文理兼备的张衡[*]

张衡,东汉时南阳郡西鄂县(今河南南阳北)人,字平子,是我国古代著名的科学家和文学家。出身于书香门第,年轻时就好学,善写文章。后又到西汉旧都长安和东汉京师雒阳游学,更增长了学识与才干。他多才,谦虚,又洁身自好,对儒家经学和史学都很有研究,还喜好科学技术。在青年时代已很有名气,但不愿做官。南阳郡太守曾举他为孝廉,要送他到京师,可充任"郎"官,郎官为皇帝的侍从,是飞黄腾达的重要途径;可是他未接受。不久,朝廷的三公几次召他到公府为官,他又都婉言谢绝了。邓太后之兄邓骘为大将军,在朝中掌握大权,多次请他到大将军府为官,他也未去。直到三十多岁时,汉安帝派公车到张衡家乡请他,他才迫于皇帝之命,到了雒阳。初任郎中,后升任太史令,主管天文、历法等。从此时起,他大约前后有二十年的时间从事这一工作。张衡为官清廉,刚直不阿,对宦官专权、政治日益黑暗的情况很不满。后被宦官集团排斥出京,到今河北省河间县任河间国相。河间王生活骄奢,不遵法度;豪强地主多图谋不轨。张衡到任,整顿法度,逮捕违法豪强,"上下肃然,称为政理"(《后汉书·张衡传》)。张衡在任三年,以病辞职。顺帝召他回雒阳,拜尚书。于永和四年(139年)以病去

---

[*] 收入《中华文明之光》壹,北京大学出版社1998年11月出版。

世,年六十二岁。著作:科学技术方面有《灵宪》《算罔论》等,阐述浑天说。文学方面有《西京赋》《东京赋》《南都赋》《思玄赋》《归田赋》《四愁诗》及《应间》等。原有文集已佚,明人辑有《张河间集》。

一

张衡在自然科学方面最大的成就是制造了观测天象的浑天仪。浑天仪是世界上最早的比较准确地演示天象的仪器。

中国是世界上天文学发达最早的国家之一。关于宇宙天体的结构有三种学说。一是"宣夜说",这种学说已经失传了;二是"盖天说",认为"天象盖笠,地法覆槃"(《周髀算经》卷下)。这种说法违失太多,史官多不采用。三是"浑天说",认为天地之象如卵之裹黄,"天转如车毂之运也,周旋无端,其形浑浑,故曰浑天"(《张衡浑天仪》,《经典集林》卷二七)。张衡根据浑天说制造的仪器用漏水转动,星宿出没与在灵台上观测天象所见的情况相符合,因此仪器叫作浑天仪。

今天,北京建国门的古观象台建于明朝。上有清朝人仿张衡浑天仪制造的天文仪器。空心球面上布满了星辰,标出了二十八宿、各个恒星和天体。浑天仪用铜漏滴水为动力,带动铜球缓慢而又有规律地运转着,每天旋转一周。浑天仪上日、月、星的出没和实际天象一致,形象地演示着天体的运行情况。张衡撰《灵宪》一书,比较正确地阐述了许多天文现象。如说:"月光生于日之所照,魄生于日之所蔽;当日则光盈,就日则光尽也。"这说明了月光是反射日光而成的,月蚀是由于日光被遮蔽。这是人类最早对月蚀成因的正确解释。

张衡的天文学成就巨大,千百年来,他一直受到我国和世界各国人民的尊敬。1970年,国际有关天文组织决定,以张衡的名字来命名月亮背面的一座环形山,从此,张衡山就成为我们几乎每晚都会看到的那个皎洁的月亮上的山名了。国际有关天文组织还将编号为1802号的小行星命名为张衡星,从此,张衡星也与其他日月星辰永远同在了。

二

张衡在科学方面的第二大成就是制成地动仪以测地震。

地震是一种人类至今仍然无法征服的自然现象。它总是在人们毫无思想准备的情况下突然发生。轻微地震也会给人以心

地动仪模型

理上的不安,强烈地震更会给相当大的地区的人们带来生产和生活上的巨大破坏,甚至是严重的灾难。自古至今,各国各地区各民族的人们在谈到地震时,莫不"谈虎色变"。

在我国古代文献中所记最早的地震发生在五帝时的舜时,后来的夏和商朝亦有地震记录。西周末年,今陕西关中地区发生了一次大地震,其情况很严重。《诗·小雅·十月之交》曰:"烨烨震电,不宁不令;百川沸腾,山冢崒崩;高岸为谷,深谷为陵。"可是直到西汉时,还没有关于研究地震的记录。张衡制造地动仪,标志着东汉时研究地震的事已经开始。

关于张衡所造地动仪的情况,《后汉书·张衡传》有简要记载。文曰:"以精铜铸成,圆径八尺,合盖隆起,形似酒樽。"八尺约合今1.8米。表面作金黄色,上部铸有八条金龙,分别伏在东、西、南、北及东北、东南、西北、西南八个方向。龙倒伏,龙首向下,龙嘴各衔一颗小铜球,与地上仰蹲张嘴的蟾蜍相对。地动仪空腔中央,立一根"都柱",上粗下细。都柱周围有八根横杆,称为"八道",各与一龙头相连。都柱是震摆装置,八道用来控制和传导都柱运动的方向。在地动仪受到地震波冲击时,都柱就倒向发生地震的方向,推动同一方向的横杆和龙头,使龙嘴张开,铜球下落入蟾蜍嘴中,并发出响声,以提示人们注意发生了地震及地震的时间和方向。现在历史博物馆和科技史馆中陈列的地动仪,是我国考古学家根据古代文献的记载复原而成,与当年张衡所造基本相符。

地动仪的基本原理是科学的,符合观测地震波传动情况需要。今天使用的观测地震的仪器,其基本原理与地动仪的基本原理是一致的。张衡在制成地动仪之初,在雒阳朝廷上的官僚们对此物是否灵验半信半疑。可是就在此时,这台仪器西北方向的金龙突然发作,自动张嘴吐出了铜球,"当"的一声落入蟾蜍嘴中。可是雒阳这座都城仍在熙熙攘攘,好是热闹,并无地震感觉。许多官僚、贵族都说地动仪不灵。过了几天,今甘肃临洮地区的地震情报用驿马飞报到雒阳朝廷。一场对张衡和地动仪的责难才平息下来。地动仪的神妙被迅速传开。

张衡造地动仪一事,不仅为我国历代官民所重视和称颂,而且也为世界上众多的科学家、学者所赞扬。英国著名科学史家李约瑟在《中国科技史》一书中说:"地震仪的鼻祖则是出在中国,这一点是无可置疑的。这是卓越的数学家兼天文学家、地理学家张衡(78—139年)的贡献。"(第五卷,二分册,第341页)《大不列颠百科全书》(中文版)"张衡"条说:"(张衡于公元)132年创制世界第一台测地震仪器。"张衡制造的地动仪是当时世界地震学的最重要的成就。欧洲制造出第一台同类的仪器是在张衡之后一千七百多年。

三

张衡在科学技术方面还有其他一些建树,主要有指南车和记里鼓车等。

据文献记载,指南车在远古时代就有了,如说距今约五千年的黄帝时代已发明此物。当时,黄帝与南方的部落首领蚩尤打仗,战场在今河北省涿鹿县一带。那时天降大雾,将士迷失方向,不利于打仗。黄帝就命人制造了指南车,用来指示方向,打败了蚩尤军,取得胜利。西周时,越裳氏国(在今越南北部)的使臣到镐京(今陕西西安西南)进贡。回国时,因路途遥远,易迷失方向,周公即命人用指南车送行,直到五岭以南。

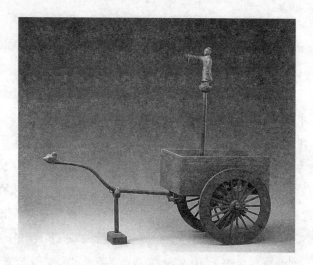

指南车模型

远古指南车的造法,在西汉时已失传。东汉张衡制造指南车,虽有古代的传说,主要还是依靠自己的聪明智慧创造的。现在博物馆、科技史馆的模型,大致是复原张衡的创造。其结构:车上矗立一小木人,手指南方,由二轮大车套四马载运。木人下方有一盘精巧的机器,有若干个齿轮互相衔接。车轮运行时,牵动有关的引擎和齿轮转动,保持车上的小木人手指南方的方向不变。

记里鼓车在秦朝以前也已发明,不过制法也已失传。到东汉时,张衡造此车,也是只有传说,在技术上还是依靠自己的创造。现在博物馆和科技史馆的模型,大致也是复原张衡的创造。其结构:车分上下两层,下层有一小木人面对一鼓;上层有一小木人,面对一钟。亦用四马驾二轮大车。在行进时,由于齿轮转动,行至一里时,下层的小木人击鼓一响。行至十里时,上层小木人击钟一声。这样的计程方法虽没有今天汽车上的计程器那样准确、轻便,可是所用原理基本相同。在一千数百年前能有这样的创造,已很了不起了。

四

张衡是一位杰出的科学家,又是一位优秀的文学家,是一位古今中外少有的跨学科的奇才。他的文学作品有赋、诗、铭及散文等,而以赋为最好。赋是在汉朝发展起来的一种新的文学体裁,在文学史上历来认为汉赋是赋的正宗。汉代几乎每个读书人都会作赋,因之赋家很多。最有成就的为"四大家",张衡是其一。其他三家是西汉的司马相如、扬雄和东汉的班固。

张衡的赋与其他三家相比,有明显的进步性,主要有三个特点。(一)从赋的形式上来看,反映了由大赋往小赋过渡。西汉时,盛行大赋,篇幅很长,内容华而不实,以大量堆积玄语妙论为能事,读后不知所云。张衡初作赋,也仿前人。如仿班固的《两都赋》而作《二京赋》(即《西京赋》和《东京赋》)。虽精思傅会,十年乃成,但并不很成功。他后来作《归田赋》,是小赋,形式简短,内容充实,为由大赋向小赋过渡的代表作。(二)内容倾向反映社会现实,思想性较强。西汉时的赋不仅篇幅太长,而且其内容脱离社会实际,脱离人民群众太远,主要为帝王歌功颂德,虽说有些谏讽的意味,但并不为帝王们所知,不起什么谏讽的作用。张衡的赋一开始就比较注意社会实际。如在《二京赋》中,对当时的统治者自王侯以下的奢侈腐朽的生活就有所揭露。对长安与雒阳两大都会的繁华景象及一般群众生活也有具体描述。他后来在朝廷为官,有感于黑暗的现实,其赋作更有思想性。如《思玄赋》是借阐述老子的玄学思想,以谴责宦官专权和政治黑暗。《归田赋》更有人民性,他本人已厌恶黑暗的官场,不愿同流合污,很想归守田园,以乐天命。他的《归田赋》最后两句曰:"苟纵心于物外,安知荣辱之所如。"(三)大一统的国家观比较突出,这标志着汉代文化观的新发展。自秦朝消灭六国,统一中国之后,至西汉时,新的大一统的国家观已在文化方面有所反映。在《史记》等史学著作之外,如扬雄《甘泉赋》曰:"东烛仓海,西耀流沙,北爌幽都,南炀丹厓。"丹与朱通,丹厓即朱厓。张衡《应间》曰:"今也,皇泽宣洽,海外混同;万方亿丑,并质共剂。""海外"实言"海内",即"率土之滨";"混同"就是"一统";"丑"是同类、同族;"质""剂"是契约,"并质共剂"是说在交易关系中使用相同的契约,反映了各地区各民族共同市场在形成中。他的《四愁诗》也显示了东汉已是一个疆域辽阔的伟大国家。

五

张衡文理兼通,学识精湛,研究勤奋,业绩辉煌,人品高尚,为时人和后世人所景仰。他死后,好友、著名学者崔瑗在他的墓碑上写道:

> 道德漫流,文章云游;数术穷天地,制作侔造化。

现代著名学者郭沫若在重修张衡墓碑上写道:

> 如此全面发展之人物,在世界史中亦所罕见。万祀千龄,令人景仰。

附录 张传玺教授履历及治学方法

张传玺教授是一位学识渊博的史学家,北京大学历史系教授。1927年生于山东日照涛雒镇。祖辈世代务农,家徒四壁。八岁始上私塾,后入小学,因家贫,求学时断时续,至十六岁才小学毕业,后在本县上简易师范二年。1945年8月,抗日战争胜利,学校停办。他为了求学,徒步到青岛,半工半读,于1946年7月初中毕业。同月,以同等学历考入青岛山东大学先修班,次年秋,升入本科中文系。1949年3月,参加中共青岛市委山东大学地下工作组工作。任山东大学进步社团长风社社长,积极参加学生运动。同年6月,青岛解放,转入历史系学习。1951年2月,被派到教会学校私立青岛文德女子中学任政治教员。次年该校改为公立,名青岛第八中学,他任副教导主任。后又在几所中学任教导主任。1956年夏,他在全国"向科学进军"的热潮中,考入北京大学历史系,师从著名的马克思主义史学家翦伯赞,攻读秦汉史专业副博士研究生课,时长四年。1961年1月毕业,留校任翦老的助手,在本系先后任讲师、副教授、教授,主讲"中国通史""秦汉史研究""中国土地制度史研究"等课。

在五十余年的学术生涯中,张教授于1958年7月至1959年7月,参加由全国人大常委会组织领导的全国少数民族社会历史调查,先后任云南潞西县遮放区傣族调查组组长、武定禄劝两县彝族调查组组长。留校后,曾兼任中国地震历史资料编纂委员会北京编委会副主任,中国秦汉史研究会副会长、顾问,中国北京史研究会理事、学术顾问,教育部全国中学历史教材审查委员会委员、全国普通高校招生统一考试学科命题委员会委员、全国各类成人高校统一招生考试大纲审定委员会副主任委员兼历史学科组组长;又兼中央广播电视大学主讲教师,香港珠海书院和韩国高丽大学客座教授;还多次出国讲学。

张教授的学术研究范围较广。他的研究重点为秦汉史、中国土地制度史、中国契约史、中国铁器牛耕史等,对中国历史地理、邮驿制度、北京史、民族史等也造诣很深。他的个人专著和主编著作共二十余种,主要有《中国古代史纲》(上下册,获教育部高校优秀教材二等奖。以下获奖简记作:国家、市、校奖)、《中国历代契约会编考释》(上下册,北京市二等奖)、《秦汉问题研究》(校奖)、《简明中国古代史》《中国历史文献简明教程》《契约史买地券研究》《翦伯赞传》《新史学家翦伯赞》《中华文明史》(北京市特等奖)第二卷"秦汉魏晋南北朝"(主编)等。合著多种,主要有《北京史》(市一等奖)、《北京历史地图集》(市一等奖、国家一等奖)、《中外历史问题八人谈》(中宣部"五个一工程"一等奖)等。发表论文二百余篇,傣族和彝族社会历史调查报告两份,享受国务院颁发的政府特殊津贴。

张教授长期在翦老的熏陶下学习和工作,深受翦老的影响。在学术研究方面,他很重视以马克思主义历史唯物主义为指导;在史料方面,他对文献、考古及民族学资料广泛研读。他的学术思想和研究方法:以历史唯物主义为指导,"文献与考古对照,历史与理论结合"。